디자인이 세상을 바꾼다

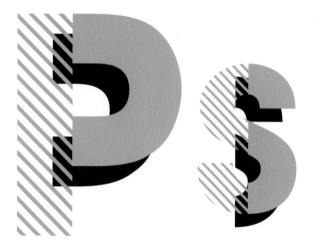

포토샵 CC

원다예 지음

디자인이 세상을 바꾼다

포토샵 CC

초판 1쇄 인쇄 2023년 4월 5일
초판 1쇄 발행 2023년 4월 15일

지은이 원다예
펴낸이 한준희
펴낸곳 (주)아이콕스

본문디자인 프롬디자인
표지디자인 김보라
영업 김남권, 조용훈, 문성빈
경영지원 김효선, 이정민

주소 (14556) 경기도 부천시 조마루로 385번길 122 삼보테크노타워 2002호
홈페이지 www.icoxpublish.com
쇼핑몰 www.baek2.kr (백두도서쇼핑몰)
이메일 icoxpub@naver.com
전화 032-674-5685
팩스 032-676-5685
등록 2015년 7월 9일 제 386-251002015000034호
ISBN 979-11-6426-237-3 (13000)

※ 정가는 뒤표지에 있습니다.
※ 잘못된 책은 구입하신 서점에서 교환해 드립니다.

머리말

대표적인 2D 그래픽 저작도구인 포토샵은 그래픽 툴의 대명사가 될 만큼 많은 사람들에게 친숙한 프로그램이 되었고 사용자층도 넓어졌습니다.

포토샵은 이름처럼 이미지의 색상 보정과 합성 등 사진 편집에 최적화된 프로그램으로 이제는 인공지능(AI)을 이용하여 복잡한 기능을 쉽고 빠르게 처리할 수 있습니다. 수작업으로 하던 누끼 작업(배경 이미지 제거)도 간편하게 할 수 있으며 사진 속 사람 얼굴을 인식해 얼굴 표정, 피부 등도 쉽게 변경할 수 있습니다. 이런 기능들을 기반으로 그래픽 디자인에서부터 웹과 앱 디자인에 이르는 여러 분야에서 다양하게 활용되고 있습니다. 지속적인 업그레이드를 통해 더욱 강력해진 포토샵으로 여러분이 상상하는 작업을 마음껏 할 수 있습니다.

이 책은 포토샵을 처음 시작하는 이들을 위한 입문서입니다. 입문서로서 필요한 기본 설명은 물론 예제를 통한 기능 학습으로 기본기를 탄탄히 할 뿐만 아니라 활용 예제를 통해 디자인 감각을 키울 수 있도록 구성하였습니다.

1장~8장은 디지털 디자인 작업을 하기 위해 알아야 할 지식부터 디지털 편집, 이미지 보정과 리터칭, 합성 등 프로그램의 기본 기능에 대한 학습과 예제 실습을 통해 초보자도 쉽게 따라할 수 있습니다.

9장은 앞서 배운 기능들을 복합적으로 적용한 예제들을 통해 완성도 있는 결과물을 만들기 위한 작업 방법을 익혀 실무에서도 활용할 수 있는 예제들로 구성하였습니다.

포토샵을 시작하는 여러분들이 효율적인 방법으로 기능들을 쉽게 익히고 활용하기를 바라는 마음으로 집필했습니다. 아주 오래전 제가 포토샵을 처음 접할 때 가졌던 궁금함과 설렘들이 지금 시작하는 여러분의 마음을 헤아렸기를 바래봅니다.

수많은 책 중 이 책과 인연이 닿은 여러분께 감사의 인사를 전합니다.

이천이십삼년 봄날 원다예

이 책의 구성

이 책은 포토샵을 처음 시작하는 이들을 위한 입문서입니다. 각 CHAPTER에서는 기본 및 핵심 개념과 기능을 설명한 후 따라하기를 통해 실무 감각을 익힙니다. 따라하기 단계에서 부연 설명이나 주의해야 할 사항은 'TIP', 'NOTE', '더 알아보기' 등의 요소로 구성했습니다.

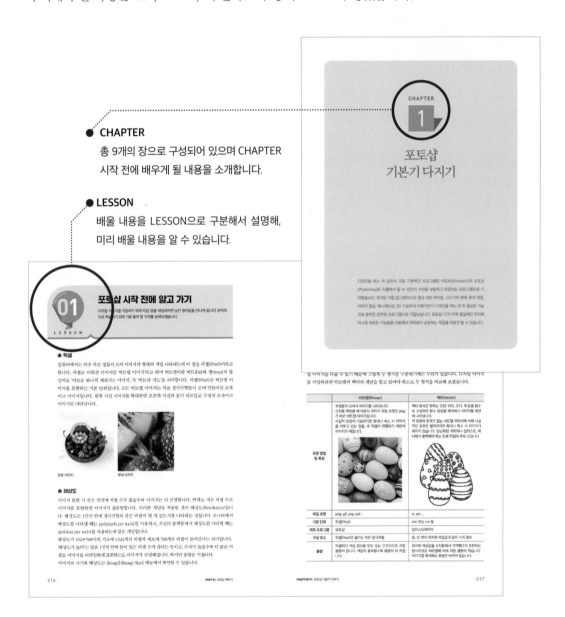

CHAPTER

총 9개의 장으로 구성되어 있으며 CHAPTER 시작 전에 배우게 될 내용을 소개합니다.

LESSON

배울 내용을 LESSON으로 구분해서 설명해, 미리 배울 내용을 알 수 있습니다.

● 더 알아보기

따라하기 과정에서 설명하지 못한 기능에 대해 별도의 설명을 제공합니다.

● 준비 파일

실습 예제에 필요한 파일의 경로대로 불러와 사용합니다.

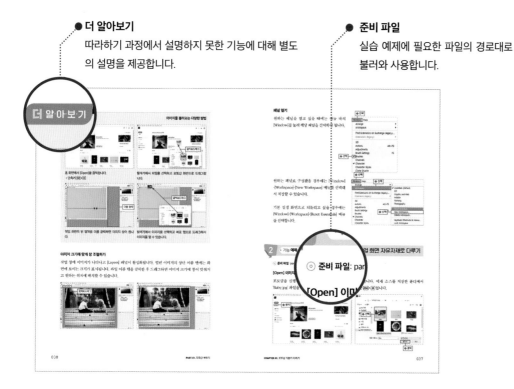

● NOTE

추가로 알아두면 좋을 내용이나 옵션을 살펴보기 위해 상세한 설명을 제공합니다.

● TIP

따라하기와 관련된 사항이나 알아두면 좋은 간단한 참고 사항, 저자만의 작업 노하우를 소개합니다.

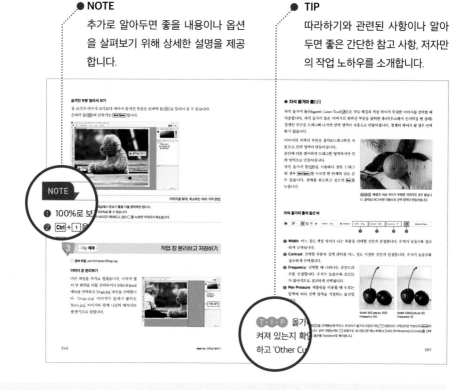

이 책에서 사용한 예제 소스 다운로드

이 책에서 사용된 실습 예제와 CC 2023 신기능은 아이콕스 홈페이지(http://icoxpublish.com)에서 다운로드할 수 있습니다. [자료실]-[도서 부록소스]에서 『포토샵 CC』를 선택해 다운받아 사용합니다.

차례

CHAPTER 2

디지털 편집의 시작

CHAPTER

4

이미지 보정

CHAPTER 5

드로잉과 페인팅

CHAPTER

6

늘이고 줄여도 깨지지 않는 벡터

CHAPTER 7

합성

CHAPTER

8

필터

활용 예제로 배우는 실무 테크닉

포토샵
기본기 다지기

디자인을 하는 데 있어서 가장 기본적인 프로그램인 어도비(Adobe)사의 포토샵 (Photoshop)은 이름에서 알 수 있듯이 사진을 보정하고 편집하는 프로그램으로 시 작했습니다. 하지만 거듭 업그레이드된 결과 사진 리터칭, 그리기와 채색, 문자 편집, 이미지 합성, 애니메이션, 3D 기능까지 더해지면서 디자인을 하는 데 꼭 필요한 기능 으로 뭉쳐진 강력한 프로그램으로 거듭났습니다. 포토샵 CC의 더욱 깔끔해진 인터페 이스와 새로운 기능들을 이용해서 여러분이 상상하는 작업을 마음껏 할 수 있습니다.

포토샵 시작 전에 알고 가기

디지털 이미지를 작업하기 위해 작업 창을 세팅하려면 낯선 용어들을 만나게 됩니다. 본격적으로 학습하기 전에 기본 용어 몇 가지를 살펴보겠습니다.

LESSON

● 픽셀

컴퓨터에서는 아주 작은 점들이 모여 이미지의 형태와 색을 나타내는데 이 점을 픽셀(Pixel)이라고 합니다. 픽셀로 이뤄진 이미지를 '비트맵 이미지'라고 하며 비트맵이란 비트(bit)와 맵(map)의 합성어로 '비트로 하나씩 채워가는 이미지', 즉 '비트의 지도'를 의미합니다. 픽셀(Pixel)은 비트맵 이미지를 표현하는 기본 단위입니다. 모든 비트맵 이미지는 작은 정사각형들이 모여 만들어진 모자이크 이미지입니다. 왼쪽 사진 이미지를 확대하면 오른쪽 사진과 같이 네모들로 구성된 모자이크 이미지로 나타납니다.

원본 이미지

확대 이미지

● 해상도

이미지 표현 시 같은 면적에 픽셀 수가 많을수록 이미지는 더 선명합니다. 반대로 적은 픽셀 수로 이미지를 표현하면 이미지가 불분명합니다. 이러한 개념을 적용한 것이 해상도(Resolution)입니다. 해상도는 1인치 안에 정사각형의 점인 픽셀이 몇 개 있는지를 나타내는 것입니다. 모니터에서 해상도를 나타낼 때는 ppi(pixels per inch)를 사용하고, 프린터 출력물에서 해상도를 나타낼 때는 dpi(dots per inch)를 사용하는데 같은 개념입니다.

해상도가 1024*768이면, 가로에 1,024개의 픽셀과 세로에 768개의 픽셀이 들어간다는 의미입니다. '해상도가 높다'는 말은 1인치 안에 들어 있는 픽셀 수가 많다는 뜻이고, 수치가 높을수록 더 많은 픽셀로 이미지를 디테일하게 표현하므로 이미지가 선명해집니다. 하지만 용량은 커집니다.

이미지의 크기와 해상도는 [Image]-[Image Size] 메뉴에서 확인할 수 있습니다.

해상도 낮음

해상도 높음

● 비트맵 VS 벡터

흔히 포토샵은 비트맵 이미지를 다루는 프로그램이고, 일러스트레이터는 벡터 이미지를 다루는 프로그램이라고 말합니다. 하지만 포토샵에서도 벡터 이미지를 다루고 일러스트레이터에서도 비트맵 이미지를 다룰 수 있기 때문에 그렇게 두 형식을 구분하기에는 무리가 있습니다. 디지털 이미지를 작업하려면 비트맵과 벡터의 개념을 알고 있어야 하므로 두 형식을 비교해 보겠습니다.

	비트맵(Bitmap)	벡터(Vector)
표현 방법 및 특성	픽셀들이 모여서 이미지를 나타냅니다. 사진을 찍었을 때 대표적 이미지 파일 포맷인 jpeg가 바로 비트맵 이미지입니다. 사실적 표현이 가능하지만 확대나 축소 시 이미지를 이루고 있는 점들, 즉 픽셀이 변형되기 때문에 이미지가 깨집니다.	벡터 방식은 원하는 모양, 위치, 크기, 색 등을 함수로 구성하면 함수 명령을 해석해서 이미지를 화면에 나타냅니다. 색 표현에 한계가 없는 비트맵 이미지에 비해 사실적인 표현은 떨어지지만 확대나 축소 시 이미지가 깨지지 않습니다. 단순화된 캐릭터나 일러스트, 확대해서 출력해야 하는 인쇄 작업에 주로 쓰입니다.
파일 포맷	jpeg, gif, png, psd ...	ai, eps ...
기본 단위	픽셀(Pixel)	mm 또는 cm 등
대표 프로그램	포토샵	일러스트레이터
구성 요소	픽셀(Pixel)로 불리는 작은 정사각형	점, 선, 면의 위치와 색상값과 같은 수치 정보
용량	픽셀마다 색상 정보를 모두 갖는 구조이므로 저장 용량이 큽니다. 색감이 풍부할수록 용량이 더 커집니다.	위치와 색상값을 수치화해서 기억했다가 표현하는 방식이므로 비트맵에 비해 저장 용량이 작습니다. 이미지를 확대해도 용량은 바뀌지 않습니다.

	Screen	Print
해상도	해상도가 높을수록 이미지를 선명하게 표현하지만 용량도 커집니다.	크기에 제약이 없을 뿐만 아니라 크기가 변해도 용량은 변하지 않으므로 해상도 개념이 필요하지 않습니다.

● Screen VS Print

새로운 작업을 위해 작업 창 세팅 시 화면용과 인쇄용의 차이를 간단히 살펴보겠습니다.

	Screen	Print
단위	픽셀(Pixel)	mm 또는 cm
컬러 모드	RGB	CMYK
해상도	72dpi 72dpi의 이미지이건 300dpi의 이미지이건 모니터로 보기에는 큰 차이가 없습니다. 여기서 '72'는 최소한의 용량으로 선명한 이미지를 볼 수 있는 일반적인 기준이라고 보면 됩니다.	300dpi 인쇄용 이미지는 300dpi를 기본으로 합니다. 해상도가 낮을수록 출력할 때 선명도가 떨어집니다.

● RGB 모드와 CMYK 모드

이미지의 색을 표현하는 방식인 색상 모드에는 대표적으로 RGB 모드와 CMYK 모드가 있습니다.

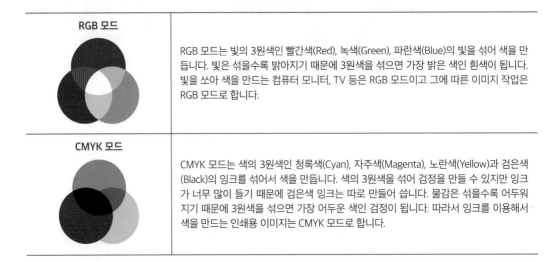

RGB 모드

RGB 모드는 빛의 3원색인 빨간색(Red), 녹색(Green), 파란색(Blue)의 빛을 섞어 색을 만듭니다. 빛은 섞을수록 밝아지기 때문에 3원색을 섞으면 가장 밝은 색인 흰색이 됩니다. 빛을 쏘아 색을 만드는 컴퓨터 모니터, TV 등은 RGB 모드이고 그에 따른 이미지 작업은 RGB 모드로 합니다.

CMYK 모드

CMYK 모드는 색의 3원색인 청록색(Cyan), 자주색(Magenta), 노란색(Yellow)과 검은색(Black)의 잉크를 섞어서 색을 만듭니다. 색의 3원색을 섞어 검정을 만들 수 있지만 잉크가 너무 많이 들기 때문에 검은색 잉크는 따로 만들어 씁니다. 물감은 섞을수록 어두워지기 때문에 3원색을 섞으면 가장 어두운 색인 검정이 됩니다. 따라서 잉크를 이용해서 색을 만드는 인쇄용 이미지는 CMYK 모드로 합니다.

포토샵 인터페이스

홈 화면을 살펴보고 작업 화면을 밝게 하는 방법을 배운 후 작업 화면 인터페이스를 살펴보고 툴 패널에 대해 알아봅니다.

LESSON

● 홈 화면 살펴보기

포토샵을 실행하면 가장 먼저 나타나는 홈 화면을 살펴보겠습니다.

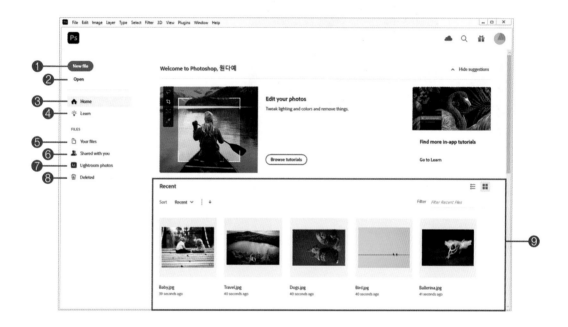

❶ **New file**: 새 작업 파일을 만듭니다.

❷ **Open**: 파일을 불러옵니다.

❸ **Home**: 포토샵 시작 화면으로 갑니다.

❹ **Learn**: 포토샵 튜토리얼을 학습할 수 있습니다.

❺ **Your files**: 어도비 클라우드에 저장된 내 파일 목록을 볼 수 있습니다.

❻ **Shared with you**: 어도비 클라우드 문서에 공유된 파일들을 볼 수 있습니다.

❼ **Lightroom photos**: 사진 보정 프로그램인 라이트룸의 라이브러리를 포토샵으로 불러옵니다.

❽ **Deleted**: 어도비 클라우드 문서에서 삭제한 파일들이 있습니다. 복원하거나 영구 삭제할 수 있습니다.

❾ **Recent**: 최근에 불러온 파일들입니다.

[Edit]-[Preferences]-[General] 메뉴를 선택하고 'Auto Show the Home Screen'을 체크 해제하면 포토샵 실행 시 작업 화면이 바로 나옵니다.

● 작업 화면 밝게 하기

포토샵을 처음 실행하면 기본으로 어두운 화면이 설정되어 있습니다. 원하는 색으로 설정해 보도록 하겠습니다.

[Edit]-[Preferences]-[Interface] 메뉴를 선택합니다.

대화상자의 Color Theme 항목에서 4개의 컬러 칩 중 원하는 색을 선택하면 됩니다. 여기서는 제일 밝은 회색을 선택하고 [OK]를 클릭합니다.

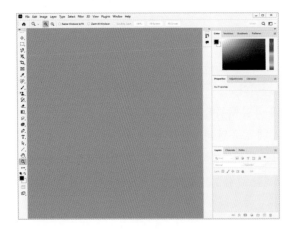

선택한 색으로 화면이 적용된 것을 볼 수 있습니다.

● 작업 화면 인터페이스 살펴보기

포토샵을 실행하고 [Open]을 클릭해서 'Travel.jpg' 파일을 불러오면 작업 화면이 나타납니다.
포토샵 CC 인터페이스에 빠르게 익숙해질 수 있도록 주요 요소와 명칭에 대해 알아보겠습니다.

❶ **메뉴 바**: 기능이 메뉴별로 정리되어 있으며 해당 메뉴를 클릭하면 보다 세부적인 메뉴들이 나타
납니다. 메뉴 바를 간단하게 살펴보겠습니다.

한글 같은 OS 프로그램과 마찬가지로 [File] 메뉴에는 열기, 저장하기, 다른 이름으로 저장하기
등의 메뉴가 들어 있습니다. [Image] 메뉴는 이미지를 편집, 가공하는 메뉴입니다. [Image] 메뉴
에는 이미지 보정에 관한 주요 기능들이 들어 있습니다.

❷ **옵션 바**: 툴 패널에서 툴을 클릭하면 그에 따른 세부 옵션이 옵션 바에 뜹니다. 옵션 바에서 세부
설정을 조절해서 작업할 수 있습니다.

❸ **툴 패널**: 주요 기능을 도구화해서 아이콘 형태로 모아 놓은 패널입니다. 툴 패널 위쪽에 있는 버튼(▶▶)을 클릭하면 툴이 1행에서 2행으로 정렬됩니다.

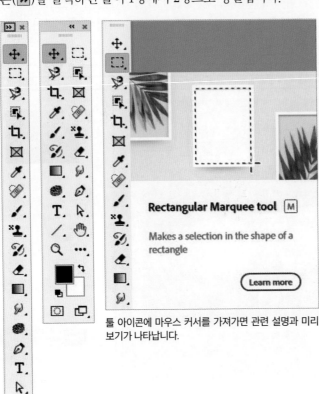

툴 아이콘에 마우스 커서를 가져가면 관련 설명과 미리보기가 나타납니다.

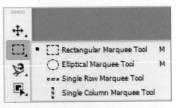

툴 아이콘 오른쪽 아래에 있는 작은 삼각형은 그 안에 다른 툴들이 있다는 표시입니다. 몇 초간 꾹 누르면 안쪽에 숨겨져 있는 툴들을 선택할 수 있습니다.

❹ **패널**: 작업 시 필요한 기능들의 세부 옵션을 조절할 수 있습니다. [Window] 메뉴에서 보일 패널과 숨길 패널을 선택할 수 있습니다. 작업하다 실수로 패널이 사라졌다면 [Window] 메뉴에서 다시 체크합니다.

❺ **작업 화면 선택**: 작업 목적에 따라 원하는 패널 구성의 화면을 선택할 수 있습니다.

❻ **파일 이름 탭**: 파일 이름, 화면 비율, 색상 모드가 표시됩니다. 작업 중인 이미지가 여러 개인 경우 탭 형식으로 나타납니다. 파일 이름 탭을 드래그해서 작업 창을 분리할 수 있습니다.

❼ **캔버스**: 작업 창으로 실제로 작업하는 공간입니다.

❽ **상태 표시줄**: 화면 비율을 설정할 수 있고 현재 작업 중인 이미지의 정보를 확인할 수 있습니다.

T I P 작업 중에 이미지만 보고 싶을 때 Tab 을 누르면 화면에서 패널들이 사라지고, 다시 Tab 을 누르면 원래대로 돌아옵니다.

● 툴 패널 펼쳐보기

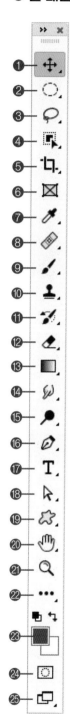

❶ 이동/아트보드 툴

❷ 사각 선택/원형 선택/
가로선 선택/세로선 선택 툴

❸ 올가미/다각형 올가미/
자석 올가미 툴

❹ 개체 선택/빠른 선택/마술봉 툴

❺ 크롭/원근 크롭/분할/분할 선택 툴

❻ 프레임 툴

❼ 스포이트/3D 재질 스포이트/
컬러 샘플러/눈금자/주석/계산 툴

❽ 스팟 힐링 브러시/힐링 브러시/패치/
콘텐츠 인식 이동/레드 아이 툴

❾ 브러시/연필/색상 교체/
혼합 브러시 툴

❿ 복제 도장/패턴 도장 툴

⓫ 히스토리 브러시/
아트 히스토리 브러시 툴

⓬ 지우개/배경 지우개/
마술 지우개 툴

⓭ 그레이디언트/페인트통/
3D 재질 드롭 툴

⑭ 블러/샤픈/스머지 툴

⑮ 닷지/번/스펀지 툴

⑯ 펜/자유 변형 펜/곡률 펜/기준점 추가/
기준점 삭제/기준점 변환 툴

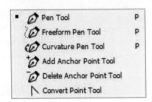

⑰ 가로 텍스트/세로 텍스트/
세로 텍스트 마스크/
가로 텍스트 마스크 툴

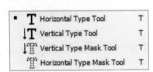

⑱ 패스 선택/직접 선택 툴

⑲ 사각형/타원/삼각형/다각형/라인(선)/
커스텀 셰이프 툴

⑳ 손바닥/회전 보기 툴

㉑ 돋보기 툴

㉒ 더 보기: 추가 툴 설정

㉓ 기본색 설정/색상 교체/
전경색/배경색

㉔ 마스크 모드

㉕ 기본 화면 모드/메뉴 바가 있는
전체 화면 모드/전체 화면 모드

● 이동, 선택, 자르기

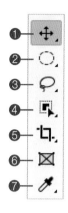

❶ 이동/아트보드 툴

ⓐ **이동 툴**: 선택 영역이나 이미지를 이동할 때 사용합니다.

ⓑ **아트보드 툴**: 스마트폰, 데스크톱 등 해상도에 맞는 작업 창을 만듭니다.

❷ 사각 선택/원형 선택/가로선 선택/세로선 선택 툴

ⓐ **사각 선택 툴**: 영역을 사각형으로 선택합니다.

ⓑ **원형 선택 툴**: 영역을 원형으로 선택합니다.

ⓒ **가로선 선택 툴**: 1픽셀의 가로선을 선택합니다.

ⓓ **세로선 선택 툴**: 1픽셀의 세로선을 선택합니다.

❸ 올가미/다각형 올가미/자석 올가미 툴

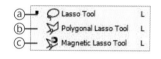

ⓐ **올가미 툴**: 자유롭게 원하는 영역을 선택합니다.

ⓑ **다각형 올가미 툴**: 다각형으로 원하는 영역을 선택합니다.

ⓒ **자석 올가미 툴**: 색상차가 분명한 이미지의 경계선을 따라 드래그해서 자동으로 선택합니다.

❹ 개체 선택/빠른 선택/마술봉 툴

ⓐ **개체 선택 툴**: 클릭 또는 드래그로 원하는 영역을 선택합니다.

ⓑ **빠른 선택 툴**: 클릭 또는 드래그로 선택합니다.

ⓒ **마술봉 툴**: 클릭한 지점과 비슷한 색상을 선택합니다.

❺ 크롭/원근 크롭/분할/분할 선택 툴

ⓐ **크롭 툴**: 이미지의 원하는 부분만 잘라냅니다.

ⓑ **원근 크롭 툴**: 원근감을 적용해서 자릅니다.

ⓒ **분할 툴**: 이미지를 분할해서 각각의 이미지로 저장합니다.

ⓓ **분할 선택 툴**: 분할한 이미지를 선택합니다.

❻ 프레임 툴

원형 또는 사각형의 프레임을 만들어 그 영역에만 이미지가 보이도록 합니다.

7 스포이트/3D 재질 스포이트/컬러 샘플러/눈금자/주석/계산 툴

ⓐ **스포이트 툴**: 색상을 추출합니다.

ⓑ **3D 재질 스포이트 툴**: 3D 오브젝트의 색상을 추출합니다.

ⓒ **컬러 샘플러 툴**: 선택한 색상 정보를 [Info] 패널에 표시합니다.

ⓓ **눈금자 툴**: 이미지의 길이와 각도를 측정합니다.

ⓔ **주석 툴**: 작업 화면에 영향을 주지 않고 이미지에 메모할 수 있습니다.

ⓕ **계산 툴**: 오브젝트의 개수를 셉니다.

● 드로잉, 페인팅, 리터칭

8 스팟 힐링 브러시/힐링 브러시/패치/콘텐츠 인식 이동/레드 아이 툴

ⓐ **스팟 힐링 브러시 툴**: 클릭 또는 드래그해서 주변과 자연스럽게 합성하면서 복제합니다.

ⓑ **힐링 브러시 툴**: Alt 를 눌러 선택한 기준점 지점부터 드래그한 영역에 합성하면서 복제합니다.

ⓒ **패치 툴**: 선택 영역을 주변과 혼합하면서 복제합니다.

ⓓ **콘텐츠 인식 이동 툴**: 선택 영역을 원하는 위치로 옮겨 자연스럽게 합성합니다.

ⓔ **레드 아이(적목 현상) 툴**: 눈동자가 빨갛게 나온 사진을 보정합니다.

9 브러시/연필/색상 교체/혼합 브러시 툴

ⓐ **브러시 툴**: 원하는 모양의 브러시로 드래그해서 색을 칠합니다.

ⓑ **연필 툴**: 브러시와 비슷하지만 가장자리가 딱딱합니다.

ⓒ **색상 교체 툴**: 브러시로 칠해진 영역을 다른 색으로 대체합니다.

ⓓ **혼합 브러시 툴**: 색을 혼합해서 칠합니다.

10 복제 도장/패턴 도장 툴

ⓐ **복제 도장 툴**: 이미지를 다른 위치에 복제합니다.

ⓑ **패턴 도장 툴**: 등록한 패턴을 드래그해서 복제합니다.

⑪ 히스토리 브러시/아트 히스토리 브러시 툴

ⓐ **히스토리 브러시 툴**: 효과가 적용된 이미지를 원본으로 복구합니다.

ⓑ **아트 히스토리 브러시 툴**: 이미지를 회화적인 기법으로 만듭니다.

⑫ 지우개/배경 지우개/마술 지우개 툴

ⓐ **지우개 툴**: 이미지를 지웁니다.

ⓑ **배경 지우개 툴**: [Background] 레이어를 지울 때 사용합니다.

ⓒ **마술 지우개 툴**: 클릭한 부분과 비슷한 색상 영역을 지웁니다.

⑬ 그레이디언트/페인트통/3D 재질 드롭 툴

ⓐ **그레이디언트 툴**: 색이 점진적으로 변하는 그레이디언트를 만듭니다.

ⓑ **페인트통 툴**: 전경색이나 패턴으로 채웁니다.

ⓒ **3D 재질 드롭 툴**: 3D 오브젝트를 전경색이나 패턴으로 채웁니다.

⑭ 블러/샤픈/스머지 툴

ⓐ **블러 툴**: 이미지를 뿌옇게 만듭니다.

ⓑ **샤픈 툴**: 이미지를 선명하게 만듭니다.

ⓒ **스머지 툴**: 드래그하는 방향으로 픽셀을 늘입니다.

⑮ 닷지/번/스펀지 툴

ⓐ **닷지 툴**: 클릭하거나 드래그로 이미지를 밝게 합니다.

ⓑ **번 툴**: 클릭하거나 드래그로 이미지를 어둡게 합니다.

ⓒ **스펀지 툴**: 클릭하거나 드래그로 이미지의 채도를 높이거나 낮춥니다.

● **벡터 툴(펜/텍스트/셰이프 툴), 화면 확대, 화면 이동**

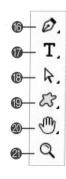

⑯ 펜/자유 변형 펜/곡률 펜/기준점 추가/기준점 삭제/기준점 변환 툴

ⓐ **펜 툴**: 패스를 그립니다.

ⓑ **자유 변형 펜 툴**: 브러시 툴처럼 드래그하면 형태대로 패스가 만들어집니다.

ⓒ **곡률 펜 툴**: 부드러운 곡선을 쉽게 만듭니다.

ⓓ **기준점 추가 툴**: 기존 패스에 기준점을 추가합니다.

ⓔ **기준점 삭제 툴**: 기존 패스에 기준점을 삭제합니다.

ⓕ **기준점 변환 툴**: 기준점의 속성을 바꿉니다.

⓱ 가로 텍스트/세로 텍스트/세로 텍스트 마스크/가로 텍스트 마스크 툴

ⓐ **가로 텍스트 툴**: 가로 방향으로 문자를 입력합니다.

ⓑ **세로 텍스트 툴**: 세로 방향으로 문자를 입력합니다.

ⓒ **세로 텍스트 마스크 툴**: 세로 방향의 문자 형태대로 선택 영역을 만듭니다.

ⓓ **가로 텍스트 마스크 툴**: 가로 방향의 문자 형태대로 선택 영역을 만듭니다.

⓲ 패스 선택/직접 선택 툴

ⓐ **패스 선택 툴**: 패스의 전체 기준점을 선택합니다.

ⓑ **직접 선택 툴**: 패스에서 원하는 기준점만 선택합니다.

⓳ 사각형/타원/삼각형/다각형/라인(선)/커스텀 셰이프 툴

ⓐ **사각형 툴**: 사각형을 만듭니다.

ⓑ **타원 툴**: 원형을 만듭니다.

ⓒ **삼각형 툴**: 삼각형을 만듭니다.

ⓓ **다각형 툴**: 다각형을 만듭니다.

ⓔ **라인(선) 툴**: 다양한 선을 만듭니다.

ⓕ **커스텀 셰이프 툴**: 셰이프 라이브러리나 사용자가 등록한 셰이프를 사용합니다.

⓴ 손바닥/회전 보기 툴

ⓐ **손바닥 툴**: 작업 화면보다 큰 이미지를 이동해서 볼 때 사용합니다.

ⓑ **회전 보기 툴**: 작업 화면을 회전시킵니다.

㉑ 돋보기 툴

이미지를 확대, 축소합니다.

● 색상 선택, 보기 모드

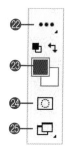

㉒ 더 보기: 추가 툴 설정

사용자가 자주 사용하는 툴들만 패널에 편집할 수 있습니다.

㉓ 기본색 설정/색상 교체/전경색/배경색

기본색 설정: 전경색은 검정, 배경색은 흰색이 기본색으로 설정됩니다.

색상 교체: 전경색과 배경색을 서로 바꿉니다.

전경색: 문자 입력이나 도형을 그릴 때의 색입니다.

배경색: 지우개 툴로 지웠을 때 나타나는 색입니다.

색을 클릭하면 나오는 [Color Picker] 대화상자에서 원하는 색을 선택할 수 있습니다.

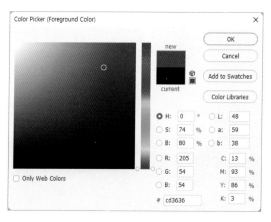

㉔ 마스크 모드

브러시나 선택 툴 등을 사용하여 원하는 영역만 선택할 수 있습니다.

㉕ 기본 화면 모드/메뉴 바가 있는 전체 화면 모드/전체 화면 모드

보기 모드: 기본 모드와 마스크 모드로 전환할 수 있습니다.

스크린 전환 모드

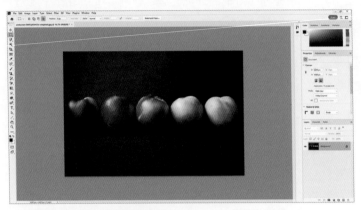

Standard Screen Mode(기본 화면 모드)

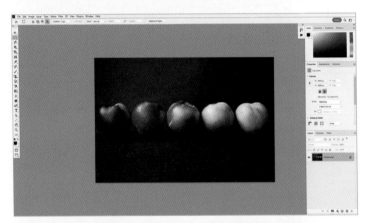

Full Screen Mode with Menu Bar(메뉴 바가 있는 전체 화면 모드)

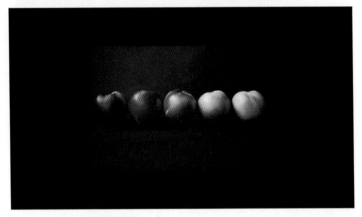

Full Screen Mode(전체 화면 모드)

● 패널 펼쳐보기

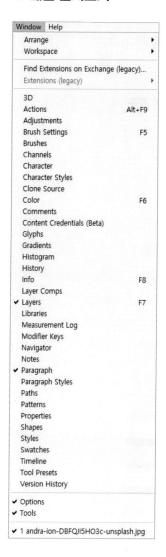

❶ Layers 패널

이미지 구성을 알 수 있는 패널로 모든 이미지는 한 개 이상의 레이어로 구성되어 있습니다. 레이어에 다양한 효과를 적용할 수 있습니다.

❷ Character 패널

텍스트 툴(T)로 작성한 문자의 글꼴, 크기, 색, 자간, 행간 등을 설정합니다.

❸ Adjustments 패널

보정 기능을 쉽고 빠르게 할 수 있는 패널입니다. [Layers] 패널에서 보정 레이어 추가하기 아이콘(◉)을 클릭하는 것과 동일한 기능입니다.

❹ Info 패널

현재 마우스 포인터가 있는 곳의 색상, 좌표 등의 정보를 보여줍니다.

❺ Color 패널

전경색과 배경색을 원하는 색으로 선택합니다.

❻ Swatches 패널

견본으로 제공하는 색상을 선택해서 적용하거나 자주 사용하는 색상을 등록합니다.

❼ Gradients 패널

기본으로 제공하는 그레이디언트를 적용하거나 새로 등록합니다.

❽ Patterns 패널

기본으로 제공하는 패턴을 적용하거나 새로 등록합니다.

❾ Brushes 패널

브러시 툴(🖌)의 옵션을 조절하며 새로운 브러시를 등록해서 사용할 수 있습니다.

❿ Brush Settings 패널

다양한 스타일의 브러시를 만들 수 있습니다.

⓫ Paths 패널

펜 툴(🖊)이나 커스텀 셰이프 툴(🔗)을 이용해서 만든 패스를 저장하고 관리합니다.

⑫ **Channels 패널**

색상 정보나 선택 영역에 관한 정보를 담고
있습니다.

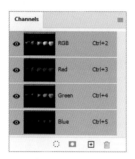

⑭ **History 패널**

작업 과정이 단계별로 기록됩니다. 이전 단
계로 쉽게 이동할 수 있습니다.

⑯ **Paragraph 패널**

단락의 정렬, 들여쓰기, 내어쓰기 등을 편집
합니다.

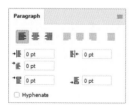

⑱ **Paragraph Styles 패널**

자주 사용하는 단락 스타일을 등록하고 관리합
니다.

⑬ **Properties 패널**

이미지의 세부 속성을 지정할 수 있습니다.

⑮ **Shapes 패널**

기본으로 제공하는 셰이프를 적용하거나 새
로 등록하고 관리할 수 있습니다.

⑰ **Character Styles 패널**

자주 사용하는 문자 스타일을 등록하고 관
리합니다.

⑲ Styles 패널

기본으로 제공하는 스타일을 적용하거나 새
로운 스타일을 등록할 수 있습니다.

⑳ Clone Source 패널

복제할 때 이미지 정보를 담아 관리할 수 있
습니다.

㉑ Actions 패널

반복되는 작업을 기록해서 다음 작업을 한번
에 실행시킵니다.

㉒ Navigator 패널

이미지를 확대, 축소할 수 있고 원하는 부분
으로 이동할 수 있습니다.

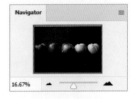

㉓ Layer Comps 패널

레이어 위치, 레이어 모드 등 레이어의 상태를
스냅샷으로 저장해서 필요할 때 불러옵니다.

㉔ Notes 패널

이미지나 효과에 설명을 다는 기능을 합니다.

㉕ Histogram 패널

이미지의 색상 분포를 그래프 형식으로 보
여줍니다.

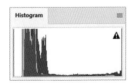

㉖ Glyphs 패널

선택한 폰트에서 이용할 수 있는 특수문자
를 넣을 수 있습니다.

㉗ Tool Presets 패널

자주 사용하는 툴을 저장해서 다른 작업에
편리하게 사용합니다.

㉘ Comments 패널

클라우드 기반으로 공동 작업자가 작업 정
보를 코멘트로 남길 수 있습니다.

㉙ Libraries 패널

자주 사용하는 색상, 문자 스타일, 이미지 등
을 등록해서 항목을 관리하고 다른 사용자
와 공유할 수 있습니다.

㉚ Measurement Log 패널

측정 정보를 기록합니다.

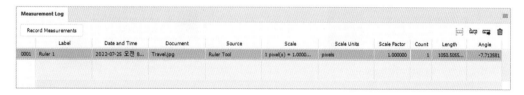

㉛ Timeline 패널

타임라인을 이용해서 영상을 편집합니다.

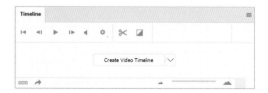

툴, 패널, 메뉴 가볍게 맛보기

패널이 많이 열려 있으면 공간을 많이 차지하므로 불편할 수 있습니다. 필요한 패널만 열어놓고 사용하는 것이 효율적입니다. 간단하게 패널 조작법에 대해 살펴보겠습니다.

패널 축소 및 확장

패널 상단 왼쪽의 작은 삼각형을 클릭하면 패널을 확장하거나 축소할 수 있습니다.

패널 접기, 펼치기

패널 이름 부분을 더블 클릭하면 패널이 접힙니다. 다시 이름 영역을 더블 클릭하면 펼쳐집니다.

패널 분리하기, 합치기

패널 이름 부분을 클릭한 채 드래그하면 패널이 분리됩니다. 다른 패널 옆으로 드래그해서 넣으면 패널을 묶을 수 있습니다.

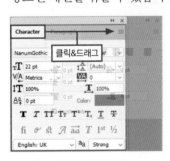

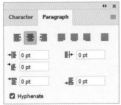

패널 닫기

패널에서 ✖ 아이콘을 클릭하거나 패널 이름에서 마우스 오른쪽 버튼을 클릭해서 나오는 메뉴에서 [Close]를 선택하면 패널을 닫을 수 있습니다.

패널 열기

원하는 패널을 열고 싶을 때에는 메뉴 바의 [Window]를 눌러 해당 패널을 선택하면 됩니다.

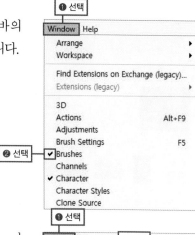

원하는 패널로 구성됐을 경우에는 [Window]-[Workspace]-[New Workspace] 메뉴를 선택해서 저장할 수 있습니다.

기본 설정 화면으로 되돌리고 싶을 경우에는 [Window]-[Workspace]-[Reset Essentials] 메뉴를 선택합니다.

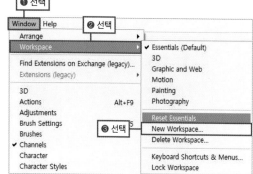

---

2 · 기능 예제 · 　　　　작업 화면 자유자재로 다루기

◎ **준비 파일**: chapter1/Baby.jpg

[Open] 이미지 불러오기

포토샵을 실행한 후 [Open]을 클릭하면 대화상자가 열립니다. 예제 소스를 저장한 폴더에서 'Baby.jpg' 파일을 선택하고 [열기]를 클릭합니다. 단축키는 Ctrl + O 입니다.

홈 화면에서 [Open]을 클릭합니다.

• 단축키 `Ctrl`+`O`

탐색기에서 파일을 선택하고 포토샵 화면으로 드래그합니다.

작업 화면의 빈 영역을 더블 클릭하면 이미지 창이 뜹니다.

탐색기에서 이미지를 선택하고 바로 탭으로 드래그해서 이미지를 열 수 있습니다.

이미지 크기에 맞게 창 조절하기

작업 창에 이미지가 나타나고 [Layers] 패널이 활성화됩니다. 열린 이미지의 상단 이름 탭에는 화면에 보이는 크기가 표시됩니다. 파일 이름 탭을 클릭한 후 드래그하면 이미지 크기에 창이 맞춰지고 원하는 위치에 배치할 수 있습니다.

이미지 확대, 축소 및 100%로 보기

툴 패널에서 돋보기 툴(🔍)을 선택하고 작업 창에서 확대할 부분을 클릭하면 클릭할 때마다 이미지가 확대됩니다. 반대로 Alt를 누른 상태에서 이미지를 클릭하면 돋보기 툴 안쪽이 +에서 -로 바뀌면서 이미지가 축소됩니다. 옵션 패널에서 -를 누른 것과 같은 효과입니다.

툴 패널에서 돋보기 툴을 더블 클릭하면 이미지가 100%로 보입니다.

이미지 창 크기 조절하기

이미지 창의 오른쪽 하단을 드래그하면 이미지 창 크기를 조절할 수 있습니다.

숨겨진 부분 밀어서 보기

창 크기가 이미지 크기보다 작아서 숨겨진 부분은 손바닥 툴(🖐)로 밀어서 볼 수 있습니다. 손바닥 툴(🖐)의 단축키는 Back Space 입니다.

❶ 100%로 보기: 툴 패널에서 돋보기 툴을 더블 클릭하면 됩니다.
❷ Ctrl+1 을 누르면 100%로 볼 수 있습니다.
❸ Ctrl++ 를 누르면 이미지가 확대되고, Ctrl+- 를 누르면 이미지가 축소됩니다.

---

3 · 기능 예제 ·   작업 창 분리하고 저장하기

◎ **준비 파일:** chapter1/Dogs.jpg

이미지 창 분리하기

다른 파일을 추가로 열겠습니다. 이미지 옆의 빈 화면을 더블 클릭하거나 [File]-[Open] 메뉴를 선택하고 'Dogs.jpg' 파일을 선택합니다. 'Dogs.jpg' 이미지가 앞에서 불러온 'Baby.jpg' 이미지와 함께 나란히 배치되는 탭 방식으로 열립니다.

이미지 Dogs.jpg 파일 이름 탭에 마우스를 클릭한 채 아래로 드래그하면 이미지를 분리할 수 있습니다. Baby.jpg 이미지는 이미지 축소 아이콘을 클릭해서 강아지만 보이게 합니다.

이미지 회전하기

가로로 되어 있는 'Dogs.jpg' 이미지를 세로로 돌리기 위해 [Image]-[Image Rotation]-[90° Clockwise] 메뉴를 선택하면 이미지가 90도 시계 방향으로 회전됩니다.

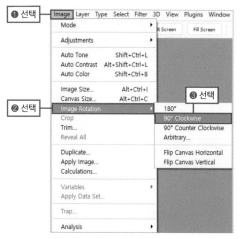

작업 화면에 맞게 이미지 크기 조절하기

툴 패널의 손바닥 툴(🖐)을 더블 클릭하면 작업 화면에 딱 맞도록 이미지 크기가 바뀝니다.

더블 클릭

NOTE   이미지를 화면에 꽉 차게 보기

❶ 이미지를 화면에 꽉 차게 보려면 툴 패널에서 손바닥 툴을 더블 클릭하면 됩니다.
❷ Ctrl+0를 눌러도 작업 창에 딱 맞게 확대 및 축소됩니다.

다른 이름으로 저장하기

변경된 이미지를 저장해 보겠습니다. [File]-[Save As] 메뉴를 선택한 후 저장할 위치를 선택하고
파일 이름을 입력하고 [Save a Copy]를 클릭합니다.

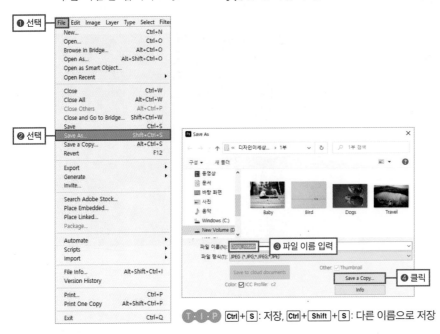

T·I·P Ctrl+S : 저장, Ctrl+Shift+S : 다른 이름으로 저장

포토샵 종료하기

포토샵 창 우측 상단에 있는 닫기 아이콘(☒)을 클릭하거나 Ctrl+Q를 누르면 포토샵이 종료됩니다.

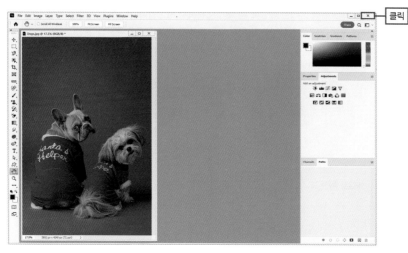

T·I·P 이미지를 닫는 단축키는 Ctrl+W입니다.

NOTE   포토샵 프로그램을 닫는 여러 가지 방법

❶ 화면 우측 상단의 ☒ 버튼을 클릭합니다.
❷ [File]-[Exit] 메뉴를 선택합니다.
❸ 단축키 Ctrl+Q를 누릅니다.

더 알·아·보·기

JPG, GIF, PNG

포토샵에서 작업한 후 레이어가 살아 있는 원본 파일을 저장하려면 PSD 파일로 저장합니다. 어도비 클라우드에 저장하려면 Save to cloud document에 저장하면 됩니다. 이미지를 저장할 때는 주로 JPG, GIF, PNG로 저장하는데 어떤 이미지를 JPG로 저장하고, 어떤 이미지를 GIF로 저장해야 하는 것일까요?

JPG는 16비트 컬러로 비교적 많은 색을 지원하는 장점이 있습니다. 하지만 압축률을 높일 경우 이미지 손상율이 커집니다. GIF는 이미지 손상율이 적은 반면, 256색 밖에 지원하지 않으므로 색 표현에 한계가 있습니다. 따라서 사진처럼 다양한 색으로 이뤄진 이미지라면 JPG 형식으로 압축하는 것이 좋고, 로고나 문자 디자인처럼 단순한 색으로 만들어진 이미지라면 GIF 형식으로 압축하는 것이 좋습니다. 색이 많은 사진을 GIF로 저장하면 JPG로 저장하는 것보다 용량이 커지고 색도 제대로 표현되지 않아 이미지가 깨진 것처럼 보입니다. 반대로 색이 단조로운 이미지를 JPG로 저장하면 GIF보다 용량은 커지고 이미지가 선명하지 못합니다. 색상 수가 256 이하이면 GIF, 256 이상이면 JPG로 저장합니다. PNG는 JPG에서 생기기 쉬운 뭉개짐을 비교적 적게 하여 JPG보다 압축을 더 잘할 수 있고 GIF처럼 투명 이미지를 만들 수도 있습니다.

	JPG	GIF	PNG
사진 등의 이미지와 색상이 많이 들어간 이미지	○		○
텍스트, 로고 등 색상이 적게 들어간 이미지		○	
투명 이미지 지원		○	○

포토샵에서 아무것도 없는 상태는 격자무늬 형태로 나타냅니다. 여러 오브젝트들을 겹쳐 놓기 위해 형태에 따라 이미지를 배경에서 분리한 후 JPG 파일로 저장하면 애써 분리한 배경에 흰색이 채워져서 저장됩니다. JPG는 투명을 지원하지 않기 때문입니다. 앞에서 말했듯이 이런 투명 상태 그대로 저장하는 이미지 파일 포맷은 PNG와 GIF 파일입니다.

아무것도 없는 투명 상태

JPG로 저장

GIF로 저장

PNG로 저장

새로운 작업 창 만들기

그림을 그리기 위해서는 종이가 필요한 것처럼 새로운 작업을 하려면 새로운 작업 창이 있어야 합니다. 앞에서 배운 기본 지식에 따라 작업 목적에 맞게 작업 창을 세팅합니다.

1. 홈 화면에서 [New file]을 클릭합니다.
2. 메뉴 바에서 [File]-[New]를 선택합니다.
3. 단축키 Ctrl+N을 누릅니다.

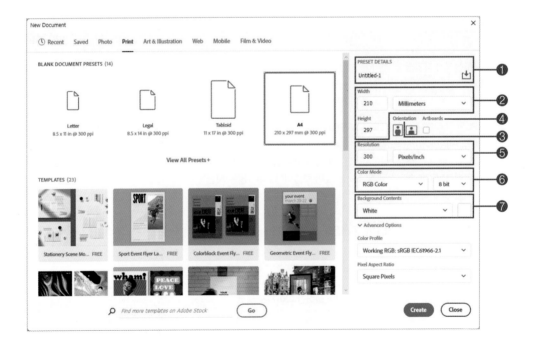

❶ 파일 이름을 입력합니다.

❷ **Width, Height**: 단위와 가로, 세로 길이를 설정합니다.

❸ **Orientation**: 캔버스 방향을 가로, 세로 중 선택합니다.

❹ **Artboards**: 아트보드를 만듭니다.

❺ **Resolution**: 해상도를 설정합니다. 화면용 이미지는 72Pixels/Inch, 인쇄용 이미지는 300Pixels/Inch로 설정합니다.

❻ **Color Mode**: 색상 모드를 지정합니다. 화면용 이미지는 RGB, 인쇄용 이미지는 CMYK로 설정합니다.

❼ **Background Contents**: 캔버스의 배경색을 지정합니다.

---

4 · 기능 예제 · 새로운 작업 창 만들기

01 홈 화면의 [New file]을 클릭하거나 Ctrl + N 을 눌러 Width는 900Pixels, Height는 900Pixels, Resolution은 72Pixels/Inch, Color Mode는 RGB로 설정하고 [Create]를 클릭해서 새 작업 창을 만듭니다.

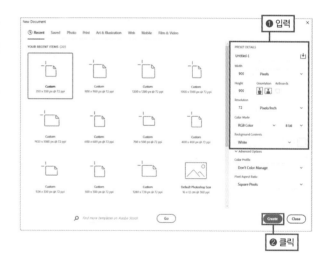

02 900*900 크기의 새로운 캔버스가 작업 화면을 꽉 채우면서 만들어집니다.

T·I·P 캔버스 상단의 회색 부분을 클릭&드래그하면 크기에 딱 맞는 캔버스가 됩니다.

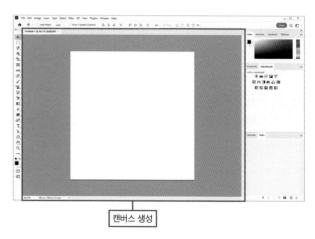

캔버스 생성

이미지 크기와 캔버스 크기

이미지 크기를 조절하고 이미지를 깨지지 않게 늘이는 방법을 알아본 후 캔버스 크기로 프레임을 만드는 방법에 대해 알아봅니다.

LESSON

● Image Size

이미지의 크기와 해상도를 조절할 수 있습니다. 이미지의 크기와 해상도는 반비례하고 이미지를 늘이거나 줄이면 이미지가 손상되기 때문에 작업하기 전에 원하는 크기와 해상도를 미리 설정해야 합니다. 화면용은 72dpi, 인쇄용은 300dpi로 작업합니다.

❶ **Dimensions**: 이미지의 가로, 세로 크기입니다. 크기를 변경하면 바뀔 용량도 같이 표시됩니다.

❷ **Fit To**: 자주 사용하는 이미지의 규격을 제공합니다.

❸ **Width**: 이미지의 가로 크기를 설정합니다.

❹ **Height**: 이미지의 세로 크기를 설정합니다.

❺ **Resolution**: 이미지의 해상도를 설정합니다.

❻ 링크 아이콘을 클릭하면 가로, 세로 같은 비율로 이미지의 크기를 변경할 수 있습니다.

❼ **Resample**: 이미지의 크기 변경 시 픽셀의 처리 방식을 설정합니다. 픽셀이 뭉개지는 현상을 줄일 수 있습니다.

ⓐ 자동으로 픽셀을 채워 이미지를 표현합니다.

ⓑ 이미지 확대 시 픽셀을 세밀하게 채웁니다.

ⓒ 이미지 확대 시 픽셀을 부드럽게 채웁니다.

ⓓ 이미지 축소 시 선명하게 처리합니다.

ⓔ 이미지를 부드럽게 변하도록 처리합니다.

ⓕ 주변 색상을 기준으로 픽셀을 채웁니다.

ⓖ 주변의 평균값으로 픽셀을 채웁니다.

❽ **Reduce Noise**: Resample 옵션을 Preserve Details (enlargement)로 설정하면 활성화되는 옵션으로 이미지 확대 시 생기는 노이즈의 제거 정도를 조절합니다.

◎ **준비 파일**: chapter1/Ballerina.jpg

01 Ctrl+O를 눌러 'Ballerina.jpg' 파일을 불러옵니다.

02 [Image]-[Image Size] 메뉴를 선택합니다. 현재 이미지는 Width는 1920px, Height는 1280px입니다. 링크 아이콘(🔗)을 클릭하고 Width를 600px로 변경합니다. Height가 같은 비율로 400px로 바뀝니다. [OK]를 클릭합니다.

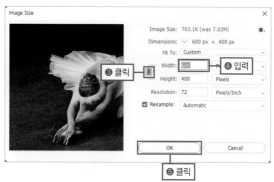

03 이미지의 크기가 변경된 것을 확인할 수 있습니다.

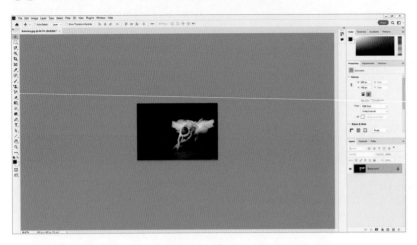

2 ·기능 예제·

이미지 깨지지 않게 늘이기

이미지의 크기를 확대하면 원본 이미지에 비해 노이즈가 생깁니다. 따라서 이미지를 확대하는 것은 작업 퀄리티를 위해 좋은 방법은 아니지만 부득이하게 확대해야 하는 상황이라면 노이즈를 제거하면서 합니다.

◎ **준비 파일**: chapter1/Cherry.jpg

01 Ctrl + O 를 눌러 'Cherry.jpg' 파일을 불러옵니다.

02   [Image]-[Image Size] 메뉴를 선택합니다. 원래 이미지의 Width, Height는 400px입니다. 링크 아이콘(⊗)을 클릭하고 Width를 800px로 변경합니다. Resample 항목을 체크하고 Preserve Details(enlargement)를 선택한 후 Reduce Noise를 100%로 하고 [OK]를 클릭합니다.

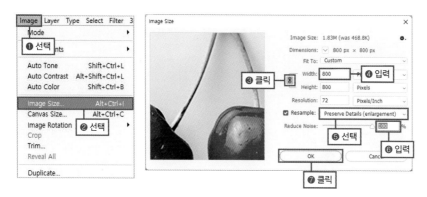

03   이미지가 깨지지 않고 크게 확대된 것을 확인할 수 있습니다.

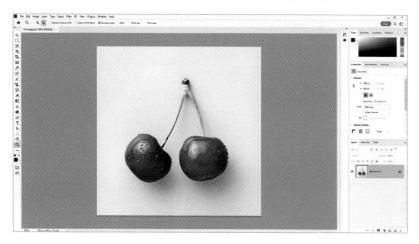

● 캔버스 크기

캔버스 크기는 작업 창의 크기를 변경할 때 사용합니다. 어느 지점을 기준으로 작업 창의 크기를 조절할 것인지 기준점을 설정할 수 있습니다. 작업 창의 크기를 현재보다 축소하면 이미지의 일부가 잘려 나가고, 확대하면 새로 생긴 공간에 배경색이 채워집니다.

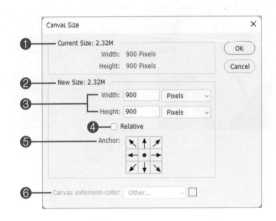

❶ **Current Size**: 현재 작업 창의 크기입니다.

❷ **New Size**: 변경할 작업 창의 크기입니다.

❸ **Width, Height**: 변경할 작업 창의 크기를 설정합니다.

❹ **Relative**: 체크하면 Width, Height가 0으로 바뀌는데 Width, Height에 입력한 크기만큼 더해진 캔버스 크기가 됩니다.

❺ **Anchor**: 캔버스의 크기를 확대하거나 축소할 때 어디를 기준으로 조절할 것인지를 설정합니다.

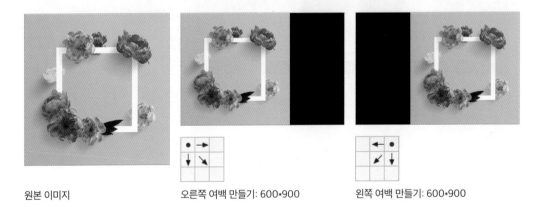

원본 이미지   오른쪽 여백 만들기: 600*900   왼쪽 여백 만들기: 600*900

오른쪽 하단 여백 만들기: 900*900

하단 여백 만들기: 900*600

상단 여백 만들기: 900*600

❻ **Canvas extension color**: 작업 창의 크기가 커질 때 새로 만들어진 영역에 어떤 색을 채울지를 설정합니다. 기본으로는 배경색이 채워집니다.

---

3 · 기능 예제 ·　　　캔버스 크기로 프레임 만들기

◎ **준비 파일**: chapter1/테이블.jpg

01 Ctrl + O 를 눌러 '테이블.jpg' 파일을 불러옵니다.

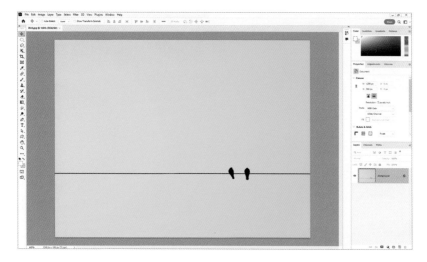

02 이미지 창의 상단 회색 바를 클릭&드래그
해서 창의 크기를 이미지 크기에 맞춥니다. 파일
이름이 있는 상단에서 마우스 오른쪽 버튼을 클
릭하면 나오는 메뉴에서 [Canvas Size]를 선택합
니다.

T·I·P 메뉴 바의 [Image]-[Canvas Size]를 선택해도 됩
니다.

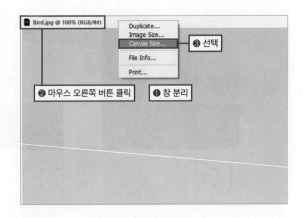

03 작업 창을 사방으로 30픽셀씩 넓히기 위해 가로, 세로에 60픽셀을 더한 1260, 960을 입력하고 [OK]
를 클릭합니다. 넓어진 영역에는 기본적으로 배경색이 채워지는데 원하는 색을 선택할 수 있습니다. [OK]
를 클릭하면 사방이 30픽셀씩 넓어지고 그 공간에 선택한 색이 채워진 것을 확인할 수 있습니다.

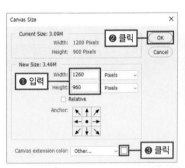  

레이어 이해하기

포토샵의 핵심 기능인 레이어를 이해하고 레이어 순서 바꾸기, 복사하기, 삭제하기, 숨기기 등을 간단하게 알아봅니다.

LESSON

레이어는 '투명한 유리판'으로 이해하면 쉽습니다. 그림을 그릴 때 하나의 판에 모든 요소를 다 그리는 것이 아니라 요소들을 각각의 투명판에 하나씩 그려 넣은 후 겹쳐서 보는 원리입니다.

예를 들어 샌드위치 이미지에서 각각의 재료들을 한 레이어에 한 개씩 그리는 것입니다. 이렇게 나눠 그리면 쉽게 어떤 요소의 위치를 옮기거나 삭제할 수 있습니다.

이미지와 이미지, 이미지와 문자처럼 다양한 요소들을 편집하고 합성해야 하는 디자인 작업에서 레이어의 기능은 이미지를 편집하는 데 중요합니다.

● 레이어 이해하기

'Layer.psd' 파일을 불러와서 [Layers] 패널을 살펴보겠습니다. 하나의 이미지로 보이지만 실제로는 각각의 이미지가 각기 다른 레이어에 담겨 있습니다. 맨 아래 접시가 있는 [Background] 레이어와 5개의 재료가 각각 5개의 레이어에 하나씩 들어 있습니다. 이미지가 각각 하나의 레이어에 들어 있기 때문에 빼고 싶은 이미지가 있다면 해당 레이어만 삭제하면 됩니다.

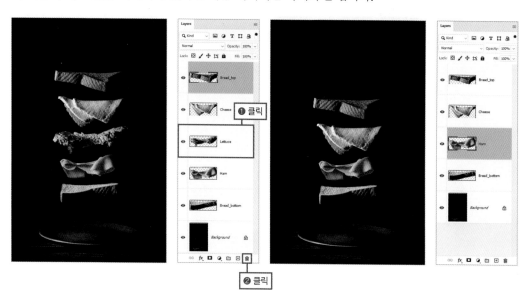

포토샵 작업을 하기 위해 새 창을 만들면 빈 캔버스가 만들어지고 [Layers] 패널에는 [Background] 레이어가 생깁니다. 이미지를 불러올 경우에도 [Layers] 패널에는 이미지가 [Background] 레이어에 들어 있습니다.

자물쇠 표시가 있는 [Background] 레이어는 추가하면 생기는 일반 레이어와 달리, 레이어 순서를 바꾸거나 편집할 수 없습니다.
[Background] 레이어는 [Layers] 패널 안에서 레이어의 순서를 바꾸거나 수정 작업을 할 수 없도록 잠겨 있습니다. 기본 설정은 흰색으로 채워져 있는데 [Background] 레이어에 효과를 적용하려면 일반 레이어로 바꿔야 합니다. [Background] 레이어의 오른쪽에 있는 자물쇠 아이콘을 클릭하면 일반 레이어로 바뀝니다.

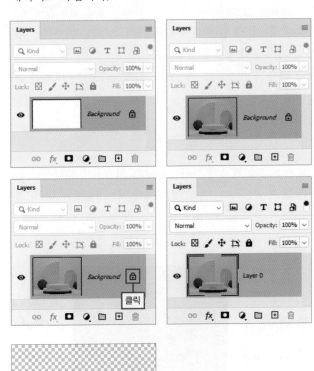

T·I·P 레이어에서 흰색과 회색으로 보이는 격자무늬는 투명을 의미합니다.

● 레이어 간단하게 살펴보기

Ctrl+O를 눌러 'Layer1.psd' 파일을 불러온 후 [Layers] 패널을 살펴봅니다. 이미지는 한 장으로 보이지만 이미지를 구성하는 4개의 이미지가 각각의 일반 레이어에 담겨 있습니다.

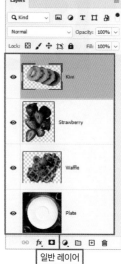

일반 레이어

Plate

Waffle

Strawberry

Kiwi

1) 레이어 순서 바꾸기

레이어들의 순서를 바꾸면 이미지도 달라집니다. 레이어의 순서를 변경하고 싶을 때는 레이어를 클릭한 후 드래그해서 원하는 위치에 놓으면 됩니다. 레이어들의 순서를 바꾸면 이미지도 다르게 보입니다.

맨 아래에 있던 [Plate] 레이어를 클릭&드래그해서 맨 위에 놓아 보겠습니다. 이미지가 가장 큰 [Plate] 레이어가 맨 위에 놓이자 아래에 있던 모든 이미지들이 보이지 않습니다. 작업 시 이미지가 보이지 않는다면 지금처럼 위에 있는 레이어에 가려서 안보이는 것은 아닌지 확인합니다. Ctrl+Z를 눌러 되돌립니다.

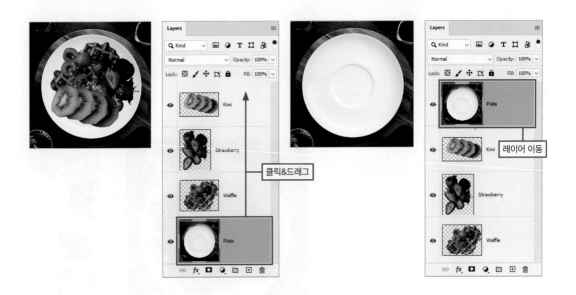

2) 레이어 복사하기

레이어를 복사하려면 해당 레이어를 선택하고 새로 만들기 아이콘으로 드래그합니다. 단축키는 Ctrl + J 입니다. 새로 만들기 아이콘을 클릭하면 새로운 빈 레이어를 만들 수 있습니다. 같은 위치에 복사되었기 때문에 이미지는 겹쳐 보이고 [Layers] 패널에는 복사된 레이어가 추가되었습니다. 이동 툴(⊕)을 선택하고 클릭&드래그해서 옮겨 놓습니다.

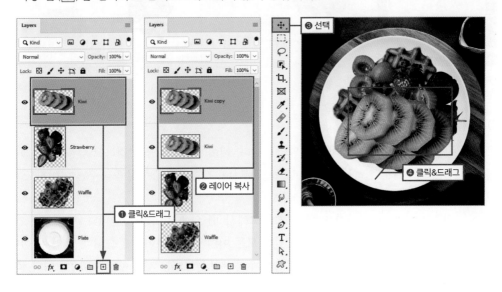

3) 레이어 삭제하기

필요 없는 레이어는 해당 레이어를 선택하고 휴지통 아이콘(🗑)으로 드
래그하거나 키보드의 Delete 를 누르면 삭제할 수 있습니다.

 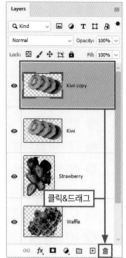

4) 레이어 숨기기

삭제가 아니라 안보이게 할 경우에는 [Layers] 패널에서 레이어 앞에 있는
눈 아이콘을 클릭하면 이미지를 숨길 수 있습니다.

 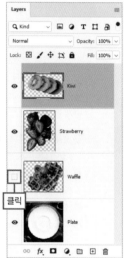

5) Layers 패널의 구성 요소

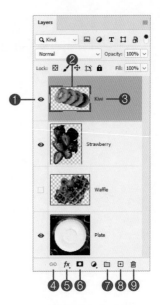

❶ **레이어 보이기 표시**: 눈 표시를 켜거나 꺼서 해당 레이어가 보이거나 보이지 않게 합니다.

❷ **섬네일**: 레이어에 있는 오브젝트를 작게 보여줍니다.

❸ **레이어 이름**: 더블 클릭해서 레이어 이름을 변경할 수 있습니다.

❹ **링크 레이어**: 두 개 이상의 레이어를 연결합니다.

❺ **레이어 스타일**: 레이어 효과를 적용합니다.

❻ **레이어 마스크**: 레이어 마스크를 추가합니다.

❼ **새 그룹 만들기**: 레이어 그룹을 만듭니다.

❽ **새 레이어 만들기**: 새 레이어를 추가합니다.

❾ **휴지통**: 레이어를 삭제합니다.

더 알·아·보·기

작업 실수를 되돌리는 Ctrl+Z와 History 패널

작업한 것을 취소하고 싶을 때는 Ctrl+Z를 눌러 취소 바로 전 단계로 되돌아갈 수 있습니다. 한번에 몇 단계 전의 작업을 취소하고 싶을 때는 [History] 패널을 이용합니다. [History] 패널은 메뉴 바에서 [Window]-[History]를 선택하면 열립니다. [History] 패널에는 수행한 작업이 순서대로 기록되어 있는데 작업 목록에서 가고 싶은 단계를 선택하면 몇 단계 전의 상태로 돌아갈 수 있습니다.

❶ **원본 이미지**: 섬네일 이미지나 파일 이름을 클릭하면 원래 이미지 상태로 되돌아갑니다.

❷ **Create new document from current state**: 선택한 작업 단계를 새로운 이미지 창으로 만듭니다.

❸ **Create new snapshot**: 선택한 작업 상태를 스냅샷으로 남깁니다.

❹ **Delete current state**: 선택한 작업 상태를 지웁니다.

• 스냅샷(snapshot)
작업을 하다 보면 이전에 한 작업이 나은지, 지금 한 작업이 나은지 비교가 필요한 경우가 있습니다. 중간의 상태를 스냅샷으로 저장해 놓고 다시 작업하면 이전 작업과 비교할 수 있습니다. 하지만 너무 많은 스냅샷을 저장하면 메모리가 부족해질 수 있으니 주의합니다.

디지털 편집의
시작

이미지를 편집하거나 수정하려면 먼저 무엇을 작업할지 정해야 합니다. '무엇'을 정하는 과정이 바로 '선택하기'입니다. 실제 작업에서 무엇을 얼마나 잘 선택하는가는 작업의 완성도에 영향을 끼칩니다. 디자인 작업에서 선택하기는 중요하기 때문에 포토샵에서도 다양한 선택 툴과 기능을 제공합니다.

이미지 또는 선택 영역을 옮기고 정렬하는 이동 툴

이동 툴로 이미지를 작업 창으로 옮기고 정렬하는 방법을 알아본 후 이미지를 복제하고 정렬, 분배하는 방법 등을 알아봅니다.

LESSON

● 이동 툴

이동 툴(⊕)은 이미지를 옮길 때 사용합니다. 서로 다른 작업 창, 즉 한쪽 작업 창에서 다른 쪽 작업 창으로 옮기면 복제가 됩니다. 같은 작업 창에서 복제할 때는 Alt 를 누른 채 이미지나 선택 영역을 드래그합니다.

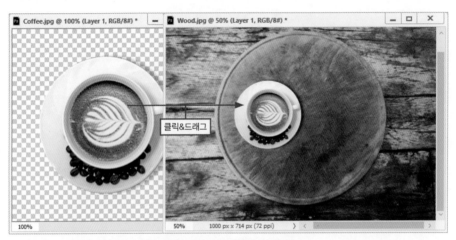

이동 툴(⊕)을 선택하고 이미지를 클릭&드래그해서 다른 작업 창으로 옮깁니다.

Alt 를 누른 채 이미지를 드래그해서 복제합니다.

지정한 선택 영역으로 이동합니다.

이동 툴의 옵션 바

❶ **Auto-Select**: 체크하면 마우스로 클릭한 부분에 해당하는 레이어가 자동으로 선택됩니다. 원하는 범위를 드래그해서 해당 영역에 포함된 모든 레이어를 일괄 선택할 수도 있습니다.

❷ **Show Transform Controls**: 체크하면 선택된 레이어의 이미지를 조절할 수 있는 크기 조절점이 생깁니다. 이미지를 회전하거나 변형할 수 있습니다.

❸ **정렬 옵션**: 선택한 여러 레이어 또는 링크로 연결된 레이어들의 오브젝트 위치를 정렬합니다. 두 개 이상의 레이어가 선택되어야 활성화됩니다. 왼쪽부터 왼쪽 가장자리 정렬, 수직 중앙 정렬, 오른쪽 가장자리 정렬, 위쪽 가장자리 정렬, 수평 중앙 정렬, 아래쪽 가장자리 정렬 옵션입니다.

❹ **…(더 보기)**: 분배에 관한 옵션들을 볼 수 있습니다.

> **NOTE** 이동 툴의 단축키
>
> ❶ Shift 를 누른 채 이동: 수직, 수평, 45도로 이동합니다.
> ❷ Alt 를 누른 채 이동: 이미지가 복제되면서 이동합니다.
> ❸ Alt + Shift 를 누른 채 이동: 수직, 수평, 45도로 이동하면서 복제합니다.

---

1 · 기능 예제 · 작업 창으로 이미지 옮기고 정렬하기

이미지 옮기기: 이동 툴(⊕)을 선택하고 옮길 이미지를 클릭한 채 마우스를 떼지 않고 다른 작업 창으로 드래그하면 이미지가 복제됩니다.

◎ **준비 파일**: chapter2/Cake.png, Wood.jpg

01
Ctrl+O를 누르거나 [New file]을 클릭해서 'Cake.png', 'Wood.jpg' 파일을 선택한 후 [열기]를 클릭합니다. 이미지가 탭 형식으로 겹쳐 열립니다. 파일 이름이 있는 회색 바를 클릭&드래그해서 창을 분리합니다.

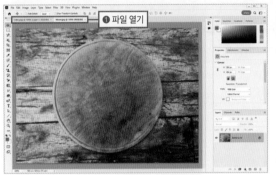
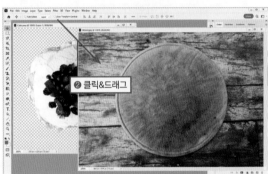

02
툴 패널에서 이동 툴(⊕)을 선택합니다. 케이크 이미지 위에서 마우스를 클릭한 후 떼지 않은 상태에서 작업 창으로 드래그합니다. 이미지가 복제되면서 옮겨지고 [Layers] 패널에는 레이어가 추가된 것을 볼 수 있습니다.

T·I·P 작업 창 내에서 방향키를 사용하면 1픽셀씩 화살표 방향으로 이미지가 이동합니다. Shift+방향키는 10픽셀씩 이동합니다.

03 [Shift]를 누른 채 [Background] 레이어와 [Layer 1] 레이어를 클릭합니다. 이동 툴()의 옵션 바를 사용해서 옮긴 이미지를 가운데 정렬해 보겠습니다. 이동 툴의 옵션 바에서 수직 중앙 정렬과 수평 중앙 정렬 아이콘을 클릭하면 이미지가 작업 창의 중앙에 놓입니다.

클릭

2 · 기능 예제 ·

이동 툴로 이미지 복제하고 분배하기

이미지 복사하기: 작업 창 내에서는 [Alt]를 누른 채 드래그하면 복제할 수 있습니다. [Shift]를 누른 채 이동하면 수직, 수평 방향으로 옮길 수 있습니다.

◎ **준비 파일**: chapter2/Bean.jpg, Coffee2.png

01 [Ctrl]+[O]를 눌러 대화상자가 열리면 'Bean.jpg, Coffee2.png' 파일을 선택하고 [열기]를 클릭하면 이미지가 탭 형식으로 겹쳐 열립니다. 파일 이름이 있는 회색 바를 클릭&드래그해서 창을 분리합니다.

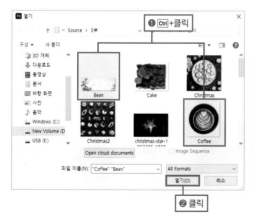

02 이동 툴(✛)을 선택한 후 Coffee 이미지를 클릭&드래그해서 Bean 이미지 창으로 복제해 옮깁니다.

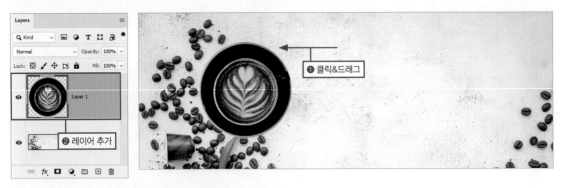

03 Alt를 누른 채 Coffee 이미지를 클릭&드래그해서 옆으로 놓으면 이미지가 복제됩니다. [Layers] 패널을 보면 복제된 레이어가 만들어진 것을 확인할 수 있습니다.

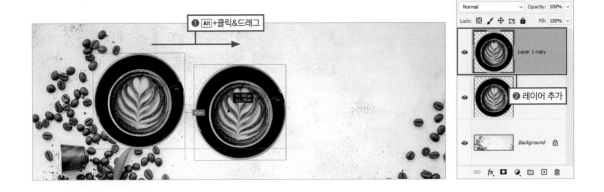

04 위의 작업을 한 번 더 반복합니다. Alt를 누른 채 Coffee 이미지를 클릭&드래그해서 하나 더 복제합니다.

05 3개의 이미지의 간격을 맞춰 보겠습니다. [Layers] 패널에서 맨 위의 레이어가 선택되어 있습니다. Shift 를 누른 채 [Layer 1]을 클릭하면 복제한 이미지까지 포함해서 3개의 레이어가 모두 선택됩니다. 이동 툴(⊕)의 옵션 바에서 수평 중앙 정렬 아이콘(⊪)을 클릭합니다.

T·I·P Shift 를 누른 채 레이어들을 선택하면 모든 레이어들이 선택됩니다.

06 수평 분배 아이콘(☰)을 클릭하거나 더 보기 아이콘(⋯)을 클릭해서 Distribute가 나오면 수평 중앙 정렬을 클릭해 간격을 맞춥니다.

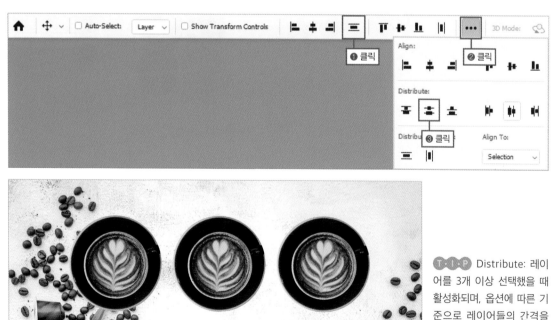

T·I·P Distribute: 레이어를 3개 이상 선택했을 때 활성화되며, 옵션에 따른 기준으로 레이어들의 간격을 균등하게 배치합니다.

레이어 자동 선택과 수동 선택

◎ **준비 파일**: chapter2/Piment.psd

레이어 자동 선택

❶ 'Piment.psd' 파일을 불러옵니다. [Layers] 패널을 보면 Background 이미지와 4개의 이미지가 들어 있습니다. 작업을 하려면 그 이미지가 속해 있는 해당 레이어를 먼저 선택해야 하므로 이동 툴(⊕)의 옵션 바에 있는 'Auto-Select'를 체크합니다.

 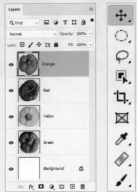 

❷ 오른쪽 상단의 빨간 피망 이미지를 클릭합니다. [Layers] 패널을 보면 [Red] 레이어가 선택된 것을 볼 수 있습니다.

 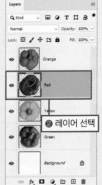

❸ 오른쪽 하단의 녹색 피망 이미지를 클릭합니다. [Layers] 패널을 보면 [Green] 레이어가 선택된 것을 볼 수 있습니다.

 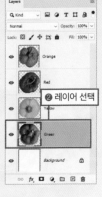

레이어 수동 선택

Ctrl+해당 이미지 클릭: 해당 레이어 선택

'Auto-Select' 옵션에 체크하지 않고 이미지가 속한 레이어를 찾으려면 Ctrl을 누른 채 해당 이미지를 클릭합니다. 'Auto-Select' 옵션에 체크하면 편리한 경우도 있지만 클릭만으로 레이어가 선택되기 때문에 의도하지 않은 경우에도 잘못 클릭한 레이어가 선택되는 불편함이 있을 수 있으므로 상황에 맞춰 사용합니다. 이때 Auto-Select 옆에 Layer와 Group이 있는데 Layer로 되어 있어야 Layer가 선택됩니다.

④ 이동 툴(⊕) 옵션 바의 Auto-Select를 선택 해제합니다. Ctrl을 누르면 누르는 동안 Auto-Select에 체크되는 것을 볼 수 있습니다.

⑤ Ctrl을 누른 상태에서 노란색 피망 이미지를 클릭한 후 [Layers] 패널을 보면 해당 레이어가 선택된 것을 볼 수 있습니다.

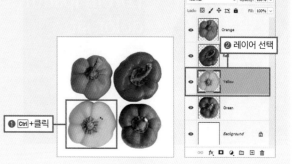

이동 툴로 이미지와 텍스트 배치하기

◎ **준비 파일**: chapter2/Interior.psd

01 `Ctrl`+`O`를 눌러 'Interior.psd' 파일을 불러옵니다. [Layers] 패널을 보면 [Background] 레이어 외에 3개의 이미지와 3개의 텍스트가 들어 있습니다. 6개의 위치를 수정하기 전에 작업의 편리를 위해 자와 가이드 선을 먼저 만들어 보겠습니다.

02 `Ctrl`+`R`을 눌러 눈금자를 표시하고 눈금자의 단위를 픽셀로 변경하겠습니다. 눈금자 위에서 마우스 오른쪽 버튼을 클릭하면 나오는 메뉴에서 원하는 단위를 선택하면 됩니다.

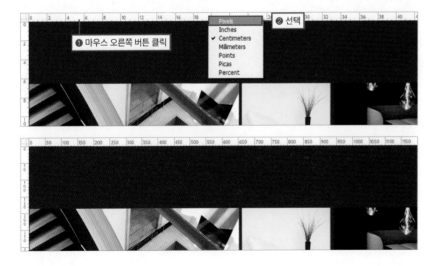

03 왼쪽 세로 눈금에 마우스를 놓고 클릭&드래그해서 100px의 위치에 세로 가이드 선을 만듭니다.
가로 가이드 선은 위의 눈금에서 클릭&드래그해서 100px의 위치에 놓습니다.

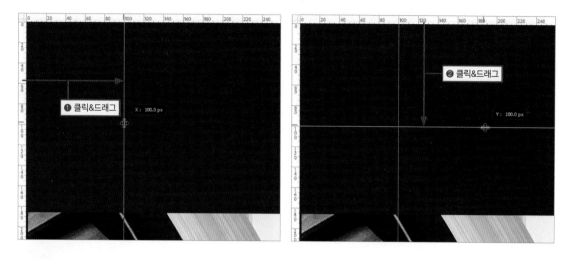

NOTE   눈금자 단위 변경하기

Ctrl + R 을 눌러 눈금자를 표시하고 눈금자 위에서 마우스 오른쪽 버튼을 클릭해서 단위를 변경할 수 있습니다. 또는 [Edit]-
[Preferences]-[Units & Rulers] 메뉴에서 변경할 수 있습니다.

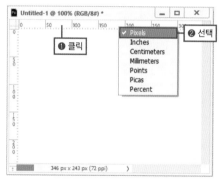

04 이번에는 다른 방법으로 가이드 선을 만들어 보겠습니다. 눈금자를 사용하지 않고 메뉴를 사용해서 정확한 위치를 지정하는 방법입니다. [View]-[Guides]-[New Guide] 메뉴를 선택하면 [New guide] 대화상자가 뜹니다. Vertical에 1100px을 입력하고 [OK]를 클릭하면 1100px 위치에 세로 가이드 선이 만들어집니다. 마찬가지로 Horizontal에도 1100px을 입력해서 가로 가이드 선을 만듭니다.

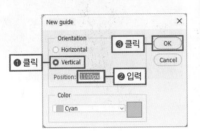

05 이동 툴(✛)을 선택하고 옵션 바에서 Auto-Select를 체크한 후 [Image_1] 레이어를 클릭합니다. [Layers] 패널을 보면 해당 레이어가 선택된 것을 볼 수 있습니다.

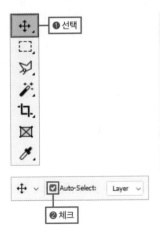

06 이동 툴(⊕)로 클릭&드래그해서 왼쪽 상단 가이드 선에 맞춰 놓습니다.

07 [Image_3] 레이어를 선택한 후 클릭&드래그해서 오른쪽 하단 가이드 선에 맞춰 놓습니다.

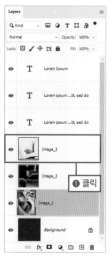

08 [Image_2] 레이어를 선택한 후 클릭&드래그해서 하단 가이드 선에 맞춰 놓습니다.

09 3개의 텍스트도 같은 방법으로 원하는 위치에 놓습니다.

10 Ctrl+R 을 다시 누르면 눈금자가 사라집니다.

11 Ctrl+; 을 누르면 가이드 선도 안보이게 할 수 있습니다.

02

정형 선택 툴-사각 선택/원형 선택/가로선 선택/세로선 선택 툴

정형을 선택할 때 쓰는 사각 선택 툴, 원형 선택 툴, 가로선 선택 툴, 세로선 선택 툴을 알아보고 활용 방법을 배웁니다.

LESSON

● 정형을 선택할 때 쓰는 사각 선택 툴/원형 선택 툴/가로선 선택 툴/세로선 선택 툴

사각형, 원형, 1열(가로선), 1행(세로선)처럼 정형을 선택할 때는 선택 툴을 이용합니다. 사각 선택 툴(▦)과 원형 선택 툴(◯)은 원하는 영역을 드래그해서 선택할 수 있고, 가로선 선택 툴(▭)과 세로선 선택 툴(▯)은 클릭하면 바로 선택됩니다.

선택 영역을 해제하는 단축키는 Ctrl+D입니다.

▪ ⬚ Rectangular Marquee Tool	M
◯ Elliptical Marquee Tool	M
▭ Single Row Marquee Tool	
▯ Single Column Marquee Tool	

사각 선택 툴

원형 선택 툴

가로선 선택 툴

세로선 선택 툴

● 정사각형 또는 정원 선택

Shift+드래그: 정사각형 또는 정원 만들기

Shift를 누른 상태에서 사각 선택 툴이나 원형 선택 툴로 드래그하면 정사각형 또는 정원 형태로 선택됩니다.

Alt+드래그: 클릭 지점을 중심으로 선택 영역 만들기

Alt를 누른 상태에서 드래그하면 클릭한 지점을 중심으로 선택 영역이 만들어집니다. 따라서 원의 중심에서부터 클릭해서 커지는 원을 선택하고 싶을 때는 Shift와 Alt를 동시에 누른 채 드래그하면 됩니다.

선택 툴의 옵션 바

사각 선택 툴(◌◌), 원형 선택 툴(◯), 가로선 선택 툴(◌◌), 세로선 선택 툴(◌)과 뒤에서 배울 올가미 툴(◯), 다각형 올가미 툴(◯), 자석 올가미 툴(◯)은 옵션 바가 동일하게 나타납니다(단, 활성화되지 않는 경우는 있습니다). 해당 옵션의 기능을 살펴보겠습니다.

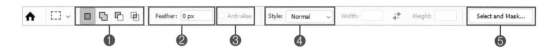

❶ 선택 영역 관련 옵션

ⓐ **선택하기**: 드래그해서 원하는 영역을 선택합니다.

ⓑ **선택 영역 더하기**: 기존 선택 영역에 새로운 선택 영역을 더합니다. Shift 를 누른 채로 드래그하는 것과 같은 기능입니다.

ⓒ **선택 영역 빼기**: 기존 선택 영역에서 새로운 선택 영역을 뺍니다. Alt 를 누른 채로 드래그하는 것과 같은 기능입니다.

ⓓ **공통 영역만 선택하기**: 기존 선택 영역과 새로운 선택 영역에서 공통된 부분만 선택합니다. Shift + Alt 를 누른 채로 드래그하는 것과 같은 기능입니다.

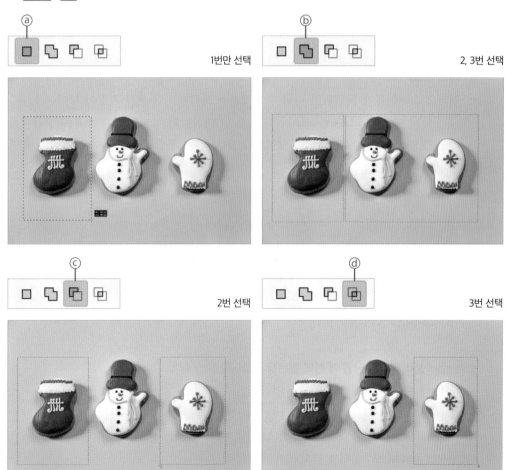

❷ **Feather**: 선택 영역과 주변 사이에 일정 영역을 지정해서 경계를 흐릿하게 합니다. 값이 높아질수록 경계면이 흐릿해지면서 색상이 퍼져 보입니다. 효과를 적용하려면 Feather값을 먼저 입력해야 합니다. 이미지를 움직이거나 잘라내서 복사해 넣을 때, 색을 넣을 때 이용할 수 있습니다.

Feather값: 10

Feather값: 50

❸ **Anti-alias**: 픽셀은 정사각형의 형태이므로 사선이나 곡선도 계단 형태로 나타납니다. 경계가 계단으로 날카롭게 표현되면 이미지가 거칠어 보이는데 경계가 거칠어 보이는 문제를 보완한 것이 안티 에일리어스(Anti-alias)입니다. 안티 에일리어스는 색 경계 부분에 중간색을 넣어 경계를 부드럽게 보이도록 만드는 것입니다. 원형 선택 툴(◯)과 올가미 툴(◯) 등을 사용할 때는 체크해 사용합니다.

안티 에일리어스 적용 전

경계면 확대

안티 에일리어스 적용 후

경계면 확대

❹ **Style: 선택 영역을 만들 때 선택 옵션을 정합니다.**
　ⓐ **Normal**: 원하는 대로 드래그한 영역을 선택 영역으로 만듭니다.
　ⓑ **Fixed Ratio**: 입력한 비율로 선택 영역을 만듭니다.
　ⓒ **Fixed Size**: 입력한 수치대로 고정된 선택 영역을 만듭니다.
❺ **Select and Mask**: 선택 영역의 경계를 다듬습니다.

사각 선택 툴로 이미지 선택하고 크기 조절하기

◎ **준비 파일**: chapter2/Poster.jpg, Puppy.jpg, Puppy2.jpg

01 Ctrl+O를 눌러 창을 열고 Ctrl을 누른 채 'Poster.jpg, Puppy.jpg, Puppy2.jpg' 파일을 선택하고 [열기]를 클릭합니다. 파일 이름이 있는 부분을 클릭&드래그해서 창을 분리합니다.

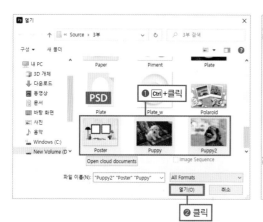

02 액자 안에 강아지를 넣어보겠습니다. 'Puppy' 이미지를 클릭한 후 사각 선택 툴(▣)을 선택하고 Shift를 누른 채 클릭&드래그해서 정사각형으로 합니다.

03 이동 툴(✛)로 선택 영역을 클릭&드래그해서 'Poster' 이미지로 옮깁니다. Ctrl+T를 눌러 조절점이 나오면 Shift를 누른 채 대각선 방향으로 드래그해서 가로폭에 맞춰 강아지 크기를 줄이고 내부를 더블 클릭하거나 Enter를 누릅니다.

04 이동 툴(⊕)로 'Puppy2' 이미지를 클릭&드래그해서 'Poster' 이미지로 옮겨 오른쪽 끝에 맞춰 놓습니다. Ctrl+T를 눌러 조절점이 나오면 Shift를 누른 채 대각선 방향으로 클릭&드래그해서 액자 높이에 맞춰 강아지 크기를 줄이고 Enter를 누릅니다.

05 사각 선택 툴(▭)로 액자에서 벗어난 이미지의 왼쪽 부분을 클릭&드래그해서 선택한 후 Delete를 눌러 지웁니다. Ctrl+D를 누르거나 선택 영역 밖을 클릭해 선택 영역을 해제해서 완성합니다.

Transform

오브젝트 모양을 변형시키려면 [Edit]-[Transform] 메뉴를 이용합니다. 단축키인 Ctrl + T 는 자주 사용하는 기능이므로 외워 두는 것이 좋습니다. Ctrl + T 를 누르면 오브젝트에 8개의 조절점이 생깁니다.

각 모서리에 생기는 4개의 조절점을 코너 핸들이라고 부르는데 코너 핸들을 드래그하면 좌우 비율을 같게 유지하면서 크기를 늘리거나 줄일 수 있습니다. 조절점 주변 바깥으로 마우스 커서를 가져가면 방향 포인터가 생기며 이때 드래그하면 이미지를 회전시킬 수 있습니다.

Ctrl + T 를 누르면 각 모서리에 8개의 크기 조절점이 나타납니다.

코너 핸들을 드래그하면 좌우 비율이 같게 유지되면서 변형됩니다.

크기 조절점 주변 바깥으로 커서를 가져가면 방향 포인터가 생기는데 이미지를 회전시킬 수 있습니다. Shift 를 누른 상태에서 드래그하면 15도씩 돌릴 수 있습니다.

Scale(크기)

원본

Shift 를 누른 채 드래그하면 가로, 세로 같은 비율로 크기가 변경됩니다.

Alt 를 누른 채 드래그하면 이미지의 중심을 기준으로 크기가 변경됩니다.

Rotate(회전)

Rotate 180°

Shift + Alt 를 누른 채 오른쪽 조절점으로 드래그합니다.

Flip Horizontal

Alt 를 누른 채 하단 조절점으로 드래그합니다.

Flip Vertical

Alt 를 누른 채 상단 조절점으로 드래그합니다.

마우스 오른쪽 버튼을 클릭하면 나오는 메뉴에서 변경해도 됩니다.

이미지 다양하게 왜곡하기

Ctrl + T 를 누르고 이미지 위에서 마우스 오른쪽 버튼을 클릭하면 나오는 메뉴에서 다음과 같이 조절할 수 있습니다.

Skew
수직, 수평으로만 기울입니다.

Distort
드래그하는 대로 조절점이 움직입니다.

Perspective
조절점을 드래그하면 맞은편 조절점까지 움직이며 원근감을 적용합니다.

Warp
드래그하는 대로 이미지를 구부립니다.

---

2 · 기능 예제 ·　　　　**Transform 활용해서 배경 만들기**

◎ **준비 파일**: chapter2/Deco.jpg

01　Ctrl + N 을 눌러 Width, Height 모두 1200px, Resolution은 72Pixels/Inch, Color Mode는 RGB로 설정해서 새로운 창을 만듭니다. 그런 다음 Ctrl + O 를 눌러 'Deco.jpg' 파일을 불러옵니다.

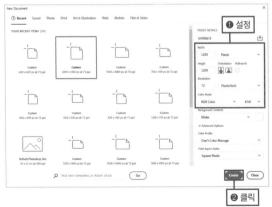

02 불러온 이미지를 새 작업 창으로 옮겨 보겠습니다. Deco.jpg 이름 영역을 클릭한 후 아래로 드래그해서 탭으로 묶인 작업 창을 별도로 분리합니다. 이동 툴(⊕)을 선택한 후 Deco.jpg 작업 창에서 새 작업 창으로 클릭&드래그해서 왼쪽 위에 놓습니다. 새 작업 창의 [Layers] 패널을 보면 레이어가 추가된 것을 확인할 수 있습니다. [Layers] 패널에서 해당 레이어 이름을 더블클릭해서 이름을 'Deco'로 변경합니다.

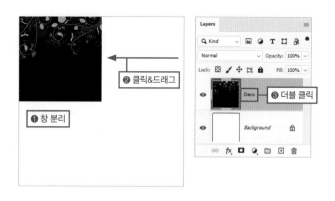

03 이미지를 복사해 보겠습니다. 이동 툴(⊕)이 선택된 상태에서 Alt 를 누르면 커서 모양이 바뀌는 것을 볼 수 있습니다. Alt 를 누른 채 오른쪽으로 드래그하면 이미지가 복제됩니다. Ctrl + T 를 눌러 조절점이 나타나면 마우스 오른쪽 버튼을 클릭해서 나오는 메뉴에서 [Flip Horizontal]을 선택하고 Enter 를 누릅니다. [Layers] 패널을 보면 레이어가 복제된 것을 확인할 수 있습니다.

04 두 개의 이미지를 복제해 보겠습니다. Shift 를 누른 채 꽃 레이어를 클릭해서 두 개의 레이어를 모두 선택합니다. 작업 창에서 Alt 를 누른 상태에서 아래로 드래그해서 복제합니다.

T·I·P 레이어를 복제하는 단축키인 Ctrl + J 로 복제한 후 위치를 옮겨도 됩니다.

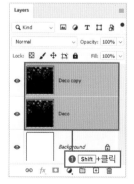

05 이번에는 이미지를 세로로 뒤집어 보겠습니다. Ctrl+T를 눌러 조절점을 표시한 후 마우스 오른쪽 버튼을 클릭해서 [Flip Vertical]을 선택합니다. Enter를 눌러 편집을 마칩니다.

선택

---

3 · 기능 예제 · 　　　사각 영역 선택하고 색 적용하기

◎ **준비 파일**: chapter2/Candy.jpg

01 Ctrl+N을 누르고 [New Document] 대화상자에서 Width, Height 모두 900px, Resolution은 72Pixels/Inch, Color Mode는 RGB로 설정하고 [Create]를 클릭해서 새 창을 만듭니다.

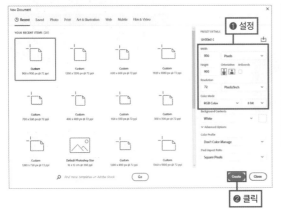

❶ 설정

❷ 클릭

02 Ctrl+O를 눌러 'Candy.jpg' 파일을 불러오고 이동 툴(⊕)을 선택한 후 클릭&드래그해서 작업 창으로 옮깁니다.

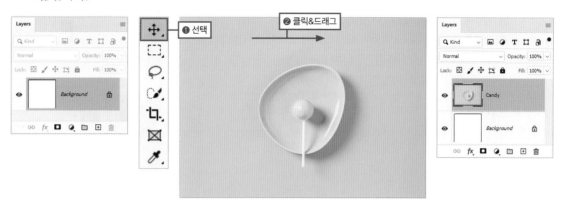

03 [Layers] 패널에서 새로운 레이어 만들기 아이콘(⊞)을 클릭해서 레이어를 추가합니다. 선택을 쉽게 하기 위해 돋보기 툴(🔍)을 선택하고 Alt를 누른 채 이미지를 클릭해서 이미지를 축소하면 이미지 바깥 부분도 볼 수 있습니다. 사각 선택 툴(▢)을 선택하고 하단 부분을 클릭&드래그해서 선택 영역을 잡습니다.

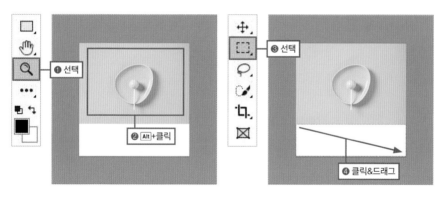

04 스포이트 툴(🖋)을 선택하고 접시 부분의 하늘색 지점을 클릭하면 전경색이 바뀌는 것을 볼 수 있습니다. Alt+Delete를 눌러 선택 영역에 색을 입히고 Ctrl+D를 누르거나 선택 영역 밖을 클릭해서 선택 영역을 해제합니다. 전경색을 눌러 원하는 색을 선택해도 됩니다.

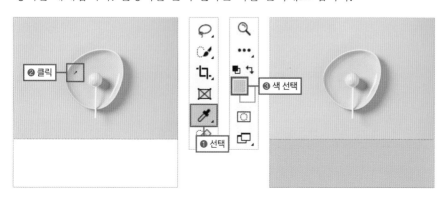

색 선택하기

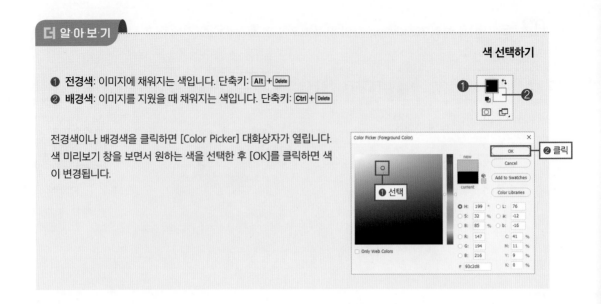

❶ **전경색**: 이미지에 채워지는 색입니다. 단축키: Alt + Delete

❷ **배경색**: 이미지를 지웠을 때 채워지는 색입니다. 단축키: Ctrl + Delete

전경색이나 배경색을 클릭하면 [Color Picker] 대화상자가 열립니다. 색 미리보기 창을 보면서 원하는 색을 선택한 후 [OK]를 클릭하면 색이 변경됩니다.

05 글씨를 넣어 마무리하겠습니다. 텍스트 툴(T)을 선택하고 옵션 바에서 글꼴, 크기, 색을 설정한 후 이미지 위에 클릭해서 'Candy'라고 입력합니다.

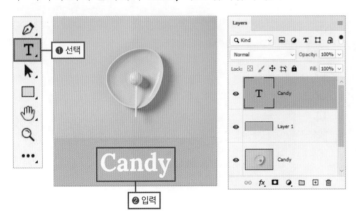

◎ **준비 파일**: chapter2/Plate.jpg, Fruits.jpg

01　Ctrl+O를 눌러 열기 창을 열고 Ctrl을 누른 채 'Plate.jpg, Fruits.jpg' 파일을 선택하고 [열기]를 클릭합니다. 파일 이름이 있는 부분을 클릭&드래그해서 창을 분리합니다.

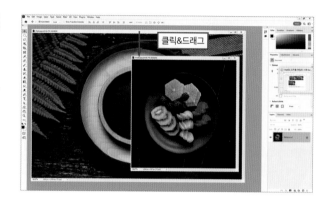

02　원형 선택 툴(◯)을 선택하고 Shift+Alt를 누른 상태에서 가운데서부터 드래그해서 원형으로 합니다.

ⓉⒾⓅ Shift+Alt를 누른 채 드래그해서 가운데서 밖으로 커지는 정원을 만들 수 있습니다.

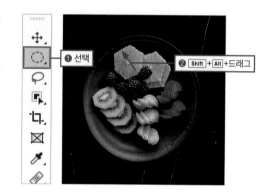

03　이동 툴(✛)을 선택하고 원형으로 된 파일 이미지를 'Plate' 이미지로 드래그해서 가져옵니다. 앞에서 배운 변형으로 이미지를 맞춰 보겠습니다. Ctrl+T를 눌러 조절점이 나오면 Shift를 누른 채 대각선 방향으로 드래그해서 이미지를 맞춥니다.

ⓉⒾⓅ 이미지를 1픽셀씩 이동시키려면 키보드의 방향키를 사용합니다

04 원하는 크기가 되었으면 내부를 더블 클릭해서
완성합니다.

더블 클릭

Feather 옵션으로 이미지 경계를 부드럽게 만들기

◉ **준비 파일**: chapter2/Coffeebeans.jpg   ◉ **완성 파일**: chapter2/Coffeebeans.psd

01 Ctrl + N 을 누르고 [New Document]
대화상자에서 Width는 1200px, Height는
800px, Resolution은 72, Color Mode는 RGB
로 설정하고 [열기]를 클릭해서 새 창을 만듭
니다.

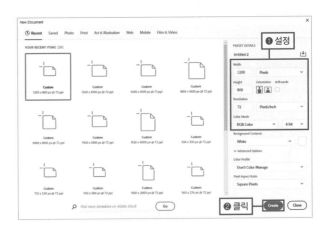

02 색(#211915)을 선택하고 Alt + Delete 를 눌러 색을 입힙니다.

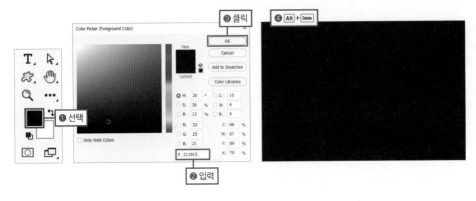

03 Ctrl+O를 눌러 'Coffeebeans.jpg' 파일을 불러옵니다. 사각 선택 툴(▣)을 선택하고 상단 옵션 바에서 Feather값을 100px로 입력합니다. 이미지의 가운데 부분을 드래그해서 선택합니다.

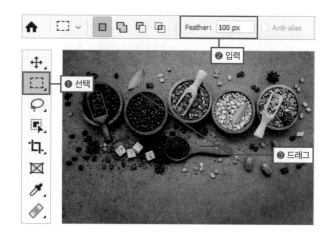

04 이동 툴(✛)을 선택한 후 클릭&드래그해서 작업 창으로 가져옵니다.

부정형 선택 툴-올가미/다각형 올가미/자석 올가미 툴

올가미 툴, 다각형 올가미 툴, 자석 올가미 툴에 대해 알아본 후 오브젝트를 선택하고 배경에서 분리하는 방법 등을 배웁니다.

LESSON

● 올가미 툴(🔾)

올가미 툴(Lasso Tool(🔾))은 불규칙한 형태를 자유롭게 선택할 때 사용합니다. 올가미 툴은 클릭한 상태(마우스에서 손가락을 떼지 않은 상태)에서 드래그합니다. 처음 클릭한 지점과 마지막으로 마우스에서 손을 뗀 지점이 만나면서 선택 영역이 만들어집니다.

T·I·P 정교하지 않은 선택 영역을 지정하기 좋습니다. 정교한 선택은 펜 툴(🖉)을 사용하는 것이 좋습니다.

● 다각형 올가미 툴(▷)

다각형 올가미 툴(Polygonal Lasso Tool(▷))은 직선으로 이루어진 이미지를 선택할 때 사용합니다.

마우스로 원하는 지점을 순차적으로 클릭하면 클릭한 지점 사이가 직선으로 연결되어 선택 영역이 되는데 마지막에는 처음 시작점으로 다시 돌아와서 클릭해야 선택 영역이 만들어집니다. 처음 클릭한 지점까지 가지 않고 중간에 끝내고 싶은 경우 더블 클릭하면 클릭한 지점과 처음 지점이 연결되어 선택 영역이 만들어집니다. Back Space 또는 Delete를 누르면 클릭 이전 단계로 돌아갑니다.

Esc는 선택 영역을 취소합니다.

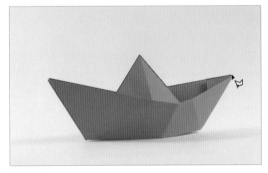

T·I·P 직선으로 이뤄진 이미지를 선택할 때 좋습니다. 클릭한 지점이 연결되면서 선택 영역이 만들어집니다.

● 자석 올가미 툴(🧲)

자석 올가미 툴(Magnetic Lasso Tool(🧲))은 주로 배경과 색상 차이가 뚜렷한 이미지를 선택할 때 사용합니다. 자석 올가미 툴은 이미지의 외곽선 부분을 클릭한 후(마우스에서 손가락을 뗀 상태) 경계선 부근을 드래그해 나가면 선택 영역이 자동으로 만들어집니다. 경계의 차이가 클 경우 선택 하기 쉽습니다.

이미지의 외곽선 부분을 클릭&드래그하면 자 동으로 선택 영역이 만들어집니다.

중간에 더블 클릭하면 드래그한 영역까지만 선 택 영역으로 만들어집니다.

자석 올가미 툴(🧲)을 사용하다 잘못 드래그 된 경우 Back Space 를 누르면 한 단계씩 뒤로 갈 수 있습니다. 전체를 취소하고 싶으면 Esc 를 누릅니다.

T·I·P 배경과 색상 차이가 뚜렷한 이미지인 경우 좋습니 다. 클릭&드래그하면 자동으로 선택 영역이 만들어집니다.

자석 올가미 툴의 옵션 바

❶ **Width**: 어느 정도 색상 차이가 나는 부분을 선택할 것인지 설정합니다. 수치가 낮을수록 정교 하게 선택됩니다.

❷ **Contrast**: 선택할 부분의 경계 대비를 어느 정도 지정할 것인지 설정합니다. 수치가 높을수록 정교하게 선택됩니다.

❸ **Frequency**: 선택할 때 나타나는 포인트의 수를 설정합니다. 수치가 높을수록 포인트 가 많아지므로 정교하게 선택됩니다.

❹ **Pen Pressure**: 태블릿을 이용할 때 누르는 압력에 따라 선택 영역을 지정하는 옵션입 니다.

Width 10/Contrast 100/
Frequency 100

Width 100/Contrast 10/
Frequency 10

T·I·P 올가미 툴(🔾)을 선택했는데 마우스 포인터가 올가미 모양이 아닌 ⊞ 모양으로 나타난다면 키보드의 Caps Lock 이 켜져 있는지 확인합니다. 만약 꺼졌는데도 ⊞ 모양으로 표시된다면 메뉴 바에서 [Edit]-[Preferences]-[Cursors]를 선택 하고 'Other Cursors' 옵션을 'Standard'로 체크합니다.

올가미 툴로 자유롭게 선택하기

◎ **준비 파일**: chapter2/Jelly.jpg

01 Ctrl + O 를 눌러 'Jelly.jpg' 파일을 불러옵니다. 올가미 툴(🔾)을 선택하고 마우스를 클릭한 상태 (마우스에서 손가락을 떼지 않은 상태)에서 드래그합니다. 처음 클릭한 지점과 마지막으로 마우스에서 손을 뗀 지점이 만나면서 선택 영역이 됩니다.

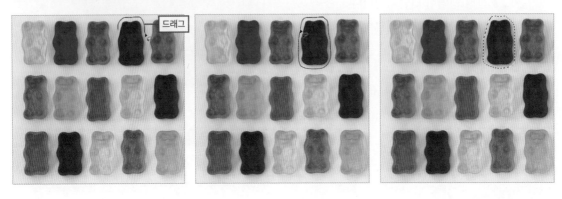

02 다른 선택 툴처럼 Shift 를 누른 채 드래그하면 선택 영역을 더할 수 있고, Alt 를 누른 채 드래그 하면 선택 영역을 뺄 수 있습니다. 빨간색 젤리들만 추가로 선택해 봅니다.

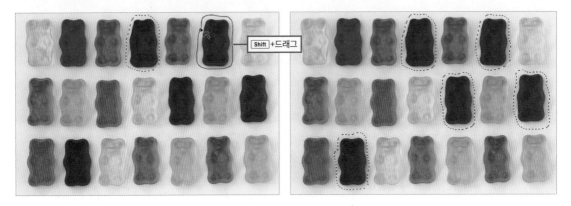

◎ **준비 파일**: chapter2/Star.jpg

01　`Ctrl`+`O`를 눌러 'Star.jpg' 파일을 불러옵니다. 다각형 올가미 툴(⋈)을 선택합니다.

선택

02　선택할 지점을 클릭하고 이미지의 외곽선을 따라 다음 지점을 순차적으로 클릭해 갑니다.

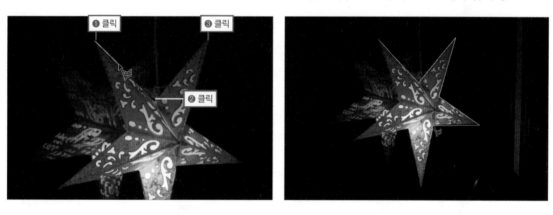

03　처음 시작점에 다시 마우스를 가져가면 커서 모양이 동그랗게 표시되는데 클릭하면 패스가 닫히면서 선택 영역이 만들어집니다.

T·I·P　다각형 올가미 툴(⋈)을 사용할 때 연결 지점을 잘못 선택했다면 `Delete`를 눌러 한 단계 뒤로 돌아갑니다. 다각형 올가미 툴(⋈)을 사용하는 중간에 끝내고 싶다면 작업 화면을 더블 클릭하면 됩니다. 더블 클릭한 지점과 처음 시작점이 연결되면서 선택 영역이 만들어집니다.

직선으로 된 오브젝트 선택하기 2

◎ **준비 파일**: chapter2/Beach.jpg, Polaroid.jpg, Woman.jpg

01 Ctrl+O를 눌러 'Beach.jpg, Polaroid.jpg, Woman.jpg' 파일을 불러옵니다.

02 이동 툴(⊕)을 선택하고 'Beach' 이미지를 클릭&드래그해서 'Polaroid' 이미지로 가져옵니다. 크기를 맞추기 위해 Ctrl+T를 누릅니다. 대각선 방향으로 드래그해서 크기를 조절하고 조절점 밖으로 마우스 커서를 놓아 회전 아이콘이 나타나면 폴라로이드에 맞게 회전시켜 놓고 Enter를 누릅니다.

03 오른쪽에 맞지 않는 부분을 정리하겠습니다. 다각형 올가미 툴(▷)을 선택하고 프레임에서 벗어난 부분을 순차적으로 클릭해 갑니다. 처음 클릭한 지점을 다시 클릭해서 선택 영역으로 만들고 Delete를 눌러 지운 후 Ctrl+D를 누르거나 선택 영역 밖을 클릭해서 선택 영역을 해제합니다.

자석 올가미 툴로 오브젝트를 배경에서 분리하기

◎ **준비 파일**: chapter2/Muffin.jpg

01 Ctrl + O 를 눌러 'Muffin.jpg' 파일을 불러옵니다.

02 자석 올가미 툴(🧲)을 선택하고 이미지에서 시작할 부분을 클릭하고 경계를 따라 드래그합니다. 오브젝트의 외곽선을 따라 드래그하며 중간중간 지점을 클릭하면서 하는 것이 수월합니다. 처음 시작점을 클릭해서 닫아주면 선택 영역이 활성화됩니다.

빠르게 선택하는 툴-개체 선택/빠른 선택/마술봉 툴

개체 선택 툴, 빠른 선택 툴, 마술봉 툴에 대해 알아본 후 Select and Mask 사용 방법을 알아봅니다.

L E S S O N

● 개체 선택 툴(🖳)

개체 선택 툴(Object Selection Tool(🖳))은 마우스를 이미지 위에 놓기만 해도 개체가 인식되고 클릭으로 오브젝트를 선택할 수 있습니다. 사각형 영역 또는 올가미로 드래그해서 지정한 영역 안의 오브젝트를 인식해 선택 영역으로 만듭니다.

개체 선택 툴의 옵션 바

❶ **선택 영역 설정**: 선택 영역을 추가하거나 뺄 수 있습니다.

❷ **Object Finder**: 체크되어 있으면 이미지에 마우스를 놓기만 해도 오브젝트를 인식합니다.

❸ **Click to refresh object finder**: 오브젝트를 재검색합니다.

❹ **Show all objects**: 이미지에 있는 모든 오브젝트를 표시합니다.

❺ **Set additional options**: 개체 인식, 색상, 투명도 등을 설정할 수 있습니다.

❻ **Mode**: 사각 선택 툴(▢)이나 올가미 툴(◯)로 영역을 지정합니다.

❼ **Sample All Layers**: 여러 개의 레이어가 있는 경우 모든 레이어를 더해 선택 영역을 만듭니다.

❽ **Hard Edge**: 선택 영역의 가장자리를 깔끔하게 선택합니다.

❾ **Feedback**: 선택 영역에 대한 사항들을 공유할 수 있습니다.

❿ **Select Subject**: 누끼 작업 시 유용한 기능으로 배경과 오브젝트를 자동으로 구분합니다.

⓫ **Select and Mask**: 가장자리와 모서리 모양, 부드러운 정도 등을 설정할 수 있습니다.

● 빠른 선택 툴(☑)

빠른 선택 툴(Quick Selection Tool(☑))은 클릭 또는 드래그하면서 원하는 영역을 선택할 수 있습니다. 색상 경계 부분을 구별해서 선택한다는 점에서 마술봉 툴(☑)과 비슷하지만 브러시를 조절할 수 있어 원하는 영역을 좀 더 섬세하게 선택할 수 있습니다.

(T·I·P) 브러시 크기를 작업 창에서 직접 조절할 수 있습니다. ①를 누르면 브러시 크기가 작게 조절되고, ①를 누르면 브러시 크기가 크게 조절됩니다. 브러시 크기를 보여주는 동그란 원이 보이지 않는다면 Caps Lock을 누르면 됩니다.

빠른 선택 툴의 옵션 바

❶ **선택 영역 설정**: 새로운 영역을 선택하거나 선택 영역을 추가하거나 뺄 수 있습니다.

❷ **브러시 설정**
- Size/Hardness/Spacing: 브러시의 크기/강도/간격을 설정합니다.
- Angle/Roundness: 브러시 모양의 방향/굴림 정도를 설정합니다.
- Size: 태블릿이나 펜 마우스용 옵션입니다.

❸ **Sample All Layers**: 체크하면 다른 레이어에 있는 이미지도 선택됩니다.

❹ **Enhance Edge**: 선택 영역의 경계가 선명하고 자연스러워집니다.

● 마술봉 툴(☑)

마술봉 툴(Magic Wand Tool(☑))은 이미지를 클릭하면 선택한 색과 유사한 색을 자동으로 찾아 선택 영역으로 만듭니다. 옵션 바에서 범위(Tolerance)를 조절하면서 선택 영역 범위를 넓히거나 좁힐 수 있습니다.

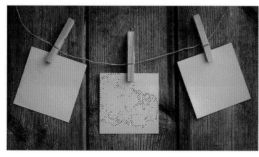

Tolerance 10

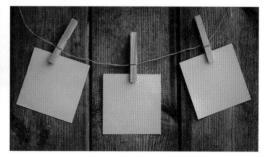

Tolerance 70

마술봉 툴의 옵션 바

❶ **Tolerance**: 선택 영역의 범위가 결정됩니다. 값이 높아지면 선택 범위도 넓어집니다.

❷ **Contiguous**: 체크 시 선택한 부분에서 인접 영역만 선택 범위가 됩니다.

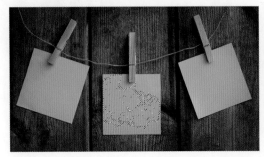

체크 시

체크 해제 시

❸ **Sample All Layers**: 체크하면 레이어 전체에서 선택 영역을 만듭니다.

---

1 ・ 기능 예제 ・ **개체 선택 툴로 원하는 오브젝트만 선택하기**

◎ **준비 파일**: chapter2/Macaron.jpg

01 Ctrl+O를 눌러 'Macaron.jpg' 파일
을 불러옵니다.

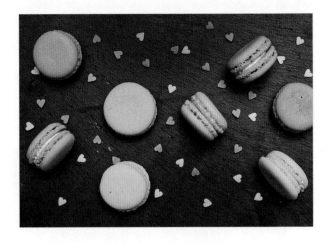

02 개체 선택 툴(□)을 선택하고 연두색 마카롱에 마우스 커서를 놓으면 파란색으로 선택이 됩니다.

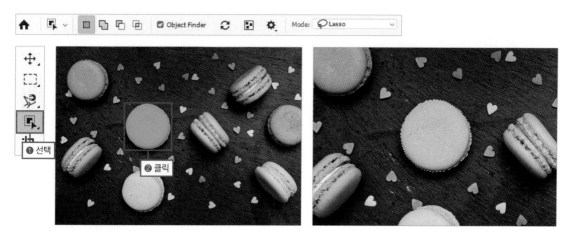

03 Show all objects(□)를 클릭하면 다른 오브젝트들도 영역이 표시됩니다. 더하기 아이콘(□)을
클릭하고 원하는 오브젝트를 클릭하면 추가해서 선택할 수 있습니다.

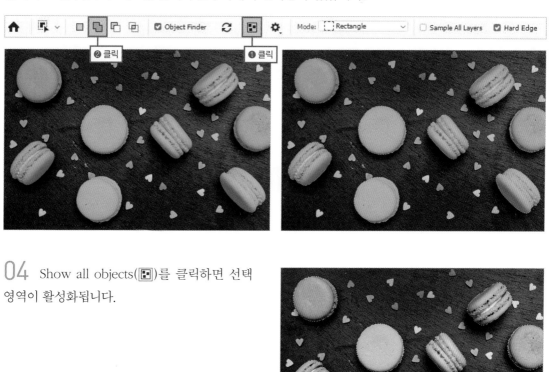

04 Show all objects(□)를 클릭하면 선택
영역이 활성화됩니다.

빠른 선택 툴로 원하는 오브젝트만 선택하기

◎ **준비 파일**: chapter2/Icecream.jpg

01 Ctrl+O를 눌러 'Icecream.jpg' 파일을 불러옵니다. 빠른 선택 툴(🖌)을 선택하고 이미지 위에서 클릭&드래그하면 같은 색상 영역을 선택하게 됩니다. 드래그하면서 선택 영역을 추가합니다.

T·I·P 브러시 크기를 작업 창에서 직접 조절할 수 있습니다. []를 누르면 브러시 크기가 작게 조절되고, []]를 누르면 브러시 크기가 크게 조절됩니다.

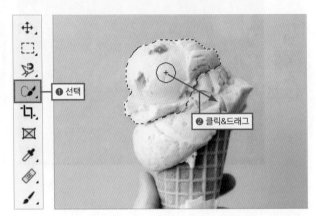

02 잘못 선택되어 빼고 싶은 부분은 Alt를 누르면 커서 모양이 -로 바뀌는데 Alt를 누른 채 드래그해서 뺄 수 있습니다.

03 영역이 좁은 부분은 브러시 크기를 조절해서 칠합니다. 키보드의 []를 사용하면 브러시 크기가 작아지고, []]를 선택하면 브러시 크기가 커집니다. 나머지 부분도 드래그해서 완성합니다.

T·I·P 브러시 크기를 보여주는 동그란 원이 보이지 않는다면 Caps Lock을 누르면 됩니다.

◎ **준비 파일**: chapter2/Leaf2.jpg

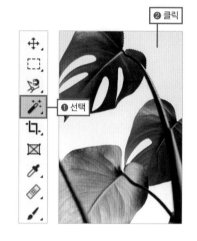

01 Ctrl + O 를 눌러 'Leaf2.jpg' 파일을 불러옵니다. 'Leaf' 이미지 처럼 배경색이 동일한 경우에는 배경을 선택해서 선택 영역을 뒤집 는 것이 오브젝트를 선택하는 데 훨씬 수월합니다. 마술봉 툴(🪄)을 선택하고 배경을 클릭합니다.

02 선택 영역으로 추가하기 위해 Shift 를 누른 채 클릭해서 선택 영역을 더해줍니다.

T·I·P 옵션 바에서 선택 영역 더하기를 클릭해도 됩니다.

Shift +클릭

03 배경 선택 완료 후 Ctrl + Shift + I 를 눌러 선택 영역을 반전시키면 오 브젝트만 선택됩니다.

T·I·P Ctrl + Shift + I 는 선택 영역을 반전시키는 단축키입니다.

Select and Mask로 머리카락 따기

◎ **준비 파일**: chapter2/Woman_Coffee.jpg, Coffeeshop.jpg

01 머리카락이나 강아지 털처럼 섬세하게 따내야 하는 부분은 Select and Mask를 사용합니다. Ctrl+O 를 눌러 'Woman_Coffee.jpg' 파일을 불러옵니다. 개체 선택 툴(📮)의 옵션 바에서 'Select and Mask'를 클릭합니다. 포토샵의 선택 영역 툴들의 옵션 바에서는 모두 'Select and Mask'를 사용할 수 있습니다.

클릭

02 Select and Mask 모드로 들어와서 오른쪽 [Properties] 패널의 View를 'Overlay (V)'로 놓습니다. 툴 패널에서 개체 선택 툴(📮)을 선택하고 여성을 클릭해서 선택합니다.

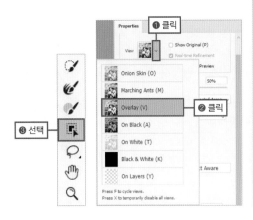

03 추가 선택을 하기 위해 빠른 선택 툴(🖌)을 선택하고 드래그해서 선택 부분을 더합니다. 오른쪽 패널에서 Smooth는 16, Contrast는 23%, Shift Edge는 14%로 조절합니다. Output To를 'New Layer'로 선택하고 [OK]를 클릭합니다.

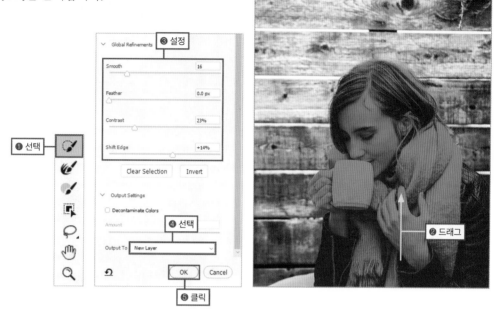

04 [Layers] 패널을 보면 선택 영역이 새로운 레이어로 추가된 것을 확인할 수 있습니다. Ctrl+O 를 눌러 'Coffeeshop.jpg' 파일을 불러옵니다.

05 불러온 이미지를 이동 툴(✛)로 작업 창으로 옮깁니다. [Layers] 패널에서 레이어 순서를 변경해서 여성 밑에 놓습니다.

원하는 영역만 남기고 자르는 크롭 툴과 프레임 툴

크롭 툴로 원하는 영역만 잘라내는 방법과 원하는 영역을 원하는 크기로 자르기, 기울어진 사진 똑바로 자르기 등을 알아봅니다.

LESSON

● 크롭 툴(🔲)

크롭 툴(Crop Tool(🔲))은 특정 영역만 남기고 나머지 영역은 잘라내는 툴입니다. 특별한 경우가 아니라면 옵션 바를 빈 칸 상태로 두고 작업하면 됩니다.

크롭 툴(🔲)을 선택하면 이미지 전체에 크롭 툴이 적용됩니다.

조절점을 드래그해서 원하는 크기로 맞춥니다. 선택된 부분이 자동으로 중앙에 나타납니다.

T·I·P [Esc]를 누르면 조절한 것을 처음 상태로 되돌릴 수 있습니다.

크롭 툴의 옵션 바

❶ **W x H x Resolution**: 임의로 드래그하거나 설정된 크기로 자를 영역을 지정합니다. 특정 비율과 크기, 해상도를 설정할 수 있습니다.

❷ 가운데 양 방향 화살표를 누르면 가로와 세로를 서로 바꿔줍니다.

❸ **Clear**: 기입한 수치를 지웁니다.

❹ **Straighten**: 드래그한 선을 기준으로 수평을 맞춥니다.

❺ 삭제될 영역의 색이나 오버레이 등을 설정할 수 있습니다.

❻ **설정 아이콘**: 잘려진 부분의 불투명도, 색 등 옵션을 추가로 설정할 수 있습니다.

❼ **Delete Cropped Pixels**: 체크 시 잘라내는 영역(선택 영역 바깥 부분)을 완전히 제거합니다. 체

크하지 않으면 없어진 상태가 아닌 숨겨둔 상태가 됩니다.

❽ **Content_Aware**: 이미지보다 크게 영역을 설정하고 자르면 넓어진 부분을 콘텐츠로 인식해서 자연스럽게 채웁니다.

● **프레임 툴(⊠)**

프레임 툴(Frame Tool(⊠))은 원형 또는 사각형의 프레임을 만들어 그 영역에만 이미지가 보이도록 합니다. 쉽고 빠르게 마스크를 만듭니다. Shift 를 누른 채 드래그하면 정사각형이나 정원의 프레임을 만들 수 있습니다.

ⓐ **Rectangle frame**: 사각형 모양의 프레임을 만듭니다.

ⓑ **Elliptical frame**: 원형 모양의 프레임을 만듭니다.

1 ・ **기능 예제** ・ 　　　　　　　　　**크롭 툴로 원하는 영역만 잘라내기**

◎ **준비 파일**: chapter2/Dogs.jpg

01 Ctrl+O 를 눌러 'Dogs.jpg' 파일을 불러옵니다. 크롭 툴(⛏)을 선택합니다.

T·I·P 크롭 툴은 특정 영역만 남기고 나머지 영역은 잘라내는 툴로 특별한 경우가 아니라면 옵션 바는 빈 칸 상태로 두고 작업합니다.

❶ 선택

❷ 설정

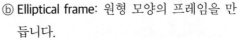

02 크롭 툴(⊡)을 선택하면 이미지 전체에 크롭 툴이 적용됩니다. 왼쪽 상단 모서리의 조절점을 드래그해서 원하는 부분의 이미지만 설정합니다. 마찬가지로 오른쪽 하단 모서리의 조절점을 드래그해서 원하는 부분만 이미지가 설정되도록 합니다. 선택된 부분이 자동으로 중앙에 나타납니다.

T·I·P Esc를 누르면 조절한 것을 초기화할 수 있습니다.

03 내부를 더블 클릭하거나 Enter를 눌러 마무리하면 선택한 부분의 이미지만 남게 됩니다.

원하는 영역을 원하는 크기로 자르기

◎ **준비 파일**: chapter2/Berry.jpg

01 Ctrl + O 를 눌러 'Berry.jpg' 파일을 불러옵니다. 크롭 툴(▯)을 선택하고 옵션을 W×H×Resolution 으로 변경합니다. 원하는 수치를 입력하고 단위를 적습니다. 설정한 크기대로 트리밍 박스가 생깁니다.

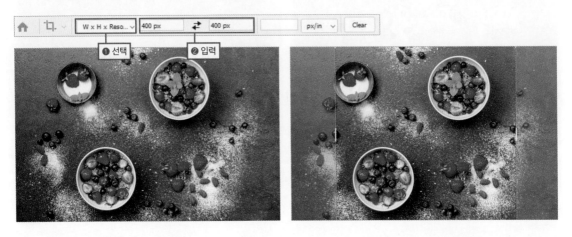

02 트리밍 박스를 드래그해서 원하는 부분만 박스 안에 들어오게 하고 Enter 를 눌러 완료합니다.

03 [Image]-[Image Size] 메뉴를 선택하 면 크기를 확인할 수 있습니다.

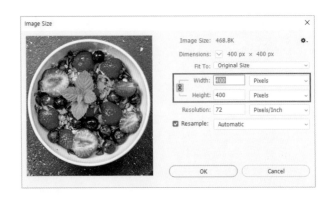

기울어진 사진 똑바로 자르기

◎ **준비 파일**: chapter2/Alley.jpg

01 Ctrl+O 를 눌러 'Alley.jpg' 파일을 불러옵니다. 크롭 툴(🔲)을 선택하고 이미지 위를 클릭합니다.

02 옵션 바에서 Straighten 아이콘(🔲)을 클릭합니다. 이미지에서 맞추고 싶은 수직선 부분을 클릭&
드래그해서 수직선을 만듭니다.

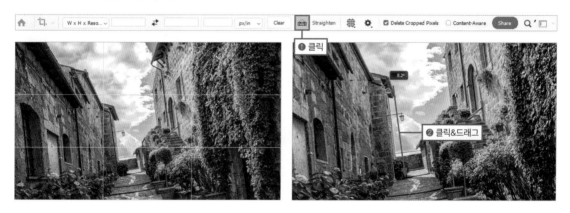

03 드래그한 선을 기준으로 이미지가 회전됩니다. 키보드의 Enter 를 누르면 맞춰진 내부만 잘려서 정
돈된 것을 볼 수 있습니다.

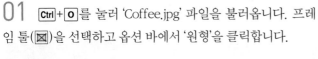

4 · 기능 예제 · **프레임 툴로 원하는 모양에만 이미지 나타내기**

◎ **준비 파일**: chapter2/Coffee.jpg, Orange.jpg, Cake3.jpg

01 Ctrl+O를 눌러 'Coffee.jpg' 파일을 불러옵니다. 프레임 툴(⊠)을 선택하고 옵션 바에서 '원형'을 클릭합니다.

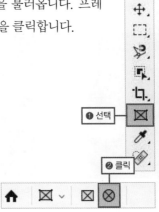

02 커피잔 위에 드래그해서 그리면 [Layers] 패널에 레이어가 추가되면서 마스크가 만들어집니다.

03 윈도우 탐색기에서 Cake3.jpg 이미지를 바로 드래그해서 원 안에 놓습니다.

04 필요하다면 [Ctrl]+[T]를 누른 후 [Shift]+[Alt]를 누른 채 크기를 조금 키우고 [Enter]를 눌러 마무리합니다.

05 아래에 있는 커피잔에도 같은 방법으로 'Orange.jpg' 파일을 불러와 적용해서 마무리합니다.

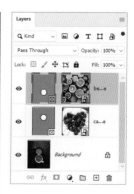

T·I·P [Shift]를 누른 채 드래그하면 정사각형이나 정원의 프레임을 만들 수 있습니다.

선택을 도와주는 메뉴

선택 메뉴와 Modify 기능에 대해 알아본 후 퀵 마스크 사용 방법을 배웁니다.

LESSON

포토샵에는 원하는 영역을 선택할 수 있도록 돕는 다양한 메뉴가 있습니다. 선택과 관련해서 필요한 메뉴는 대부분 [Select] 메뉴에 담겨 있습니다.

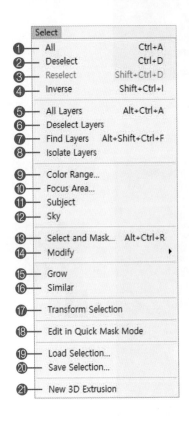

❶ **All**: 이미지 전체 영역을 선택합니다.

❷ **Deselect**: 선택 영역을 해제합니다.

❸ **Reselect**: [Deselect] 메뉴로 해제한 선택 영역을 다시 선택합니다.

❹ **Inverse**: 선택 영역을 선택되지 않는 영역으로 반전시킵니다.

❺ **All Layers**: 모든 레이어를 선택합니다.

❻ **Deselect Layers**: 선택 영역을 해제합니다.

❼ **Find Layers**: 선택하면 레이어 패널 상단이 레이어 이름을 검색할 수 있는 창으로 바뀝니다.

❽ **Isolate Layers**: 선택한 레이어들을 분리해서 새로운 [Layers] 패널을 만듭니다.

❾ **Color Range**: 색상 범위를 조절하면서 선택 영역을 지정합니다.

❿ **Focus Area**: 선택 시 포커싱 영역을 기반으로 선택을 용이하게 합니다.

⓫ **Subject**: 이미지에 있는 오브젝트를 선택 영역으로 만듭니다.

⓬ **Sky**: 자동으로 하늘만 감지해서 선택 영역을 만드는 기능입니다.

⓭ **Select and Mask**: 선택 영역을 다듬는 기능입니다.

⓮ **Modify**: 선택 영역을 조절합니다.

ⓐ **Border**: 선택 영역을 기준으로 테두리를 만듭니다.

ⓑ **Smooth**: 선택 영역의 경계를 부드럽게 합니다.

ⓒ **Expand**: 선택 영역을 확장합니다.

ⓓ Contract: 선택 영역을 축소합니다.

ⓔ Feather: 선택 영역의 경계를 흐릿하게 합니다.

⑮ **Grow**: 선택 영역의 색과 비슷한 색을 추가할 때 사용합니다.

⑯ **Similar**: 이미지에서 선택한 색상과 비슷한 색상 영역을 모두 선택합니다.

⑰ **Transform Selection**: 선택 영역을 변형합니다.

⑱ **Edit in Quick Mask Mode**: 퀵 마스크 모드로 바뀝니다.

⑲ **Load Selection**: 저장된 알파 채널을 선택 영역으로 불러옵니다.

⑳ **Save Selection**: 선택 영역을 알파 채널로 저장합니다.

㉑ **New 3D Extrusion**: 선택 영역을 3D로 만듭니다.

● **다양한 선택 영역을 만들어 주는 Modify**

Modify 기능을 이용하면 선택 영역에 테두리를 주거나 확장 및 축소할 수 있습니다. 메뉴 바에서 [Select]-[Modify]를 선택하면 세부 메뉴가 나옵니다. [Modify] 메뉴는 Border, Smooth, Expand, Contract, Feather로 구성되어 있습니다.

선택 영역을 만듭니다.

ⓐ [Select]-[Modify]-[Border]: 선택 영역을 기준으로 입력한 수치만큼 테두리를 만들어 줍니다.

ⓑ [Select]-[Modify]-[Smooth]: 선택 영역을 부드럽게 처리합니다.

ⓒ [Select]-[Modify]-[Expand]: 선택 영역을 입력한 수치만큼 확장합니다.

ⓓ [Select]-[Modify]-[Contract]: 선택 영역을 입력한 수치만큼 축소합니다.

ⓔ [Select]-[Modify]-[Feather]: 경계를 부드럽게 처리해 주는 기능입니다.

1 · 기능 예제 · Modify 기능으로 선택 영역 넓히고 테두리 만들기

◎ **준비 파일**: chapter2/Cup.jpg

01 Ctrl+O를 눌러 'Cup.jpg' 파일을 불러옵니다.

02 툴 패널에서 개체 선택 툴(🖳)을 선택하고 '컵' 이미지를 클릭합니다. 선택 영역을 Ctrl+C를 눌러 복제한 후 Ctrl+V를 눌러 붙여줍니다.

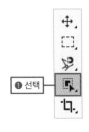

❶ 선택

❷ 클릭

03 Ctrl을 누른 채 레이어 섬네일을 클릭해서 선택 영역으로 활성화합니다.

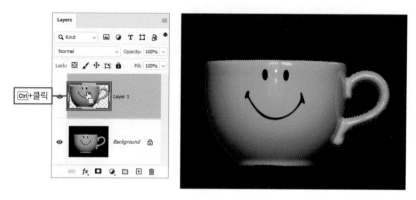

04 [Select]-[Modify]-[Expand] 메뉴를 선택하고 [Expand Selection] 대화상자에서 16px을 입력하고 [OK]를 클릭해서 선택 영역을 넓혀 줍니다.

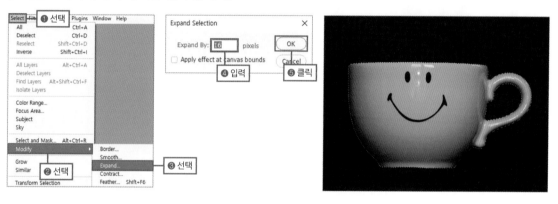

05 [Layers] 패널에서 레이어를 추가하고 추가된 [Layer 2] 레이어를 컵이 있는 [Layer 1] 아래로 내립니다. 전경색을 흰색으로 선택하고 Alt +Delete를 눌러 흰색을 입힌 후 Ctrl + D를 눌러 선택 영역을 해제합니다.

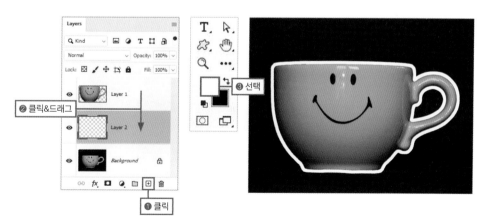

● 퀵 마스크

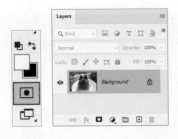

이미지의 경계가 불분명할 때 퀵 마스크 모드(■)를 이용하면 좋습니다. 퀵 마스크는 스프레이로 칠 작업을 할 때 칠하지 않을 곳을 마스킹 테이프로 붙이고 스프레이 작업을 완성하는 마스킹을 연상하면 됩니다.

기본 모드에서는 선택 영역이 점선으로 나타나지만 퀵 마스크 모드는 브러시로 칠한 영역이 선택 영역이 됩니다. 일반 모드(■)에서 퀵 마스크 모드로 바꾸려면 툴 패널의 퀵 마스크 모드 아이콘(■)을 클릭하거나 Q를 누르면 됩니다. 브러시로 마스킹할 부분을 칠한 후 다시 퀵 마스크 모드 아이콘(■)을 클릭하거나 Q를 누르면 일반 모드로 바뀌면서 선택 영역이 점선으로 바뀝니다.

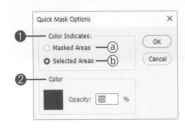

일반 모드 　　　　　　　　　　　　　퀵 마스크 모드

Quick Mask Options 대화상자

퀵 마스크 모드를 더블 클릭하면 [Quick Mask Options] 대화상자가 나타납니다.

❶ **Color Indicates**: 퀵 마스크 모드에서 색을 어느 부분에 칠할지 설정할 수 있습니다.
　ⓐ **Masked Areas**: 마스킹할 영역을 설정한 색으로 표시합니다.
　ⓑ **Selected Areas**: 선택할 영역을 설정한 색으로 표시합니다.

Masked Areas 　　　　　　　　　　　Selected Areas

❷ **Color**: 퀵 마스크 모드에서 표시되는 색과 불투명도를 설정할 수 있습니다.

퀵 마스크로 선택하기

◎ **준비 파일**: chapter2/Pancake.jpg

01 퀵 마스크 모드(◉)에서는 브러시 크기를 조절해 가며 원하는 영역을 섬세하게 선택할 수 있습니다. Ctrl+O를 눌러 'Pancake.jpg' 파일을 불러옵니다. 일반 모드에서 퀵 마스크 모드로 바꾸려면 툴 패널의 퀵 마스크 모드 아이콘(◉)을 클릭하거나 Q를 누릅니다. 레이어 패널을 보면 색이 바뀐 것을 확인할 수 있습니다.

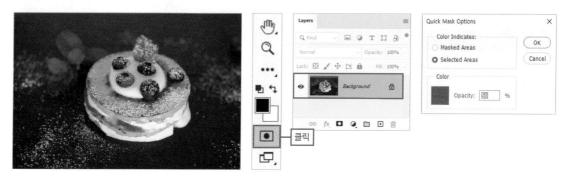

02 퀵 마스크 모드(◉)에서 브러시로 칠하면 색이 나타납니다(기본으로 빨간색 50%로 설정되어 있습니다). 브러시 툴(✏)을 선택한 후 크기를 조절하면서 칠합니다. 잘못 칠한 부분은 지우개 툴(⬛)로 지우면 됩니다.

03 다 칠한 후 퀵 마스크 모드 아이콘(◉)을 클릭하거나 Q를 눌러 일반 모드로 되돌아가면 선택 영역이 활성화됩니다.

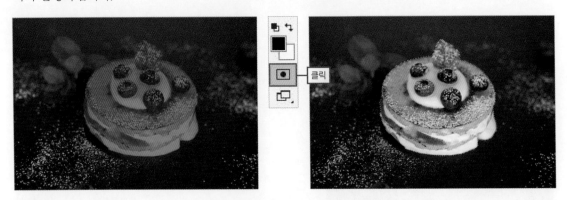

T·I·P 설정된 모드에 따라 반대 영역이 선택되었다면 Ctrl + Shift + I 를 눌러 선택 영역을 뒤집을 수 있습니다.

이미지 수정과
복원 및 리터칭

이미지에서 일부를 보정하거나 리터칭하는 툴에 대해 살펴보겠습니다. 기본 보정 툴로는 이미지를 흐릿하게 만드는 블러 툴(◊), 선명하게 만드는 샤픈 툴(△), 뭉개 트리는 스머지 툴(◢)이 있습니다. 색을 보정하는 툴로는 색을 밝게 만드는 닷지 툴(🔍), 어둡게 만드는 번 툴(✋), 채도를 높이거나 낮추는 스펀지 툴(◉)이 있습니다.

단순한 리터칭을 넘어 복원하거나 수정할 수 있는 툴도 있습니다. 이미지의 일부를 복제하려면 복제 도장 툴(👤)을 사용하고, 주변 이미지와 자연스럽게 합성하면서 복제하려면 힐링 브러시 툴(🖊)을 사용합니다.

선명도를 조절하는
블러/샤픈/스머지 툴

블러 툴로 아웃 포커싱 효과를 내는 방법과 스머지 툴로 흔들리는 촛불을 늘이는 방법을 배웁니다.

포토샵에서 제공하는 필터를 이용하면 빠르고 쉽게 이미지에 효과를 줄 수 있지만 원하는 부분에만 효과를 적용하고 싶을 때는 리터칭 툴을 사용하는 것이 편리합니다. 효과를 내고 싶은 범위나 강도를 조절할 수 있어 세밀하게 효과를 주고 싶을 때 좋습니다.

❶ **블러 툴(Blur Tool(🜄))**: 이미지를 흐릿하게 하여 아웃 포커싱 효과를 줄 수 있습니다.

원본

블러 툴

❷ **샤픈 툴(Sharpen Tool(△))**: 색상의 대비차를 높여 이미지를 선명하게 합니다. 과도하게 사용하면 픽셀이 훼손될 수 있으므로 주의합니다.

원본

샤픈 툴

❸ 스머지 툴(Smudge Tool(⊘)): 클릭한 부분의 픽셀을 손가락으로 뭉개는 듯한 효과를 줍니다.

원본   스머지 툴

블러 툴/샤픈 툴/스머지 툴 옵션 바

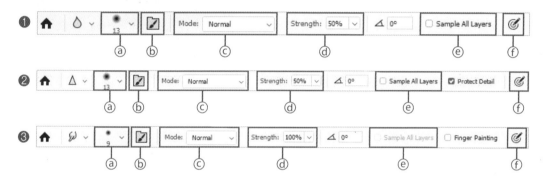

ⓐ Brush Preset: 브러시의 크기, 경도, 종류 등을 설정합니다.

ⓑ Brush Settings Panel: 브러시 설정 패널이 나타납니다.

ⓒ Mode: 효과를 적용할 때 기존 이미지와 어떻게 합성할지 정합니다.

ⓓ Strength: 브러시 강도를 조절합니다.

ⓔ Sample All Layers: 모든 레이어에 적용할 것인지를 정합니다.

ⓕ Finger Painting: 전경색과 섞여서 효과가 나타납니다.

1 • 기능 예제 • 블러 툴(💧)로 아웃 포커싱 효과 주기

◎ **준비 파일**: chapter3/Cake.jpg

01 Ctrl+O를 눌러 'Cake.jpg' 파일을 불러옵니다. 배경을 흐릿하게 처리해서 오브젝트를 좀 더 강조할 것입니다. 블러 툴(💧)을 선택하고 배경을 여러 차례 드래그합니다.

02 배경이 흐릿하게 되어 오브젝트가 더욱 또렷하게 보입니다.

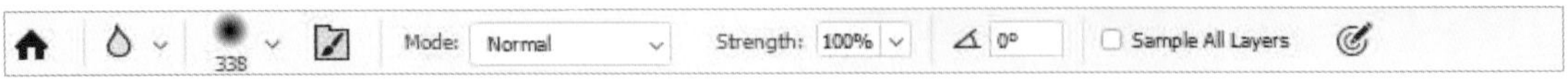

스머지 툴()로 흔들리는 촛불 늘이기

스머지 툴(🖐)로 원하는 영역을 클릭 또는 드래그해서 픽셀을 뭉개는 듯한 효과를 줍니다. 마우스에서 손을 떼기 전까지는 여러 번 적용해도 한 번 적용한 것과 같습니다. 따라서 원하는 영역을 한번에 드래그하고 다시 드래그해야 얼룩이 지지 않게 적용됩니다.

◎ **준비 파일**: chapter3/Happy.jpg

01　Ctrl+O를 눌러 'Happy.jpg' 파일을 불러옵니다. 툴 패널에서 스머지 툴(🖐)을 선택합니다.

선택

02　길이를 늘이고 싶은 부분을 클릭&드래그해서 잡아당깁니다. 원하는 형태가 아니면 Ctrl+Z를 눌러 취소하고 다시 실행해서 이리저리 변형해 봅니다.

클릭&드래그

밝기와 채도를 조절하는
닷지/번/스펀지 툴

스펀지 툴로 원하는 부분의 채도를 조절하거나 닷지 및 번 툴로 이미지의 일부만 어둡거나 밝게 하는 방법을 알아봅니다.

LESSON

① Dodge Tool ⊙
② Burn Tool ⊙
③ Sponge Tool ⊙

닷지 툴(🔍), 번 툴(✋), 스펀지 툴(🔘)로 이미지를 클릭 또는 드래그하면 이미지가 밝게, 어둡게, 저채도로 바뀝니다.

① **닷지 툴(Dodge Tool(🔍))**: 원하는 곳을 드래그하면 이미지가 밝아집니다.

원본

닷지 툴

② **번 툴(Burn Tool(✋))**: 원하는 곳을 드래그하면 이미지가 어두워집니다.

원본

번 툴

122

❸ **스펀지 툴(Sponge Tool()):** 채도를 떨어뜨리고 싶은 곳을 드래그해서 사용하면 됩니다.

원본

스펀지 툴

닷지 툴/번 툴/스펀지 툴 옵션 바

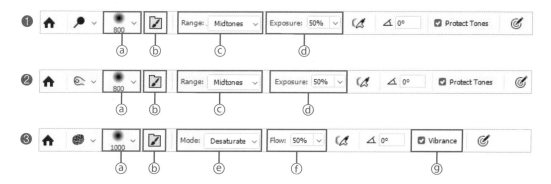

ⓐ **Brush Preset:** 브러시의 크기, 경도, 종류 등을 설정합니다.

ⓑ **Brush Settings Panel:** 브러시 설정 패널이 나타납니다.

ⓒ **Range:** 효과를 적용할 범위(밝은 톤에만, 중간 톤에만, 어두운 톤에만)를 설정합니다.

ⓓ **Exposure:** 브러시를 누르는 압력을 조절할 수 있습니다.

ⓔ **Mode:** 채도를 감소(Desaturate)시키거나 증가(Saturate)시키는 옵션이 있습니다.

ⓕ **Flow:** 브러시의 압력 강도를 조절합니다.

ⓖ **Vibrance:** 톤을 손상시키지 않는 범위에서 밝기를 조절합니다.

1 · 기능 예제 · 스펀지 툴(🟣)로 원하는 부분만 채도 조절하기

◎ **준비 파일**: chapter3/Rain.jpg

01 Ctrl+O를 눌러 'Rain.jpg' 파일을 불러옵니다.

02 스펀지 툴(Sponge Tool(🟣))을 선택하고 Mode는 'Desaturate'를 선택합니다. 우산 영역을 제외한 부분을 드래그해서 흑백 이미지로 만들어 인물과 우산을 강조합니다.

닷지(🔍)/번(✋) 툴로 이미지 일부 밝게 조절하기

◎ **준비 파일**: chapter3/Wheat.jpg

01 Ctrl+O를 눌러 'Wheat.jpg' 파일을 불러옵니다.

02 번 툴(✋)을 선택하고 오른쪽 하단과 전체적인 테두리 부분을 드래그해서 어둡게 처리합니다.

03 이번에는 닷지 툴(🔍)을 선택합니다. 가운데 부분을 드래그해서 이미지를 밝게 합니다. 밋밋했던 이미지에 강약이 생겼습니다.

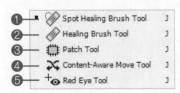

① — Spot Healing Brush Tool   J
② — Healing Brush Tool   J
③ — Patch Tool   J
④ — Content-Aware Move Tool   J
⑤ — Red Eye Tool   J

복원 툴(🩹)을 이용하면 얼굴의 잡티나 주름을 간단하게 제거하고, 손상된 이미지를 원래 상태로 복원할 수 있습니다. 복제 툴(🔳)을 이용하면 원하는 영역과 똑같이 복제할 수 있습니다.

❶ 스팟 힐링 브러시 툴(Spot Healing Brush Tool(🩹)): 주변 이미지와 자연스럽게 덮이도록 복원하는 데 따로 기준점을 지정할 필요가 없어 빠르게 복원할 때 편리합니다.

원본

스팟 힐링 브러시 툴

❷ 힐링 브러시 툴(Healing Brush Tool(🩹)): 이미지가 덮일 때 주변 색을 혼합해서 덮으므로 훨씬 자연스럽게 수정할 수 있습니다. 따라서 잡티나 스크래치 등을 수정할 때 자주 쓰입니다.

원본

힐링 브러시 툴

❸ **패치 툴(Patch Tool(▣))**: 선택한 영역에 드래그한 영역이 덮이도록 합니다.

원본

패치 툴

❹ **콘텐츠 인식 이동 툴(Content-Aware Move Tool(✕))**: 이미지를 이동시키면 원래 있던 자리와 옮겨진 이미지의 주변까지 자연스럽게 배경으로 채워줍니다.

원본

콘텐츠 인식 이동 툴

❺ **레드 아이 툴(Red Eye Tool(⊕))**: 빨갛게 나온 눈을 까맣게 보정합니다.

스팟 힐링 브러시 툴(◈)의 옵션 바

ⓐ **Brush Preset**: 브러시의 크기, 경도, 종류 등을 설정합니다.
ⓑ **Mode**: 이미지를 복제할 때 아래 이미지와의 합성 모드를 선택합니다.
ⓒ **Type**: 이미지를 수정할 때 자동으로 맞출 부분을 선택합니다.
　- **Content-Aware**: 주변의 색상, 채도, 질감을 인식해서 채웁니다.
　- **Create Texture**: 드래그한 영역을 패턴으로 채우면서 수정합니다.
　- **Proximity Match**: 이미지에서 드래그한 인접 영역의 픽셀로 채웁니다.
ⓓ **Sample All Layers**: 모든 레이어의 이미지를 복제하면서 수정합니다.

힐링 브러시 툴(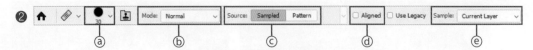)의 옵션 바

ⓐ Brush Preset: 브러시의 크기, 경도, 종류 등을 설정합니다.

ⓑ Mode: 이미지를 복제할 때 아래 이미지와의 합성 모드를 선택합니다.

ⓒ Source: 이미지를 수정할 때 사용할 내용을 설정합니다.

   - Sampled: 체크하면 Alt 를 눌러 복제한 이미지를 붙여줍니다.

   - Pattern: 체크하면 선택한 패턴을 붙여줍니다.

ⓓ Aligned: 체크하면 복사한 위치를 기억해서 마우스를 어느 곳으로 드래그하더라도 기준점은
   그대로 유지됩니다.

ⓔ Sample: 복제할 이미지가 있는 레이어를 선택합니다.

   - Current Layer: 현재 레이어를 선택합니다.

   - Current&Below: 현재 레이어와 바로 아래 레이어에서만 복제합니다.

   - All Layers: 모든 레이어에서 복제할 수 있습니다.

패치 툴()의 옵션 바

ⓐ Selection: 선택 영역을 더하거나 뺄 때 사용합니다.

ⓑ Patch: Normal 옵션에서 Source를 체크하고 선택 영역을 드래그하면 드래그한 위치의 이미
   지가 선택 영역에 합성되고, Destination 상태에서 선택 영역을 드래그하면 드래그한 위치에
   합성됩니다.

ⓒ Transparent: 체크하면 투명하게 적용됩니다.

ⓓ Use Pattern: 패턴을 적용해서 패치를 사용합니다.

콘텐츠 인식 이동 툴(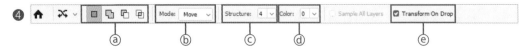)의 옵션 바

ⓐ Selection: 선택 옵션을 정합니다.

ⓑ Mode: 선택 영역을 이동할지, 복제할지를 선택합니다.

ⓒ Structure: 얼마나 비슷하게 모양을 복제할 것인지 설정하는 것으로 숫자가 커질수록 비슷하
   게 바뀝니다.

ⓓ Color: 색상을 얼마나 자연스럽게 바꿀 것인지 조절하는 것으로 숫자가 커질수록 자연스럽게
   바뀝니다.

ⓔ Transform On Drop: 체크하면 모든 레이어의 이미지를 복제하면서 수정합니다.

· 기능 예제 · **스팟 힐링 브러시 툴()로 필요 없는 부분 없애기**

따로 샘플 지점을 지정하지 않아도 주변을 분석해서 자동으로 샘플을 만들어 주변 이미지에 자연스럽게 덮이도록 복원합니다. 수정하고자 하는 부분을 클릭하거나 드래그하면 됩니다.

◎ **준비 파일**: chapter3/Post.jpg

01 Ctrl+O를 눌러 'Post.jpg' 파일을 불러온 후 스팟 힐링 브러시 툴()을 선택합니다.

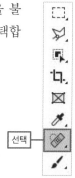

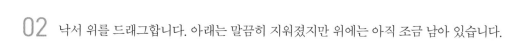

02 낙서 위를 드래그합니다. 아래는 말끔히 지워졌지만 위에는 아직 조금 남아 있습니다.

03 다시 스팟 힐링 브러시 툴()로 드래그하여 마무리합니다.

스팟 힐링 브러시 툴로 잡티 제거하기

스팟 힐링 브러시 툴(Spot Healing Brush Tool(🖌))은 주변의 픽셀을 부드럽게 섞으면서 자연스럽게 보정하고 싶을 때
사용합니다.

◎ **준비 파일**: chapter3/Man.jpg

01 Ctrl+O를 눌러 'Man.jpg' 파일을 불러옵니다.

02 돋보기 툴(🔍)로 얼굴 부분을 클릭한 후 스팟 힐링 브러시 툴(🖌)을 선택합니다. 브러시 크기를
조절하고 수정하고 싶은 부분을 클릭합니다. 자연스럽게 잡티가 제거됩니다. 같은 방법으로 얼굴에서
정리하고 싶은 부분을 클릭해서 잡티를 제거합니다.

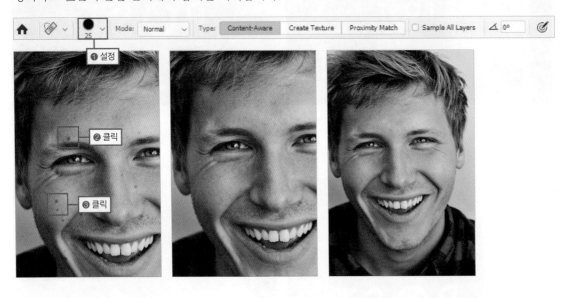

콘텐츠 인식 이동 툴로 자연스럽게 수정하기

콘텐츠 인식 이동 툴(Content-Aware Move Tool())은 원래 이미지의 자리와 옮겨진 자리 주변까지 자연스럽게 배경으로 만들고 싶을 때 사용합니다. 원하는 영역을 다른 곳으로 자연스럽게 옮기거나 복제하고 싶을 때 사용합니다.

◎ **준비 파일**: chapter3/Birds.jpg

01 Ctrl+O를 눌러 'Birds.jpg' 파일을 불러옵니다. 콘텐츠 인식 이동 툴(⬚)을 선택하고 왼쪽 새의 윤곽선을 따라 클릭&드래그해서 선택합니다.

❶ 선택

❷ 클릭&드래그

     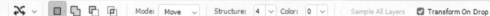

02 올가미 툴(◯)처럼 처음 시작한 부분으로 돌아와 클릭하면 닫힌 선택 영역으로 활성화됩니다.

03 드래그해서 영역을 선택한 후 원하는 위치에 가져다 놓습니다.

04 원하는 위치에 놓았다면 Enter 를 눌러 완성합니다.

복제 도장/패턴 도장 툴

복제 도장 툴로 오브젝트를 똑같이 복사하는 방법과 패턴 도장 툴로 배경 만드는 방법을 알아봅니다.

LESSON

복제 도장 툴(🖃)은 이미지에서 불필요한 부분을 지우거나 복제할 때 사용할 수 있습니다. 패턴 도장 툴(🖃)은 지정한 패턴으로 채울 때 사용합니다.

❶ **복제 도장 툴(Clone Stamp Tool(🖃)):** 클릭 또는 드래그하면 복제해 둔 영역이 기존 이미지에 덮입니다.

원본

복제 도장 툴로 복제

❷ **패턴 도장 툴(Pattern Stamp Tool(🖃)):** 드래그하면 등록한 패턴으로 채워집니다.

원본

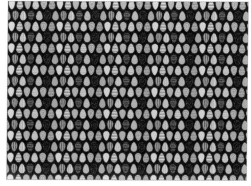

패턴 도장 툴로 복제

복제 도장 툴/패턴 도장 툴의 옵션 바

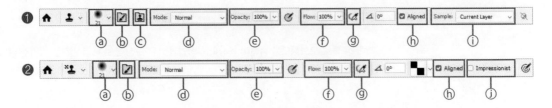

ⓐ **Brush Preset**: 브러시의 크기, 경도, 종류 등을 설정합니다.

ⓑ **Brush Settings Panel**: 브러시 설정 패널이 나타납니다.

ⓒ **Clone Source Panel**: 복제할 때 이미지 정보를 담아 관리할 수 있는 복제 소스 패널을 엽니다.

ⓓ **Mode**: 도장 툴을 적용할 때 배경 그림과 어떻게 합성할지 선택할 수 있습니다.

ⓔ **Opacity**: 도장 툴을 적용할 때 불투명도를 조절합니다.

ⓕ **Flow**: 뿌려지는 양과 압력을 조절할 수 있습니다.

ⓖ **Airbrush**: 에어브러시를 활성화시킵니다. 마우스를 누르고 있는 정도에 따라 채색 양이 결정됩니다.

ⓗ **Aligned**: Alt를 눌러 설정한 기준점에서 일정 간격으로 복제합니다.

체크 시 마우스에서 손을 뗀 후 다시 드래그해도 드래그하던 부분이 그대로 연결되면서 복제됩니다.

체크 해제 시 Alt를 누르고 클릭하면 소스로 등록한 부분부터 다시 복제됩니다.

ⓘ **Sample**: 현재 레이어 또는 모든 레이어에 적용할지 선택할 수 있습니다.

ⓙ **Impressionist**: 체크 시 패턴이 뭉개져 나타납니다

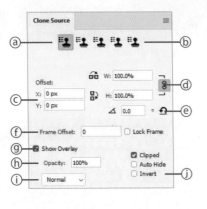

[Clone Source] 패널을 활용하면 복사한 이미지를 보면서 위치, 크기, 회전 등을 지정해서 변형해 합성할 수 있으며 5개까지 복사가 가능합니다.

ⓐ **Clone Source**: 복제 도장 툴이나 힐링 브러시 툴(🖌) 이용 시 아이콘을 클릭해서 각각의 이미지를 복사할 수 있습니다.

ⓑ **Source**: 선택한 Clone Source의 위치 및 모양을 조절합니다.

ⓒ **X/Y**: 선택한 Clone Source의 위치를 나타냅니다.

ⓓ **W/H**: 선택한 Clone Source의 크기를 조절합니다.

ⓔ **Rotate the Clone Source**: 선택한 Clone Source의 회전각을 입력해서 회전시킵니다.

ⓕ **Frame Offset**: 선택한 Clone Source로 애니메이션을 만들 때 입력한 수치만큼 프레임을 옮깁니다. Lock Frame을 체크하면 복사한 이미지가 있는 프레임이 잠깁니다.

ⓖ Show Overlay: 체크하면 선택한 Clone Source가 나타나 마우스를 따라다닙니다.

ⓗ Opacity: 선택한 Clone Source의 불투명도를 조절합니다.

ⓘ Mode: 다른 모드로 설정해서 이미지를 구별시킵니다.

ⓙ Invert: 체크하면 Clone Source가 반전됩니다.

1 ◆ 기능 **예제** ◆   **복제 도장 툴로 오브젝트 똑같이 복제하기**

복제 도장 툴(Clone Stamp Tool(🖈))을 클릭 또는 드래그하면 복제한 영역의 이미지 가장자리까지 선명하게 복제됩니다.

◎ **준비 파일**: chapter3/Strawberry.jpg

01 Ctrl+O를 눌러 'Strawberry.jpg' 파일을 불러옵니다. 복제 도장 툴(🖈)을 선택하고 Alt를 누른 상태에서 복사할 지점을 클릭합니다.

❶ 선택

❷ Alt+클릭

02 겹쳐 보이는 이미지를 보면서 복제할 지점을 클릭하고 드래그합니다.

T·I·P 복제 도장 툴(🖈)은 이미지의 가장자리까지 선명하게 복제하고, 힐링 브러시 툴(🖉)은 경계를 부드럽게 합성하면서 복제합니다.

클릭&드래그

03 이미지가 복제되면 오른쪽 부분을 드래그해서 이미지를 복제해 완성합니다.

2 • 기능 예제 •   패턴 도장 툴로 배경 만들기

패턴 도장 툴(Pattern Stamp Tool(▨))은 패턴으로 등록할 이미지를 메뉴 바의 [Edit]-[Define Pattern]을 선택해서 등록한 후 옵션 바에서 등록한 패턴을 선택합니다. 패턴을 지정한 후 패턴 도장 툴(▨)로 드래그하면 패턴으로 채워집니다.

◎ **준비 파일**: chapter3/Pattern.jpg

01 Ctrl+O를 눌러 'Pattern.jpg' 파일을 불러옵니다.

02 [Edit]-[Define Pattern] 메뉴를 선택한 후 패턴 이름을 입력하고 [OK]를 클릭해서 패턴으로 등록합니다.

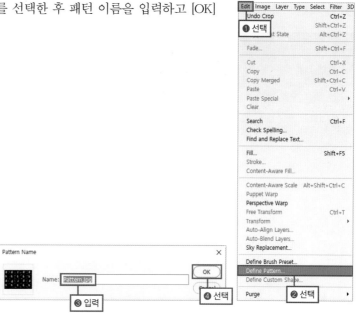

03 Ctrl+N 을 눌러 1920*1080, 72dpi의 새 창을 만듭니다.

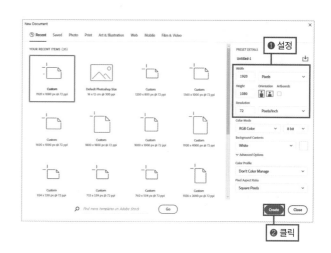

04 패턴 도장 툴(■)을 선택하고 상단의 옵션 바에서 등록한 패턴을 선택합니다.

05 패턴 도장 툴(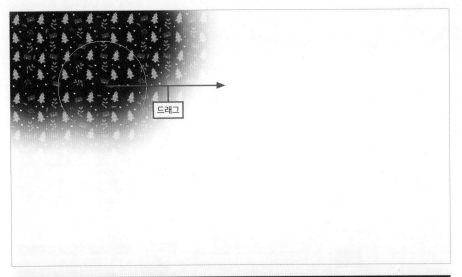)로 드래그해서 전체를 채웁니다.

드래그

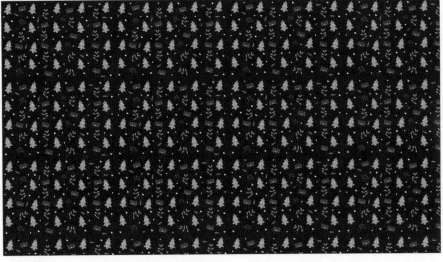

이미지 보정

이미지의 색 톤을 어떻게 보정하는가에 따라 디자인의 퀄리티가 달라집니다. 이미지에서 색은 단순히 색상, 채도, 명도만 말하는 것이 아니라 조명이나 대비 같은 빛의 개념도 포함합니다. 이미지의 사용 목적에 따라 보정도 달라지는데 상품 사진처럼 가능하면 실물에 가깝게 보정할 수도 있고 전혀 다른 느낌으로 바꿀 수도 있습니다.

보정 기능 한눈에 보기

자동 보정, 밝기 대비 보정, 색감 및 색상 보정, 특수 보정 등 여러 보정 기능에 대해 간단하게
알아봅니다.

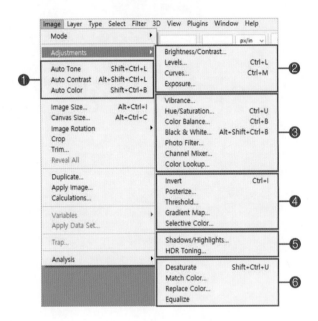

① **자동 보정**: 클릭 한 번만으로 간단하게 보정할 수 있는 3가지 메뉴가 있습니다.

② **밝기 대비 보정**: 색을 보정할 때 가장 먼저 하는 작업은 밝기와 대비, 노출을 바로잡는 것입니다.

③ **색감 보정**: 흑백 이미지를 만들거나 색상, 채도, 명도를 세부적으로 조절하거나 부분적으로 색을
교체하거나 필터를 끼운 것처럼 전체적인 색감을 바꾸는 세밀한 보정 기능은 두 번째 영역에
모여 있습니다.

④ **색상 보정**: 색을 반전시키거나 명도차를 평균화하거나 검은색과 흰색으로만 이미지를 표현해
대비를 극대화한 이미지를 만들거나 포스터화시키는 등 극적인 보정 효과를 내는 기능이 모여
있습니다.

⑤ **특수 보정**: 자주 쓰는 기능은 아니지만 알면 유용한 색 보정 기능이 모여 있습니다. 보정 패널에
는 나타나지 않는 기능입니다.

⑥ **기타 보정**: 이미지를 흑백 이미지로 만들거나 서로 다른 이미지의 색을 맞추거나 이미지의 특정
색만 바꾸는 등의 기능들이 있습니다.

자동 보정으로 빠르게 보정하기

보정 기능을 이용해서 클릭 한 번으로 톤, 대비, 컬러를 보정하는 방법을 알아봅니다.

LESSON

Auto Tone	Shift+Ctrl+L
Auto Contrast	Alt+Shift+Ctrl+L
Auto Color	Shift+Ctrl+B

본격적인 보정 메뉴들을 학습하기 전에 쉽고 간단하게 할 수 있는 자동 보정을 살펴보겠습니다. 자동 보정에는 [Auto Tone], [Auto Contrast], [Auto Color] 메뉴 3가지가 있는데 이 메뉴를 이용하면 빠르게 보정할 수 있습니다. 간단한 실습을 통해 살펴보겠습니다.

1 ⟨ 기능 예제 ⟩ 클릭 한 번으로 톤, 대비, 컬러 보정하기

◎ **준비 파일**: chapter4/Flower.jpg

'Flower.jpg' 파일을 불러온 후 각 메뉴를 실행해서 각각 어떻게 보정되는지 확인합니다.

Image	Layer	Type	Select	Filter	3
Mode					▶
Adjustments					▶
Auto Tone				Shift+Ctrl+L	
Auto Contrast			Alt+Shift+Ctrl+L		
Auto Color				Shift+Ctrl+B	

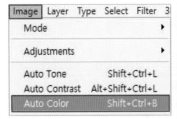

기본 보정으로 밝기, 대비, 노출 바로잡기

LESSON 03
PHOTOSHOP

보정 기능을 이용해서 어두운 사진의 밝기와 대비를 조절하는 방법과 노출을 바로잡는 방법에 대해 알아봅니다.

Brightness/Contrast...	
Levels...	Ctrl+L
Curves...	Ctrl+M
Exposure...	

색을 보정할 때 가장 먼저 하는 작업은 밝기와 대비, 노출을 바로잡는 것입니다. 이러한 기본 보정은 [Image]-[Adjustments] 메뉴 또는 [Adjustments] 패널의 첫 번째 영역에 모여 있습니다.

---

1 · 기능 예제 · Brightness/Contrast를 이용해서 밝기와 대비 조절하기

Brightness/Contrast는 어두운 사진을 쉽게 보정하는 데 많이 사용하는 기능입니다.

◎ **준비 파일**: chapter4/Desert.jpg

01 이미지의 밝기와 대비만 간단히 보정해 보겠습니다. Ctrl+O를 눌러 'Desert.jpg' 파일을 불러오고 메뉴 바에서 [Image]-[Adjustments]-[Brightness/Contrast]를 선택합니다. [Brightness/Contrast] 대화상자에서 Brightness는 52, Contrast는 58로 올리고 [OK]를 클릭합니다.

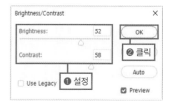

❶ **Brightness**: 밝기를 조절합니다. 값을 직접 입력해도 되고, 슬라이더 바를 이용해도 됩니다. 슬라이더를 왼쪽으로 움직이면 어두워지고, 오른쪽으로 움직이면 밝아집니다. 명도는 -150부터 150까지 조절할 수 있습니다.

❷ **Contrast**: 대비를 조절합니다. 슬라이더를 오른쪽으로 움직이면 색상 대비가 높아집니다. 대비는 -50부터 100까지 조절할 수 있습니다.

❸ **Use Legacy**: CS 버전 이전의 효과를 얻고 싶을 때 체크하는데 이미지가 손상될 수 있으므로 미리보기로 확인하면서 조절합니다.

---

2 · 기능 예제 · Levels를 이용해서 밝기와 대비 조절하기

Levels는 이미지의 색 분포를 조절하는 기능입니다. 히스토그램을 보면서 이미지에서 가장 밝은 영역(하이라이트 톤)과 가장 어두운 영역(섀도 톤)과 중간 영역(미드 톤)을 조절할 수 있습니다. 레벨로 이미지를 밝고 어둡게 조절할 수도 있지만 양 끝단을 당겨 계조 분포를 넓히거나 좁혀 대비를 조절할 수도 있습니다.

◎ **준비 파일**: chapter4/Fjord.jpg

01 Ctrl + O 를 눌러 'Fjord.jpg' 파일을 불러오고 메뉴 바에서 [Image]-[Adjustments]-[Levels]를 선택합니다. [Levels] 대화상자의 Input Levels에서 오른쪽 슬라이더를 드래그해서 대비를 조절합니다.

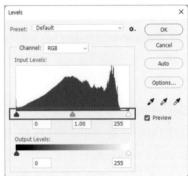

❶ **Channel**: 채널별로 보정할 수 있으며 보정할 채널을 선택합니다.

❷ **Input Levels**: 이미지의 밝기 분포를 히스토그램으로 나타냅니다. 아래의 삼각형은 왼쪽부터 차례로 밝은 영역, 중간 영역, 어두운 영역을 의미하며, 이 삼각형을 드래그하거나 수치를 직접 입력해서 밝기와 대비를 조절합니다.

❸ **Output Levels**: 삼각형을 드래그하거나 수치를 직접 입력해서 이미지의 밝기를 조절합니다. 아래의 검은색 삼각형 아이콘(▲)을 오른쪽으로 드래그하면 이미지가 밝아지고, 흰색 삼각형 아이콘(△)을 왼쪽으로 드래그하면 이미지가 어두워집니다. 검은색 삼각형과 흰색 삼각형의 좌우 위치가 바뀌면 이미지가 반전됩니다.

❹ **스포이트**
- **Set Black Point**: 이미지에서 클릭한 지점보다 어두운 지점은 더 어두워집니다.
- **Set Gray Point**: 이미지에서 클릭한 지점을 전체 이미지의 중간 명도로 설정해서 중간 톤을 만듭니다.
- **Set White Point**: 이미지에서 클릭한 지점보다 밝은 지점은 더 밝아집니다.

02 Input Levels의 왼쪽 삼각형을 오른쪽으로 드래그해서 대비를 높입니다.

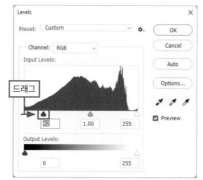

03 Input Levels의 오른쪽 삼각형을 왼쪽으로 드래그합니다. 이미지가 밝아진 것을 볼 수 있습니다.

히스토그램의 양쪽 끝을 보면 그래프 값이 낮은 것을 볼 수 있습니다. 슬라이더를 안쪽으로 드래그만 해도 밝기와 대비를 보정할 수 있습니다. [OK]를 클릭해서 마무리합니다.

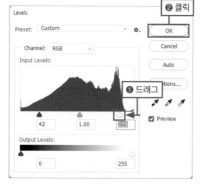

전체적인 색과 농도를 보정할 때는 Levels를 사용하고, 부분적으로 정밀하게 보정할 때는 Curves를 사용하는 것이 좋습니다. Curves는 그래프 선 위에서 마우스를 클릭하면 포인트 점이 만들어집니다. 원래 있던 그래프보다 위로 올리면 이미지는 밝아지고, 밑으로 내리면 어두워집니다. Curves는 노출에 대한 농도를 그래프로 나타낸 것으로 대비를 조절하는 데 유용합니다. 기울기가 급격해지면 대비가 강해지고, 기울기가 약해지면 대비도 약해집니다.

◉ **준비 파일**: chapter4/Fjord2.jpg

01   Ctrl + O 를 눌러 'Fjord2.jpg' 파일을 불러오고 메뉴 바에서 [Image]-[Adjustments]-[Curves]를 선택합니다. Curves는 Levels와 비슷하게 빛과 색의 농도를 조절하는데 그중에서도 대비와 하이라이트를 조절합니다.

 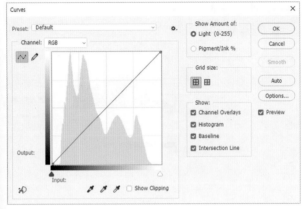

NOTE   **Curves 대화상자 알아보기**

❶ **Preset**: 자주 사용하는 기본 설정값을 제공합니다.

❷ **Channel**: 채널별로 보정할 수 있습니다. 기본값은 RGB입니다.

❸ **곡선, 직선 아이콘**: 곡선이나 직선을 사용해서 보정합니다.

   그래프 선을 드래그하면서 색을 보정할 수 있습니다.

   Output: 선을 올릴수록 이미지가 밝아집니다(레벨 출력과 같은 기능).

   Input: 선을 오른쪽으로 움직일수록 대비가 줄어듭니다(레벨 입력과 같은 기능)

❹ **Show Amount of**: 출력(Output)과 입력(Input)에 나타나는 수치를 어떻게 표현할지 선택할 수 있습니다.

   Grid size: 4×4 그리드와 10×10 그리드입니다.

   Show: 그래프에서 나타낼 항목을 선택할 수 있습니다.

❺ **Auto**: 자동으로 명도와 대비를 보정합니다.

02 Curves는 그래프 선 위에서 마우스를 클릭하면 포인트 점이 만들어지는데 위로 올리면 이미지는 밝아지고, 밑으로 내리면 어두워집니다.

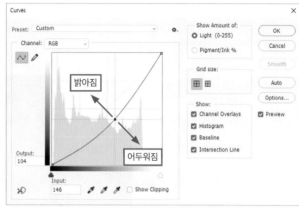

03 [Curves] 대화상자에서 첫 번째 지점을 클릭하고 위로 드래그해서 밝기를 높입니다. 아래 두 번째 지점을 클릭하고 아래로 드래그해서 대비를 높입니다. 선을 화면과 같이 S자 형태로 조절하고 [OK]를 클릭합니다.

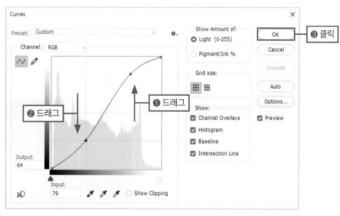

Exposure를 이용해서 노출 바로잡기

4 • 기능 예제 •

Exposure는 필름에 빛을 줘 노출을 보정합니다. 빠르고 간편하게 노출을 바로잡을 수 있습니다.

◎ **준비 파일**: chapter4/Happybirthday.jpg

01 Ctrl+O를 눌러 'Happybirthday.jpg'
파일을 불러오고 메뉴 바에서 [Image]-
[Adjustments]-[Exposure]를 선택합니다.

02 [Exposure] 대화상자에서 노출의 수치를 높이고 [OK]
를 클릭합니다.

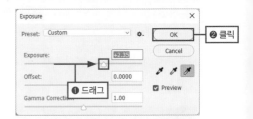

03 이미지가 보정되었습니다.

NOTE   Exposure 대화상자 알아보기

❶ **Exposure**: 노출을 보정합니다.
❷ **Offset**: 이미지의 중간 톤과 어두운 톤을 조절합니다. 슬라이더를 왼쪽으로 움직일수록(수치가 낮아질수록) 이미지는 어둡고 진
   해지며, 슬라이더를 오른쪽으로 움직일수록(수치가 높아질수록) 이미지는 밝고 흐려집니다.
❸ **Gamma Correction**: 명도와 대비 값을 조절합니다.

고급 보정으로 색감 보정하기

보정 기능을 이용해서 채도를 조절하고 원하는 색으로 바꾸기, 색조 바꾸기, 흑백 이미지 만들기 등을 배웁니다.

LESSON

흑백 이미지를 만들거나 색상, 채도, 명도를 세부적으로 조절하거나 부분적으로 색을 교체하거나 필터를 끼운 것처럼 전체적인 색감을 바꾸는 세밀한 보정 기능은 [Image]-[Adjustments] 메뉴 또는 [Adjustments] 패널의 두 번째 영역에 모여 있습니다.

Vibrance...	
Hue/Saturation...	Ctrl+U
Color Balance...	Ctrl+B
Black & White...	Alt+Shift+Ctrl+B
Photo Filter...	
Channel Mixer...	
Color Lookup...	

 · 기능 예제 · Vibrance를 이용해서 채도 조정하기

Vibrance는 이미지에 있는 색 톤의 자연스런 흐름을 유지하면서 채도를 조절합니다. 이미지 전체가 아닌 미드 톤의 채도만 조절하기 때문에 Vibrance를 0으로 조절해도 미드 톤 외의 색 톤은 그대로 유지되고 색 번짐 현상이 생기지 않습니다. 보통 사진에 원색이 있을 때 줄여서 사용하고, 인물 사진 같은 경우 피부색을 유지하면서 채도를 높일 때 수치를 높여서 사용합니다.

◎ **준비 파일**: chapter4/Princes Pier.jpg

01 Ctrl+O를 눌러 'Princes Pier.jpg' 파일을 불러오고 메뉴 바에서 [Image]-[Adjustments]-[Vibrance]를 선택합니다.

02 Vibrance는 계조 손실을 최소화하면서 채도를 조절합니다. [Vibrance] 대화상자에서 Vibrance를 -53으로 낮추고 [OK]를 클릭합니다.

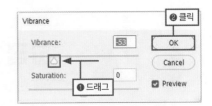

T·I·P 대화상자에서 'Vibrance'와 'Saturation'을 함께 조절할 수 있습니다. 보통 Vibrance를 먼저 조절하고 부족한 부분을 Saturation으로 조절합니다.

03 채도가 낮아지면서 좀 더 분위기 있는 이미지가 되었습니다.

---

2 ◆기능 예제◆ **Hue/Saturation을 이용해서 원하는 색으로 바꾸기**

Hue/Saturation은 색의 3속성에 해당하는 색상(Hue), 채도(Saturation), 명도(Lightness)를 조절하면서 색을 보정합니다. 마스터 옵션의 빨강계열, 노랑계열 등을 선택하면 해당 색만 조정이 가능합니다. 스포이트를 이용해서 적용 범위를 넓히거나 좁힐 수도 있고, Colorize를 체크하면 모노톤 이미지를 만들 수도 있습니다. 포토샵에서 제공하는 색상 보정 기능 중 가장 많이 쓰는 기능이므로 특성과 효과를 확실히 익히도록 합니다.

◎ **준비 파일**: chapter4/Windows.jpg, Heart.jpg

01 Ctrl+O를 눌러 'Windows.jpg' 파일을 불러오고 메뉴 바에서 [Image]-[Adjustments]-[Hue/Saturation]을 선택합니다. [Hue/Saturation] 대화상자가 나타납니다.

02 [Hue/Saturation] 대화상자에서 Hue를 각각 조절하고 [OK]를 클릭합니다.

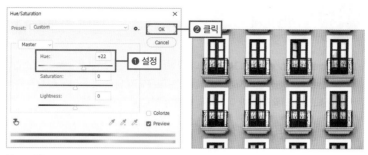

Hue: +22

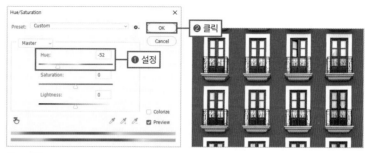

Hue: -52

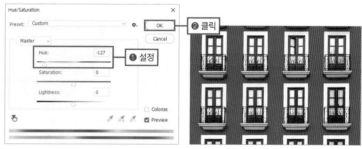

Hue: -127

03 'Colorize' 옵션을 이용해서 모노톤 이미지를 만들 수도 있습니다. Ctrl + O 를 눌러 'Heart.jpg' 파일을 불러옵니다. Colorize에 체크하고 Hue를 0으로 조절한 후 [OK]를 클릭합니다.

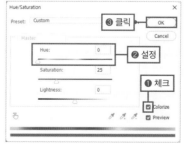

Color Balance를 이용해서 색조 바꾸기

Color Balance는 말 그대로 색의 균형을 맞춰주는 것입니다. 색의 재조합이라고 생각하면 이해하기 쉽습니다. 스마트 오브젝트, 벡터 이미지나 문자 등에는 적용되지 않습니다. 마우스 오른쪽 버튼을 클릭해서 나오는 메뉴에서 레이어 래스터화를 적용해 일반 이미지로 바꿔야 적용할 수 있습니다.

◎ **준비 파일**: chapter4/Flower2.jpg

01 Ctrl+O를 눌러 'Flower2.jpg' 파일을 불러오고 메뉴 바에서 [Image]-[Adjustments]-[Color Balance]를 선택합니다. [Color Balance] 대화상자에서 Blue쪽으로 삼각형을 움직여 빨간색을 추가하고 다시 Yellow쪽으로 움직인 후 [OK]를 클릭합니다.

슬라이더를 드래그해서 색을 더하거나 뺍니다. Tone Balance는 효과가 적용될 영역을 지정하는 것이고, Preserve Luminosity는 명도를 유지한 채 색상을 조절합니다.

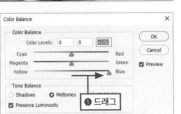
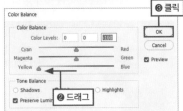

Black&White를 이용해서 흑백 이미지 만들기

Black&White는 컬러 이미지를 흑백 이미지로 만들거나 모노톤 이미지로 만들 때 사용합니다. 슬라이더를 왼쪽으로 움직이면 해당 색이 밝아지고, 오른쪽으로 움직이면 해당 색이 어두워집니다. 색상별로 흑백 명암을 세밀하게 조절할 수 있어 고품질의 흑백 이미지를 만들 수 있습니다.

◎ **준비 파일**: chapter4/Flower3.jpg

01 Ctrl+O를 눌러 'Flower3.jpg' 파일을 불러오고 메뉴 바에서 [Image]-[Adjustments]-[Black and White]를 선택합니다. 컬러 이미지를 흑백 이미지로 만들어 보겠습니다.

02 각 슬라이더를 조절해서 흑백 톤을 조절합니다. Red의 수치를 19%로 줄였습니다.

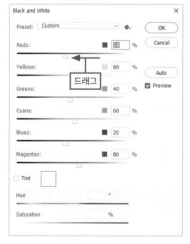

[Black and White] 대화상자에서 Tint (색조)를 체크하면 모노톤의 이미지로 만들 수 있습니다.

❶ **Preset(사전 설정)**: 설정된 흑백 톤을 선택합니다. 아래 슬라이더를 조절하면 자동으로 사용자 정의로 바뀝니다.

❷ **색상 바**: 색상별로 흑백 명암을 조절합니다.

❸ **Tint(색조)**: 체크하면 모노톤 이미지를 만들 수 있습니다.

- Hue: 모노톤 색상을 조절합니다.

- Saturation: 모노톤 색상의 채도를 조절합니다.

❹ **Auto(자동)**: 자동으로 정해진 흑백 이미지로 바뀝니다.

---

5 ﹒**기능 예제**﹒ # Photo Filter로 사진 색상 바꾸기

Photo Filter는 기본 필터와 반짝이는 효과 등을 주는 특수 필터로 나눌 수 있습니다. 기본 필터 기능은 Photo Filter 기능에 포함되었고, 특수 필터 기능은 필터 메뉴에 있습니다. Photo Filter는 전체적인 색감을 보정하거나 색 온도를 보정할 때 사용합니다.

◎ **준비 파일**: chapter4/Lake.jpg

01 Ctrl + O 를 눌러 'Lake.jpg' 파일을 불러오고 메뉴 바에서 [Image]-[Adjustments]-[Photo Filter]를 선택합니다. 필터나 색상을 바꿔 색 톤을 만들 수 있습니다. [Photo Filter] 대화상자에서 Filter, Color, Density를 조절하며 색이 어떻게 바뀌는지 살펴봅니다.

❶ **Filter**: 필터 종류를 선택합니다.

❷ **Color**: 필터에 적용할 색을 선택합니다.

❸ **Density**: 색 농도를 조절합니다.

02 포토샵에서 제공하는 Filter에서 선택해서 사용해도 되고 Color를 선택하고 색 아이콘(■)을 클릭해서 원하는 색을 선택할 수 있습니다. 하단의 Density로 색 적용의 강도를 조절합니다.

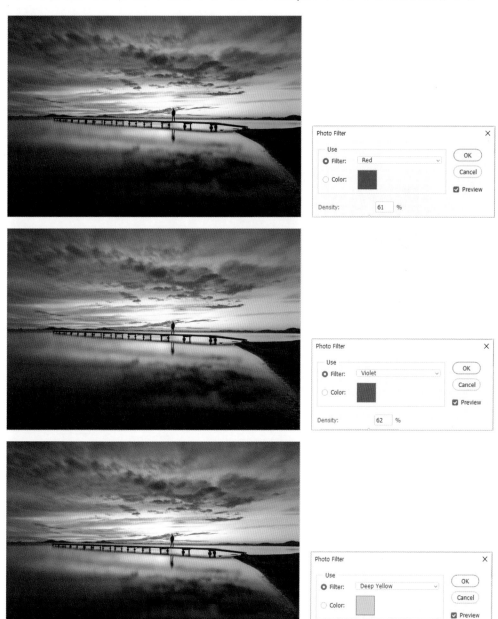

Channel Mixer를 이용해서 색상 채널별로 보정하기

Channel Mixer는 이미지의 색상 채널에 따라 색상을 보정합니다. RGB 모드와 CMYK 모드에서만 사용할 수 있고 옵션
창에서 각 채널을 조절할 수 있습니다.

◎ **준비 파일**: chapter4/Lemon.jpg

01 `Ctrl`+`O`를 눌러 'Lemon.jpg' 파일을 불러오고 [Channels] 패널을 엽니다. 채널 패널이 열려 있지
않다면 [Window]-[Channels] 메뉴를 선택
해서 엽니다.

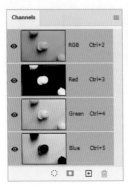

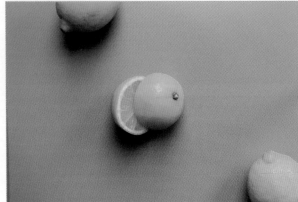

02 메뉴 바에서 [Image]-[Adjustments]-[Channel Mixer]를 선
택합니다. Channel Mixer는 이미지의 색상 채널에 따라 색상을 보
정합니다. [Channel Mixer] 대화상자에서 Output Channel을 'Blue'
로 변경합니다. Source Channels에서 Blue 값을 -200%로 변경하고
[OK]를 클릭합니다.

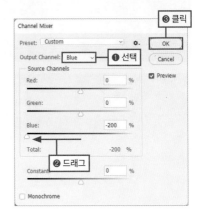

NOTE

Channel Mixer 대화상자 알아보기

❶ **Preset**: 채널 믹서에서 자주 쓰이는 값이 설정되어 있습니다. 주로 흑백 이미지를 만들 때 사용합니다.
❷ **Output Channel**: 조절할 채널을 선택합니다.
❸ **Source Channels**: 각 채널의 색상을 더하거나 빼서 조절하는데 총합에 그 합이 표시됩니다.
❹ **Contrast**: 대비를 조절합니다.
❺ **Monochrome**: 체크하면 흑백 톤으로 명암을 조절합니다.

---

03 파란색이 줄어들고 파란색의 보색인 노란색이 늘어나 배경색이 녹색으로 변합니다. [Channels] 패널에서도 파랑 채널의 파란색이 줄어든 것을 확인할 수 있습니다.

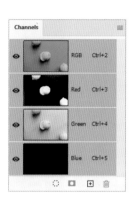

Color Lookup으로 이미지의 색 보정하기

Color Lookup은 주로 사진 전문가들이 사용하며 옵션 창의 3DLUT File은 서로 다른 소프트웨어에서 같은 색상을 적용하기 위한 옵션입니다. Abstract와 Device Link는 서로 다른 시스템에서 일관되게 색 보정을 할 수 있도록 표준규격을 선택하는 옵션입니다.

◎ **준비 파일**: chapter4/Flower4.jpg

01 Ctrl+O를 눌러 'Flower4.jpg' 파일을 불러오고 메뉴 바에서 [Image]-[Adjustments]-[Color Lookup]을 선택합니다.

02 [Color Lookup] 대화상자에서 '3DLUT File'의 설정을 바꿔주면 각 옵션에 따라 이미지가 다음과 같이 보정됩니다.

2Strip.look

Candlelight.CUBE

filmstock_50.3dl

FoggyNight.3DL

LateSunset.3DL

색상 보정으로 극적인 효과 내기

보정 효과를 이용해서 보색으로 반전하거나 색상을 단순화시키고 고대비 이미지를 만드는 등의 방법을 배웁니다.

[Image]-[Adjustments] 메뉴 또는 [Adjustments] 패널의 세 번째 영역에는 색을 반전시키거나 명도차를 평균으로 하거나 검은색과 흰색으로만 이미지를 표현해서 대비를 극대화한 이미지를 만들거나 포스터화시키는 등 극적인 보정 효과를 내는 기능들이 모여 있습니다.

Invert	Ctrl+I
Posterize...	
Threshold...	
Gradient Map...	
Selective Color...	

1 · 기능 예제 · Invert를 이용해서 보색으로 반전하기

Invert는 이미지를 보색으로 반전합니다. 명암과 색상이 반대로 적용되므로 흑백 이미지에도 자주 사용되고 엑스레이 같은 독특한 느낌을 얻으려고 할 때 사용하기도 합니다.

◎ **준비 파일**: chapter4/Christmas.jpg

01 Ctrl+O를 눌러 'Christmas.jpg' 파일을 불러오고 메뉴 바에서 [Image]-[Adjustments]-[Invert]를 선택합니다. 반전 기능은 이미지를 보색으로 반전시킵니다. 검은색과 흰색을 반전시키는 데 많이 활용됩니다.

T·I·P Invert의 단축키는 Ctrl+I 입니다.

Posterize로 색상 단순화하기

Posterize는 최소 색으로 강렬한 이미지를 전달하고자 할 때 사용합니다. 포스터화는 옵션 창에서 레벨 수치를 조절하면 이미지의 색상 수를 조절해서 단순화시킵니다.

◎ **준비 파일**: chapter4/Food.jpg

01 Ctrl+O를 눌러 'Food.jpg' 파일을 불러오고 메뉴 바에서 [Image]-[Adjustments]-[Posterize]를 선택합니다.

02 [Posterize] 대화상자에서 Levels를 6으로 설정한 후 [OK]를 클릭합니다. 아래 Levels를 2로 설정한 것과 비교해 봅니다.

T·I·P 기본 설정은 4로 되어 있으며 2~255까지 설정할 수 있습니다.

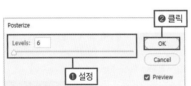

3 · 기능 예제 · Threshold로 고대비 이미지 만들기

Threshold는 흰색과 검은색만으로 이뤄진 고대비 이미지를 만듭니다.

◎ **준비 파일**: chapter4/Puppy.jpg, Man.jpg

01 Ctrl+O를 눌러 'Puppy.jpg, Man.jpg' 파일을 불러오고 메뉴 바에서 [Image]-[Adjustments]-[Threshold]를 선택합니다.

02 [Threshold] 대화상자에서 Threshold Level의 삼각형을 드래그하며 이미지의 변화를 살피고 원하는 이미지가 되면 [OK]를 클릭합니다.

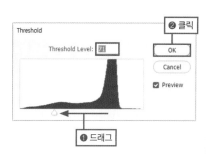

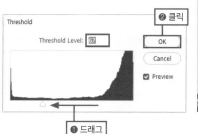

Threshold를 이용하면 흰색과 검은색만으로 이뤄진 고대비 이미지를 만들 수 있습니다. Threshold값이 138이면 256 단계를 갖는 명도 차트에서 0~137과 138~255값으로 나눠집니다. 이렇게 일정량의 데이터를 두 개의 그룹으로 나눠 먼저 그룹은 0으로 표현하고, 나중 그룹은 256으로 나타냅니다.

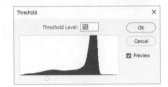

4 기능 예제 · Gradient Map을 이용해서 그레이디언트로 표현하기

컬러 이미지를 흑백 이미지로 만드는 원리는 가장 어두운 영역을 검은색, 가장 밝은 영역을 흰색, 나머지 영역을 밝기에 따라 연회색에서 진회색으로 표현하는 것입니다. Gradient Map 기능도 흑백 이미지를 만드는 원리가 그대로 적용됩니다. 이미지에서 가장 어두운 영역을 그레이디언트의 첫 단계 색, 가장 밝은 영역을 그레이디언트의 마지막 단계 색, 나머지 영역은 밝기에 따라 그레이디언트를 단계별로 표현하는 것입니다.

◎ **준비 파일**: chapter4/Vase.jpg

01 Ctrl+O를 눌러 'Vase.jpg' 파일을 불러오고 메뉴 바에서 [Image]-[Adjustments]-[Gradient Map]을 선택합니다. [Gradient Map] 대화상자에서 색 바를 클릭해서 편집 창으로 들어갑니다. 그레이디언트를 설정한 후 [OK]를 클릭합니다.

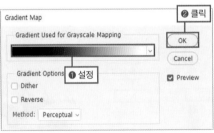

❶ **매핑에 사용되는 그레이디언트**: 이미지에 적용할 그레이디언트를 원하는 색으로 선택할 수 있습니다. 왼쪽 색이 이미지의 어두운 부분에 적용되는 색이고, 오른쪽 색이 이미지의 밝은 부분에 적용되는 색입니다.

❷ **색 바를 클릭하는 그레이디언트 편집기**: 창에서 편집할 수 있습니다.

❸ **Dither**: 체크하면 색상의 경계를 부드럽게 표현해 줍니다.

❹ **Reverse**: 체크하면 그레이디언트의 왼쪽, 오른쪽 색을 반대로 적용합니다.

02 Presets의 Reds에 있는 그레이디언트를 선택하고 [OK]를 클릭합니다.

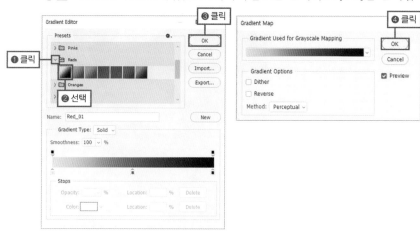

5 · 기능 예제 · **Selective Color를 이용해서 특정 색만 보정하기**

Replace Color 기능을 이용해서 특정 색을 다른 색으로 바꿀 수 있지만 특정 색의 전체적인 색감을 보정할 때는 Selective Color 기능을 이용하는 것이 좋습니다. Selective Color는 CMYK 색상으로 보정합니다.

◎ **준비 파일**: chapter4/Cookies.jpg

01 Ctrl+O를 눌러 'Cookies.jpg' 파일을 불러옵니다. 메뉴 바에서 [Image]-[Adjustments]-[Selective Color]를 선택합니다.

02 [Selective Color] 대화상자의 Colors에서 색을 설정하고 [OK]를 클릭합니다. 흰색의 Black을 줄여서 흰부분만 더 밝은 흰색으로 보정되었습니다.

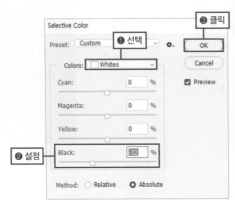

특수 및 기타 보정

보정 기능을 이용해서 어두운 이미지를 보정하거나 이미지의 밝고 어두운 부분의 농도 차이를 조절하고 흑백 이미지를 만드는 방법 등을 배웁니다.

LESSON

[Image]-[Adjustments] 메뉴 또는 [Adjustments] 패널의 마지막 두 영역은 자주 쓰는 기능은 아니지만 알면 유용한 색 보정 기능이 모여 있습니다.

---

1 · 기능 예제 · Shadows/Highlights를 이용해서 어두운 이미지 보정하기

Shadows/Highlights는 이미지 전체가 아니라 어두운 부분과 밝은 부분을 따로 보정합니다. 따라서 이미지가 너무 어둡거나 너무 밝아서 보정이 필요할 때 사용합니다. 포토샵에서 이미지를 보정할 때 초보자라면 슬라이더를 이리저리 움직여 보면서 눈으로 이미지의 변화를 확인하고 마음에 들 때 적용하면 좋습니다.

◎ **준비 파일**: chapter4/Leaves.jpg

01 Ctrl+O를 눌러 'Leaves.jpg' 파일을 불러오고 메뉴 바에서 [Image]-[Adjustments]-[Shadows/Highlights]를 선택합니다. [Shadows/Highlights] 대화상자에서 Shadow의 수치를 조절하며 이미지의 변화를 살피고 원하는 이미지가 되면 [OK]를 클릭합니다.

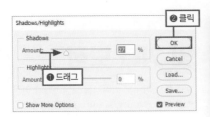

Shadows/Highlights 대화상자 알아보기

❶ **Shadows**: 어두운 영역을 나타냅니다. 수치를 높일수록 어두운 영역이
밝아집니다.

❷ **Highlights**: 밝은 영역을 나타냅니다. 수치를 높일수록 밝은 영역이 어
두워집니다.

---

2 기능 예제   HDR Toning으로 이미지의 농도 차이 조절하기

HDR Toning은 이미지의 가장 밝고 어두운 부분의 농도 차이를 조절할 수 있습니다.

◎ **준비 파일**: chapter4/Photo.jpg

01 [Ctrl]+[O]를 눌러 'Photo.jpg' 파일을 불
러옵니다.

02 메뉴 바에서 [Image]-[Adjustments]-[HDR Toning]을 선택합니다. [HDR Toning] 대화상자에서 슬라이더를 움직여 이미지를 조절하고 [OK]를 클릭합니다.

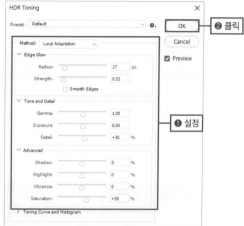

3 · 기능 예제 · Desaturate를 이용해서 흑백 이미지 만들기

Desaturate는 채도를 한 번에 낮춰 흑백 이미지를 만들 수 있습니다. 세부적으로 조절하지 않고 빠르게 흑백 이미지를 만드는 장점이 있습니다.

◎ **준비 파일**: chapter4/Pier.jpg

01 Ctrl+O를 눌러 'Pier.jpg' 파일을 불러오고 메뉴 바에서 [Image]-[Adjustments]-[Desaturate]를 선택합니다. 이미지의 채도를 한 번에 낮춰 흑백 이미지로 보정합니다.

원본   Desaturate 적용

서로 다른 장소나 공간에서 찍은 이미지는 조명이나 빛의 강도가 다르다 보니 이미지를 나란히 놓았을 때 어색해 보입니다. 이럴 때는 Match Color를 이용해서 톤을 맞춰주는 것이 좋습니다. 낮과 밤, 여름과 겨울 등 달라 보이는 사진의 색상을 맞출 때 유용합니다.

◎ **준비 파일**: chapter4/Vegetable.jpg, Forest3.jpg

01 Ctrl+O 를 눌러 'Vegetable.jpg, Forest3.jpg' 파일을 불러옵니다. 야채 이미지의 색상에 맞춰 숲 이미지의 색상을 바꿔보겠습니다. Forest3.jpg 창이 선택된 상태에서 [Image]-[Adjustments]-[Match Color] 메뉴를 선택합니다. Source를 Vegetable.jpg로 선택하고 [OK]를 클릭합니다.

원본　　　　　　　　　　　색상을 바꿀 이미지　　　　　　　색상을 맞추는 기준이 되는 이미지

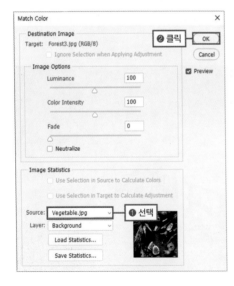

NOTE **Math Color 대화상자 알아보기**

❶ **Destination Image**: 바꿔야 할 이미지의 밝기, 채도 등을 조절합니다. 대상은 바꿔야 할 이미지 이름입니다.

❷ **Image Options**: 광도, 색상 강도, 페이드를 설정합니다. Neutralize를 체크하면 채도가 떨어집니다.

❸ **Image Statistics**: 기준이 될 이미지의 이름과 레이어를 선택합니다.

- 기본 이미지의 선택 영역의 색상을 분석해서 적용합니다.

- 바꿔야 할 이미지의 선택 영역의 색상을 분석해서 조절합니다.

- Source에서 기준 이미지를 선택하고, Layer에서 기준 이미지의 레이어를 선택합니다.

- Load Statistics 버튼을 클릭하면 통계 저장에서 설정한 값을 불러와 적용시킵니다.

- Save Statistics 버튼을 클릭하면 설정값을 저장할 수 있습니다.

5 ·기능**예제**· **Replace Color를 이용해서 특정 색만 바꾸기**

Replace Color는 이름 그대로 원하는 부분의 색상을 빠르고 쉽게 바꿔주는 기능입니다. 원하는 부분의 색상, 채도, 명도를 모두 조절해서 자연스럽게 바꿔보겠습니다. 색상 대체는 선택한 색을 기준으로 바꾸는 것이므로 무채색의 경우 명암은 바뀌지만 색이나 채도는 바뀌지 않습니다.

◎ **준비 파일**: chapter4/Leaf.jpg

01 [Ctrl]+[O]를 눌러 'Leaf.jpg' 파일을 불러오고 메뉴 바에서 [Image]-[Adjustments]-[Replace Color]를 선택합니다.

02 [Replace Color] 대화상자에서 스포이트로 바꾸고자 하는 영역을 클릭하고 플러스 스포이트(🖋)를 선택해서 영역을 추가합니다. 허용량을 조절해서 영역을 설정하고 색조에서 수치를 변경한 후 [OK]를 클릭합니다.

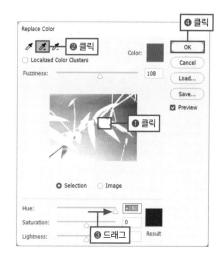

NOTE   **Replace Color 대화상자 알아보기**

❶ **Selection**: 스포이트를 사용해서 색을 바꾸고 싶은 부분을 선택합니다.
  - 첫 번째 스포이트: 이미지에서 바꿀 색상을 선택합니다.
  - 두 번째 스포이트: 바꿀 색상을 추가로 선택합니다.
  - 세 번째 스포이트: 바꾸기 위해 선택된 색상에서 선택한 색상을 빼줍니다.
  - Color: 스포이트로 선택한 색상이 표시됩니다.
  - Fuzziness: 스포이트로 선택한 색상의 범위를 설정하는데 수치가 높을수록 색상의 범위가 넓어집니다.
❷ **보기 화면**
  - Selection: 스포이트로 선택된 영역을 흰색으로, 나머지 부분은 검은색으로 나타냅니다.
  - Image: 원본 이미지를 보여줍니다.
❸ **Replacement**: 선택 영역으로 된 곳의 Hue, Saturation, Lightness를 조절할 수 있고, Result를 조절하면 바뀐 색을 보여줍니다.

작업 시 Ctrl+H를 누르면 선택 영역을 보이지 않게 할 수 있습니다. 색상 변화를 경계까지 정확하게 볼 수 있어 편리합니다.

---

6 ·기능 **예제**· **Equalize를 이용해서 밝기를 균등하게 조절하기**

Equalize(균일화)는 이미지 밝기를 균등하게 조절하는 기능으로 어두운 이미지를 밝게 만들 때 주로 이용합니다.

◎ **준비 파일**: chapter4/Basketball.jpg

01 Ctrl+O를 눌러 'Basketball.jpg' 파일을 불러오고 메뉴 바에서 [Image]-[Adjustments]-[Equalize]를 선택합니다. 이미지의 밝기가 균등하게 보정됩니다.

원본

Equalize 적용

드로잉과 페인팅

이미지를 편집하다 보면 이미지에 뭔가를 그리거나 색을 칠해야 하는 경우가 생깁니다. 연필 툴(✏)이나 브러시 툴(🖌)을 이용해서 간단한 그림을 그릴 수도 있고, 그레이디언트 툴(▰)이나 페인트통 툴(🪣)을 이용해서 원하는 영역에 적당한 색이나 패턴을 칠할 수도 있습니다. 또한 지우개 툴(🧽)을 이용해서 원하는 영역을 더 쉽게 지울 수 있고, 히스토리 브러시 툴(🖌)을 이용해서 칠한 작업을 되돌릴 수도 있습니다.

색을 선택하는 여러 가지 방법

툴 패널에서 색을 선택하는 방법을 알아본 후 여러 패널과 스포이트 툴로 색을 선택하는 방법을 알아봅니다.

● 툴 패널에서 색 선택하기

색을 선택하고 바꿀 수 있는 가장 기본적인 방법은 툴 패널에 있는 전경색/배경색을 이용하는 것입니다. 전경색/배경색 영역은 아이콘마다 다음과 같은 기능을 갖고 있습니다.

❶ **전경색**: 이미지에 칠해지는 색입니다.

❷ **배경색**: 이미지를 지웠을 때 채워지는 색입니다.

❸ **기본색으로 설정**: 전경색과 배경색을 기본색에 해당하는 검은색과 흰색으로 설정합니다.

❹ **전환 버튼**: 전경색과 배경색을 맞바꿉니다.

전경색이나 배경색을 클릭하면 [Color Picker] 대화상자가 나타납니다. 색 미리보기 창을 보면서 원하는 색을 선택한 후 [OK]를 클릭합니다.

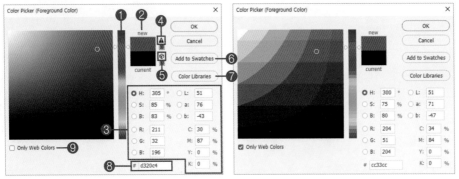

Only Web Colors 체크

❶ **스펙트럼**: 드래그해서 색상을 선택합니다.

❷ **new, current**: 밑에는 기존에 선택되어 있던 색, 위에는 지금 새로 선택한 색을 보여줍니다.

❸ **색상 모드**: 현재 선택한 색상이 각 색상 모드에서 수치로 나타납니다.

❹ **삼각형**: 현재 선택한 컬러가 인쇄 가능한 범위를 벗어났다는 것을 표시합니다.

❺ **큐브**: 웹 환경에 사용하기에 안전하지 않은 컬러를 의미합니다.

❻ **Add to Swatches**: 선택한 색을 [Swatches] 패널에 추가합니다.

❼ **Color Libraries**: 색상 차트별로 원하는 색을 선택할 수 있습니다.

❽ **#**: 웹에서 색상을 표현하는 색상값입니다. 직접 입력할 수도 있습니다.

❾ **Only Web Colors**: 체크하면 웹상에서 제대로 표현되는 웹 안전색만 표시합니다.

Web Color(Web Safe Color)

컴퓨터 운영체제나 브라우저 종류와 관계없이 공통으로 사용되는 색을 웹 안전색(Web Color, Web Safe Color)이라고 합니다. 색이 안전하다는 것은 색이 왜곡되지 않는다는 의미입니다. 최소 사양인 8비트 시스템에서도 표현할 수 있는 컬러 시스템이 바로 웹 안전색 시스템입니다. 웹 안전색은 Red, Green, Blue의 각 단계를 6단계로 나눠 6x6x6=216색으로 유채색 210가지, 무채색 6가지 해서 모두 216색으로 구성되어 있는 컬러 시스템입니다. 따라서 256 컬러를 표현할 수 있는 8비트 시스템에서도 색이 왜곡되지 않습니다. 하지만 색이 부족하기 때문에 웹디자인의 컬러 표현이 제한될 수밖에 없습니다.

● Color 패널 또는 Swatches 패널에서 색 선택하기

[Color] 패널과 [Swatches] 패널을 이용하면 색을 좀 더 쉽게 선택할 수 있습니다. [Color] 패널에서 슬라이더를 움직이면서 색을 선택할 수도 있고, 수치를 입력해서 선택할 수도 있습니다. [Swatches] 패널은 자주 선택하는 색을 견본으로 등록해 놓은 패널로 사용자가 직접 원하는 색을 등록할 수도 있습니다.

Color 패널

전경색, 배경색을 클릭해서 [Color] 패널의 'Color Picker'에서 직접 색을 선택할 수 있습니다.
컬러 스펙트럼 바에서 마우스로 클릭해도 색이 선택됩니다.

Swatches 패널

색상 견본 패널인 [Swatches] 패널은 자주 선택하는 색을 견본으로 등록해 놓은 패널입니다. 사용자가 직접 원하는 색을 등록할 수도 있습니다. [Swatches] 패널의 빈 영역에 마우스 포인터를 갖다 대면 포인터가 페인트통 모양으로 바뀝니다. 이때 클릭하면 전경색으로 설정된 색이 [Swatches] 패널에 등록됩니다. Ctrl을 누른 상태에서 클릭하면 배경색이 등록됩니다. 등록된 색상 견본을 휴지통 아이콘(🗑)으로 드래그하면 삭제할 수 있습니다.

Gradients 패널

기본으로 제공하는 그레이디언트를 적용하거나 사용자가 새로 등록, 삭제할 수 있습니다.

● 스포이트 툴로 색 선택하기

스포이트 툴(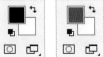)을 선택하고 원하는 색이 있는 이미지 영역을 클릭하면 클릭한 위치의 색이 전경색으로 등록됩니다. 눈으로 직접 보면서 색을 선택할 수 있어 편리합니다.

그리고 지우는 드로잉/지우개 툴

브러시 툴, 연필 툴, 색상 교체 툴, 지우개 툴 등을 알아본 후 그림을 그리고 여러 효과를 주는 방법을 배웁니다.

LESSON

❶ **브러시 툴(Brush Tool(🖌))**: 붓으로 그린 것처럼 그려집니다.

❷ **연필 툴(Pencil Tool(✏))**: 딱딱한 연필로 그린 것처럼 그려지고 모양이 제한적입니다.

❸ **색상 교체 툴(Color Replacement Tool(🖌))**: 특정 부분의 색을 바꿀 때 사용하는 툴로 이미지의 질감은 살리면서 색상만 바꿉니다.

❹ **혼합 브러시 툴(Mixer Brush Tool(🖌))**: 브러시의 색과 이미지의 배경색을 혼합해서 이미지를 회화처럼 만들어 줍니다.

● 브러시 툴

붓 모양이 다양한 것처럼 브러시의 모양도 다양합니다.

브러시 툴의 옵션 바

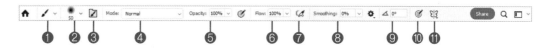

❶ **Brush**: 자주 사용하는 브러시를 등록해서 사용할 수 있습니다.

❷ **Brush Preset**: 클릭해서 나오는 화면에서 브러시의 모양, 크기, 경도를 설정합니다.

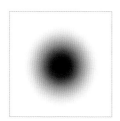

Size 100/Hardness 0

Size 100/Hardness 100

◀ 브러시 크기는 같고 경도(딱딱하기)만 틀린 경우

❸ **Brush Settings Panel**: 브러시의 설정 패널을 불러옵니다.

❹ **Mode**: 브러시의 모드를 선택할 수 있습니다.

❺ **Opacity**: 브러시의 불투명도를 조절할 수 있습니다.

❻ **Flow**: 브러시의 압력을 조절할 수 있습니다.

❼ 에어브러시를 사용하는 것과 같은 효과를 줄 수 있습니다.

❽ **Smoothing**: 브러시의 부드러운 정도를 설정합니다.

❾ **Brush Angle**: 브러시의 각도를 설정합니다.

❿ **Pressure for size**: 태블릿 펜 압력으로 브러시 크기를 조절합니다.

⑪ **Symmetry Options**: 대칭 축을 기준으로 브러시로 칠하는 다양한 대칭 옵션들이 있습니다.

Brush Settings 패널

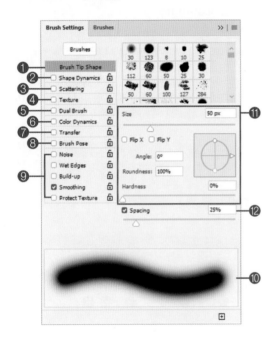

❶ **Brush Tip Shape**: 브러시 모양을 선택하고 크기, 형태, 강도, 간격 등을 조절합니다.

❷ **Shape Dynamics**: 브러시에 동적 요소를 추가해서 모양을 다양하게 바꿀 수 있습니다.

❸ **Scattering**: 브러시가 뿌려지는 정도를 조절합니다.

❹ **Texture**: 브러시에 패턴 등을 이용해서 텍스처를 더합니다.

❺ **Dual Brush**: 두 개의 브러시 팁을 한번에 사용해서 브러시 모양을 중복해 설정합니다.

❻ **Color Dynamics**: 브러시 스트로크에서 색을 얼마나 변화시킬 것인지 설정합니다.

❼ **Transfer**: 브러시 스트로크의 흐름을 조절합니다.

❽ **Brush Pose**: 브러시의 각도 및 위치를 조절합니다.

❾ **Noise, Wet Edges, Build-up, Smoothing, Protect Texture**: 브러시에 체크한 속성 질감, 가장자리가 물에 젖은 듯한 효과, 에어브러시처럼 톤을 더하는 효과, 부드럽게 칠하는 효과, 텍스처를 사용하는 브러시들에 동일 패턴과 크기의 텍스처를 주는 효과를 더해서 칠합니다.

❿ **미리보기 창**: 현재 설정한 것을 미리 볼 수 있습니다.

⑪ **Size**: 브러시 크기, **Angle**: 브러시 각도, **Roundness**: 브러시 모양으로 100%는 원형이고 0%는 선형, **Hardness**: 브러시 경도

⑫ **Spacing**: 브러시가 그리는 간격으로 수치가 클수록 점선이 넓습니다.

브러시 툴로는 모양, 크기, 불투명도를 조절할 수 있으며 Shift 를 누른 채 드래그하면 수직, 수평, 45도 각도의 선을 그릴 수 있습니다. 포토샵에서 제공한 기본 브러시 외에도 인터넷에서 다운받은 외부 브러시들을 등록해서 사용할 수도 있습니다.

● 연필 툴

브러시 옵션과 비슷하지만 Hardness 조절이 안됩니다. Auto Erase를 체크하고 연필 툴(✏)로 그린 부분으로 클릭&드래그하면 전경색이 칠해지고, 다시 클릭&드래그하면 배경색이 칠해집니다. 즉, 연필 툴(✏)로 그린 부분을 다시 칠하면 배경색이 칠해집니다.

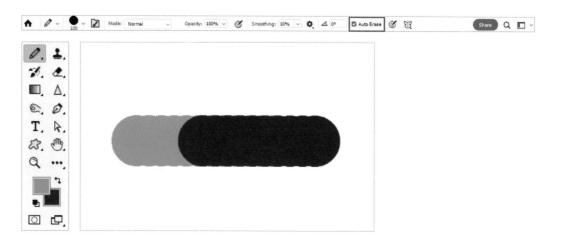

● 색상 교체 툴

색상을 바꾸고 싶은 부분을 브러시로 칠해서 쉽게 바꿀 수 있고 이미지 전체나 일부를 바꾸는 것이 모두 가능합니다.

원본

색을 선택하고 색상 교체 툴 적용

색상 교체 툴( )의 옵션 바

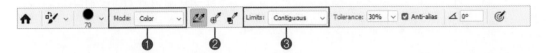

❶ **Mode**: 변경할 색상 모드를 선택합니다.
- Hue: 색상만 교체됩니다.
- Saturation: 채도만 교체됩니다.
- Color: 색조와 채도가 교체됩니다.
- Luminosity: 원래 색의 밝기를 전경색 밝기로 바꿉니다.

❷ **Sampling**: 이미지의 어느 부분에 적용할지 선택합니다.
- Continuous: 드래그 시작점부터 끝나는 지점까지 색을 칠합니다.
- Once: 처음 클릭한 부분과 비슷한 색상에만 칠합니다.
- Background Swatch: 배경색과 비슷한 색상에만 칠합니다.

❸ **Limits**: 이미지에 적용될 색상의 범위를 정합니다.
- Discontiguous: 색상 경계를 포함한 다른 부분까지 포함합니다.
- Contiguous: 경계에 가까운 부분을 부드럽게 포함합니다.
- Find Edges: 가장자리 경계를 인식해서 뚜렷하게 합니다.

● 혼합 브러시 툴

색상을 바꾸고 싶은 부분을 브러시로 칠해서 쉽게 바꿀 수 있고, 이미지 전체나 일부를 바꾸는 것도 가능합니다.

혼합 브러시 툴( )의 옵션 바

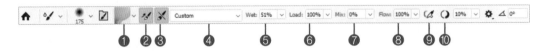

❶ 페인팅 소스를 보여줍니다. 보통 전경색을 페인팅 소스로 사용하지만 Alt 를 누르고 클릭한 지점의 이미지를 페인팅 소스로 사용할 수 있습니다.

❷ 선택하면 브러시 색과 이미지 색이 섞여 사용됩니다. 선택하지 않으면 이미지 색만 사용합니다.

❸ 선택하면 브러시를 사용할 때마다 지정된 색으로 초기화됩니다. 선택하지 않으면 브러시를 사용할 때마다 색이 섞여 점점 탁해집니다.

❹ **Custom 옵션**: Wet, Load, Mix, Flow 옵션을 조절해서 페인팅 소스와 이미지가 섞이는 정도를 자주 사용하는 조합으로 세팅해 둔 옵션입니다. Dry할수록 소스 색상이 진하고, Wet할수록 소스 색상이 흐리며 배경과 많이 섞이고 옅습니다.

❺ **Wet**: 페인팅 소스의 양을 조절하는 옵션입니다. 수치가 낮을수록 페인팅 소스의 색이 많이 나타납니다.

❻ **Load**: 불러오는 페인팅 소스의 양을 조절합니다.

❼ **Mix**: 페인팅 소스와 이미지의 혼합 비율을 조절합니다. 수치가 낮을수록 페인팅 소스의 양이 늘어납니다.

❽ **Flow**: 브러시의 강약을 나타내는 옵션으로 수치가 낮을수록 투명합니다.

❾ 에어브러시 효과를 나타내며 마우스를 누르고 있는 동안 브러시가 점점 퍼져 나갑니다.

❿ **Set Smoothing for stroke**: 브러시 획의 흔들림을 줄입니다.

---

1 · 기능 예제 ·   브러시 툴로 그림 그리기

전문 일러스트레이터가 아닌 일반인이 그림을 그리기란 쉬운 일이 아닙니다. 이럴 때는 습자지 아래 밑그림을 깔고 그렸던 경험을 살려 보기 바랍니다. 그리고 싶은 그림에 가장 가까운 사진을 불러온 후 사진 속 오브젝트 모양대로 색을 칠하는 것입니다. 빠르고 쉽게 원하는 그림을 그릴 수 있습니다.

◎ **준비 파일**: chapter5/Chick.jpg

01 Ctrl+O를 눌러 'Chick.jpg' 파일을 불러옵니다.
새 레이어를 만든 후 레이어 이름을 'Body'로 바꿉니다.

02 브러시 툴(✏)을 선택하고 전경색을 #ffcc00
으로 설정합니다. 옵션 바에서 브러시 모양을 Hard
Round 40Pixels로 설정한 후 오리 모양대로 칠합니
다. 좁은 영역을 칠할 때는 [를 눌러 브러시 크기
를 줄여서 칠합니다.

TIP 브러시 크기를 줄이려면 [, 키우려면]를 이용합
니다.

03 [Body] 레이어 아래에 새 레이어를 만들고 레이어 이름을 'Legs'로 바꿉니다. 전경색을 # ff6600으
로 설정합니다. 브러시 크기를 줄인 후 다리와 부리를 칠합니다.

04 [Body] 레이어 위에 새 레이어
를 만들고 레이어 이름을 'Eye'로 바
꿉니다. 전경색을 검은색(#000000)으
로 설정한 후 눈을 칠합니다.

05 **Shift**를 누른 상태에서 [Legs] 레이어를 클릭하면 색칠 작업한 레이어 전체가 선택됩니다. 이동 툴(⊕)을 선택한 후 왼쪽으로 옮겨 비교해 봅니다.

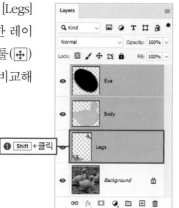

---

2 • 기능 예제 • **브러시 툴로 크로키 그리기**

◎ **준비 파일**: chapter5/Skater.jpg

01 **Ctrl**+**O**를 눌러 'Skater.jpg' 파일을 불러옵니다. 새 레이어를 만든 후 레이어 이름을 'Line'으로 바꿉니다.

02 브러시 툴()을 선택하고 전경색과 배경색을 기본으로 설정합니다. 옵션 바에서 브러시 모양을 Hard Round 9Pixels로 설정하고 Smoothing을 70%로 합니다.

03 인물의 외곽선을 따라 전체를 다 그립니다. 밑에 스케이트 보드도 같은 브러시로 그립니다.

04 인물의 바지 주름선을 그려보겠습니다. 브러시 크기를 5px로 줄이고 Smoothing을 50%로 합니다. 바지의 주름 부분을 몇 개만 드래그해서 그립니다.

05 [Background] 레이어 위에 새 레이어를 추가하고 이름을 'White'로 바꿉니다. 앞에서 색상을 기본으로 설정했기 때문에 배경색이 흰색으로 되어 있습니다. Ctrl + Delete 를 눌러 흰색을 채웁니다.

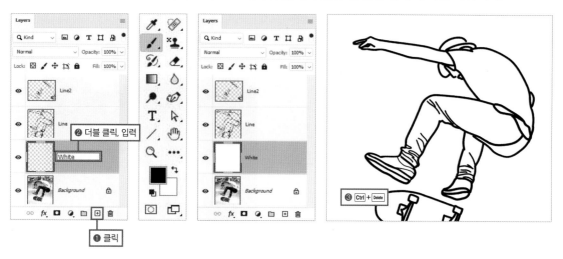

◎ **준비 파일**: chapter5/Tree.jpg

01 Ctrl + O 를 눌러 'Tree.jpg' 파일을 불러옵니다. 새 레이어
를 추가하고 이름을 'Brush'로 합니다.

02 브러시 툴(✎)을 선택하고 옵션 바에서 Opacity와 Flow를 모두 100%로 합니다. [Brush Settings]
패널을 엽니다. 브러시의 Size는 30px, Hardness는 0%, Spacing은 935%로 합니다.

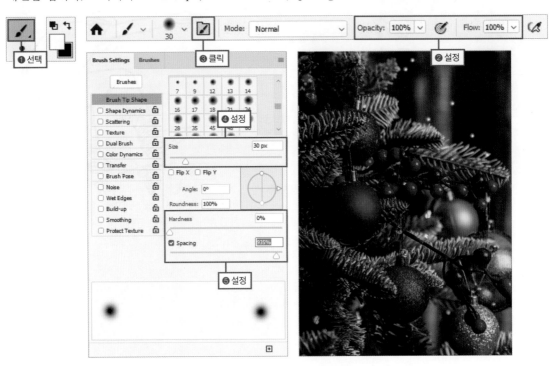

03 왼쪽 항목에서 Scattering을 체크하고 맨 위의 Scatter를 1000%로 합니다. 전경색을 흰색으로 하고 이미지 위에서 드래그해서 뿌립니다.

04 새 레이어를 추가하고 이름을 'Brush2'로 합니다. 키보드의 □와 □를 눌러 크기를 조절해 가며 군데군데 칠해 줍니다.

◎ **준비 파일**: chapter5/Tangerine.jpg

01 Ctrl+O를 눌러 'Tangerine.jpg' 파일을 불러옵니다. 개체 선택 툴( )을 선택하고 오렌지의 가운데 부분을 선택합니다.

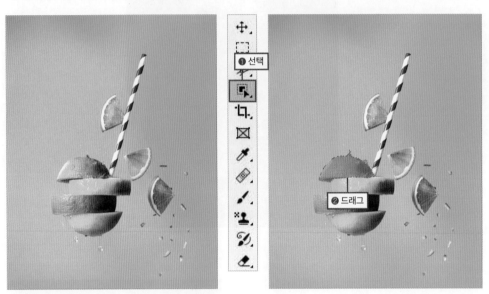

02 Ctrl+C를 눌러 복사하고 Ctrl+V를 눌러 새로운 레이어에 복제합니다. [Background] 레이어의 눈 아이콘( )을 꺼서 안보이게 하고 Ctrl+[Tangerine] 레이어의 섬네일을 클릭해서 복제한 레이어를 선택 영역으로 활성화합니다.

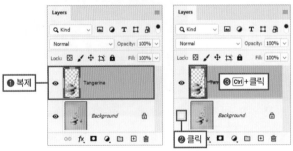

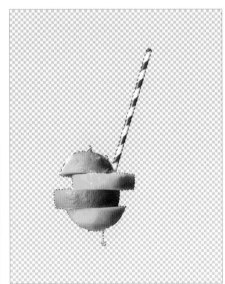

03 [Edit]-[Define Brush Preset] 메뉴를 선택한 후 [Brush Name] 대화상
자에서 Tangerine을 입력한 후 [OK]를 클릭합니다.

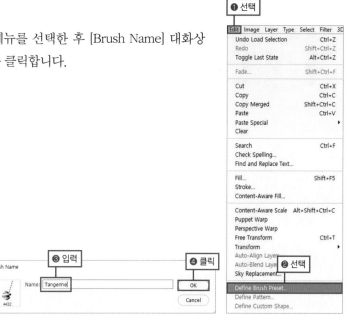

04 [Background] 레이어는 눈을 켜서 다시 보이게 하고 새로운
레이어를 추가합니다. 브러시 툴(✏)을 선택하고 전경색은 #
ba5e1f로 설정합니다. 대각선 아래 방향으로 드래그해서 그립니다.

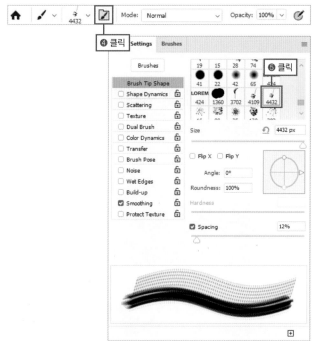

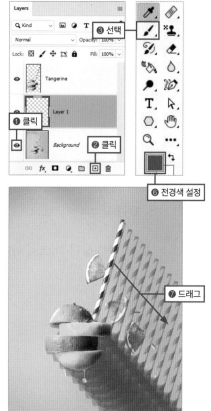

● 히스토리 브러시/아트 히스토리 브러시 툴

❶ **히스토리 브러시 툴**: 히스토리 브러시 툴은 브러시가 칠한 부분을 되돌리는 복원 기능이 있어서 효과가 적용되기 이전으로 되돌립니다.

❷ **아트 히스토리 브러시 툴**: 브러시로 칠한 부분에 뭉개는 듯한 효과를 줘 회화적인 느낌을 만듭니다. 10가지 종류의 브러시를 사용할 수 있습니다.

아트 히스토리 브러시 툴(🖌)의 옵션 바

❶ **Mode**: 페인팅 모드를 설정합니다. Normal 모드에서 붓 터치가 제일 잘 드러납니다.

❷ **Opacity**: 불투명도를 조절합니다.

❸ **Style**: 칠하는 스타일을 정합니다. 다양한 붓 터치 옵션이 있습니다.

❹ **Area**: 브러시 터치를 적용하는 범위를 설정합니다.

❺ **Tolerance**: 브러시를 적용할 수 있는 영역을 제한하는데 낮은 수치는 제한 없이 칠해지고, 높은 수치는 색차가 많은 부분에만 적용됩니다.

---

5 · **기능 예제** ·   **히스토리 브러시 툴 적용하기**

◎ **준비 파일**: chapter5/Fig.jpg

01 Ctrl + O 를 눌러 'Fig.jpg' 파일을 불러옵니다.

02 효과를 넣어보겠습니다. 여기서는 앞에서 배운 [Image]-[Adjustments]-[Desaturate] 메뉴를 선택해서 이미지를 흑백 이미지로 만듭니다.

03 히스토리 브러시 툴(🖌)을 선택하고 무화과 위를 드래그하면 흑백 효과를 적용하기 전의 이미지가 나타납니다.

04 브러시 크기를 조절하며 무화과 전체를 드래그해서 마무리합니다.

아트 히스토리 브러시 툴로 회화적 터치 더하기

◎ **준비 파일**: chapter5/Food.jpg

01 `Ctrl`+`O`를 눌러 'Food.jpg' 파일을 불러옵니다.

02 아트 히스토리 브러시 툴(🖌)을 선택하고 옵션 바에서 Style을 Tight Short, 브러시는 소프트 브러시 15px로 설정합니다. 이미지의 일부를 드래그해서 칠합니다.

❷ 설정

❸ 드래그

🖌 ∨ 15 ∨ 🖌 Mode: Normal ∨ Opacity: 10% ∨ 🖌 Style: Tight Short ∨ Area: 10 px Tolerance: 0% ∨ ⊿ 0° 🖌

❶ 설정

03 음식 부분에만 골고루 다 칠했습니다. 드래그할 때 원래 이미지의 형태를 따라서 칠하면 좋습니다.

● 지우개/배경 지우개/마술 지우개 툴

① 지우개 툴(Eraser Tool(⬛)): 이미지의 일부를 지울 때 사용합니다.

② 배경 지우개 툴(Background Eraser Tool(⬛)): 배경을 투명하게 하려면 배경 지우개 툴을 사용합니다.

③ 마술 지우개 툴(Magic Eraser Tool(⬛)): 같은 색상으로 된 영역을 한번에 지우려면 마술 지우개 툴을 사용합니다. 지우개 툴과 배경 지우개 툴은 드래그하면서 지우지만, 마술 지우개 툴은 클릭 한 번으로 넓은 영역을 지울 수 있습니다.

지우개/배경 지우개/마술 지우개 툴의 옵션 바

① **Mode**: 브러시 방식을 설정합니다.
- Brush: 페인트 브러시와 같이 불투명도와 흐름이 활성화됩니다.
- Pencil: 브러시 모드가 부드럽게 지워진다면 연필 모드는 딱 떨어지게 지워집니다. 따라서 안티 에일리어스가 적용되지 않습니다.
- Block: 정사각형 모양 같은 일정 크기로만 지워집니다. 그렇기 때문에 불투명도와 흐름이 활성화되지 않습니다.

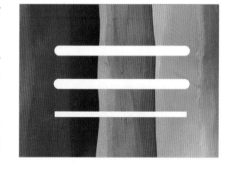

② **Opacity**: 브러시의 불투명도를 조절합니다.

③ **Flow**: 브러시를 누르는 압력에 따라 지우개 툴(⬛)이 적용됩니다.

④ **Erase to History**: 체크할 경우 히스토리 브러시와 같은 기능입니다.

◎ **준비 파일**: chapter5/Tulip.jpg

01 Ctrl + O 를 눌러 'Tulip.jpg' 파일을 불러옵니다. 지우개 툴(◢)을 선택합니다.

02 일반 레이어에 있는 이미지를 지울 경우에는 이미지의 일부가 지워지지만 [Background] 레이어의 경우에는 지우개 툴(◢)로 이미지 위를 드래그하면 이미지가 지워지면서 배경색이 채워집니다.

03 배경 지우개 툴(◢)을 선택합니다. 배경의 일부를 클릭하면 클릭하자마자 [Background] 레이어가 일반 레이어로 바뀌는 것을 확인할 수 있습니다. 배경을 드래그하면서 지웁니다.

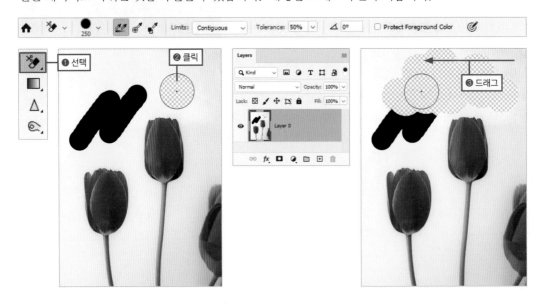

04 이번에는 마술 지우개 툴(🩹)을 선택합니다. 마술 지우개 툴(🩹)은 비슷한 색을 한번에 지웁니다. 배경을 클릭해서 이미지의 일부를 지웁니다.

05 추가로 검은색 부분과 남은 지점을 클릭해서 모두 지웁니다.

손쉽게 색을 채워주는
그레이디언트/페인트통 툴

그레이디언트 툴과 페인트통 툴의 기능을 알아본 후 단색으로 채우거나 패턴으로 채우는 방법을 배웁니다.

LESSON

● 그레이디언트/페인트통 툴

점차적으로 색이 바뀌도록 색을 채우려면 그레이디언트 툴(▣), 한 가지 색이나 패턴으로 채우려면 페인트통 툴(⬧)을 사용합니다.

❶ **그레이디언트 툴(Gradient Tool(▣))**: 그레이디언트 툴은 부드러운 색의 변화를 주고 싶을 때 사용합니다.

전경색과 배경색을 지정한 후 드래그하면 전경색에서 배경색으로 부드럽게 변하면서 채워집니다. 드래그한 길이와 방향에 따라 나타나는 색이 다르게 적용되는데 드래그를 시작한 지점의 이전 영역은 전경색으로, 마우스에서 손을 뗀 이후는 배경색으로 채워집니다.

❷ **페인트통 툴(Paint Bucket Tool(⬧))**: 페인트통 툴은 클릭 한 번으로 넓은 면적도 채울 수 있고 기본으로 전경색이 채워집니다. 허용치 옵션에 따라 채색 영역이 달라지는데 수치가 클수록 넓은 영역이 채워집니다.

❸ **3D 재질 드롭 툴(3D Material Drop Tool(⬧))**: 현재 선택된 3D 오브젝트의 재질을 페인트통으로 저장합니다.

배경을 그레이디언트 툴로 채운 경우　　　　배경을 페인트통 툴로 채운 경우

그레이디언트 툴의 옵션 바

❶ **그레이디언트 편집 박스:** 그레이디언트 편집 박스를 클릭
하면 [Gradient Editor] 대화상자가 열리며 여기서 사용자
가 직접 원하는 그레이디언트 색을 만들 수 있습니다.

❷ **그레이디언트 종류:** 그레이디언트 편집 박스 옆에는 그레
이디언트 종류를 선택할 수 있는 아이콘이 있는데 여기
서 선형, 원형, 원뿔형, 방사형, 다이아몬드형을 선택할 수
있습니다.

선형   원형   원뿔형   방사형   다이아몬드형

❸ **Mode:** 그레이디언트가 칠해질 때 합성 모드를 선택합니다.
❹ **Opacity:** 그레이디언트가 칠해질 때 불투명도를 조절합니다.
❺ **Reverse:** 체크하면 그레이디언트 색이 반대로 칠해집니다.
❻ **Dither:** 체크하면 그레이디언트 경계가 부드러워집니다.
❼ **Transparency:** 체크하면 편집 창에서 설정한 불투명도가 적용됩니다.

● 그레이디언트 편집하기

1) 그레이디언트 바 아래에 새 물감통 추가로 색상 조절하기

그레이디언트 바 아래의 물감통은 색상을 선택하는 것이고,
그레이디언트 바 위의 물감통은 불투명도를 조절하는 것입
니다. 선택된 물감통은 삼각형이 검은색으로 채워집니다.

그레이디언트 바 아래를 클릭하면 새 물감통이 만들어집니다. 그레이디언트 바 아래의 물감통을 선택하면 색상과 위치가 활성화되어 조절할 수 있습니다. 물감통의 색을 바꾸고 싶다면 물감통을 더블 클릭해서 나오는 [Color Picker] 대화상자에서 원하는 색을 선택하거나 아래의 색상 샘플을 클릭해서 색을 선택해도 됩니다. 물감통을 삭제하고 싶으면 클릭해서 바깥 영역으로 드래그하면 없어집니다.

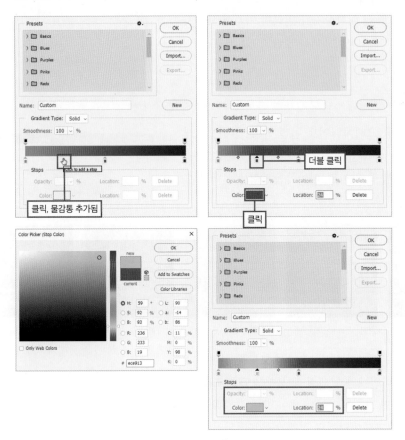

2) 그레이디언트 바 위의 물감통으로 불투명도 조절하기

그레이디언트 바 위의 물감통을 선택하면 불투명도와 위치가 활성화되어 조절할 수 있습니다. 오른쪽 위의 물감통을 선택하고 불투명도를 0으로 바꾸면 색이 투명해집니다. 아래의 색상 물감통처럼 불투명도를 조절하는 위의 물감통도 추가, 삭제가 가능합니다.

3) 그레이디언트 타입 변경하기

그레이디언트 타입을 바꿔보겠습니다. 'Gradient Type'에서 'Noise'를 선택하면 그레이디언트 바의 색 배치가 바뀌게 됩니다. Roughness를 통해 경계의 부드러움 정도를 조절할 수 있으며 'Randomize'를 클릭하면서 바뀌는 그레이디언트 바를 확인하고 원하는 스타일이 나오면 [OK]를 클릭합니다.

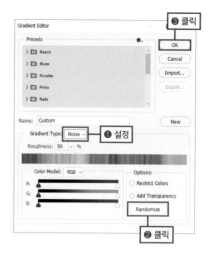

---

1 · 기능 예제 ·   그레이디언트로 채우기

◎ **준비 파일**: chapter5/Fresh.jpg

01 `Ctrl`+`N`을 눌러 900*900px의 새 창을 만듭니다.

02 그레이디언트 툴(■)을 선택하고 옵션 바에서 편집 박스를 클릭해서 [Gradient Editor] 대화상자를 엽니다.

03 왼쪽 아래의 색상 정지점(물감통)을 클릭한 후 색상 섬네일을 클릭해서 원하는 색(#1c330c)을 선택하고 [OK]를 클릭합니다. 오른쪽 아래의 색상 정지점을 클릭한 후 색상 섬네일을 클릭해서 원하는 색(#83ad3c)을 선택하고 [OK]를 클릭합니다. 그런 다음 [Gradient Editor] 대화상자에서 [OK]를 클릭해서 창을 닫습니다.

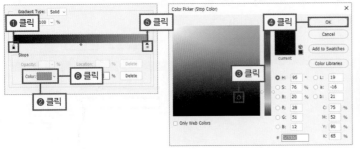
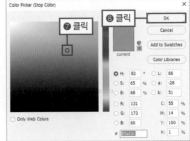

04 배경을 대각선으로 드래그해서 그레이디언트를 적용합니다.

05 Ctrl+O를 눌러 'Fresh.jpg' 파일을 불러옵니다. 원형 선택 툴(◯)로 가운데 부분을 선택한 후 이동 툴(✛)을 선택해서 작업 창으로 옮깁니다. Ctrl+T를 눌러 크기를 줄이고 Enter를 누릅니다.

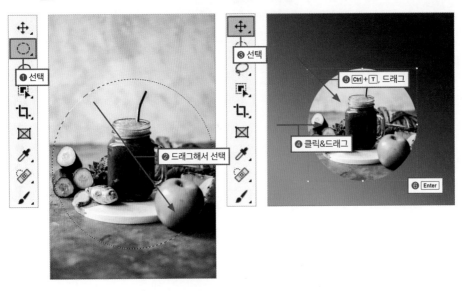

06 새 레이어를 추가하고 이름을 'Gradient'로 합니다. 원형 선택 툴(◯)을 선택하고 이미지보다 조금 더 크게 원을 그립니다.

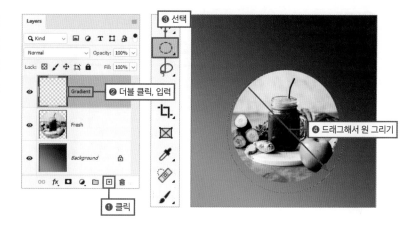

07 그레이디언트 툴(■)을 선택하고 옵션 바에서 그레이디언트 편집 박스를 클릭합니다. 왼쪽 물감통 색(#4c7201)과 오른쪽 물감통 색(#addc3e)을 설정하고 [OK]를 클릭합니다.

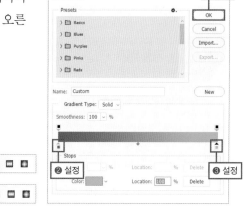

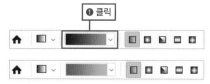

08 왼쪽에서 오른쪽으로 그레이디언트를 적용하고 Ctrl+D를 눌러 선택 영역을 해제합니다. 레이어 순서를 변경해서 [Gradient] 레이어를 [Fresh] 레이어 밑에 놓습니다.

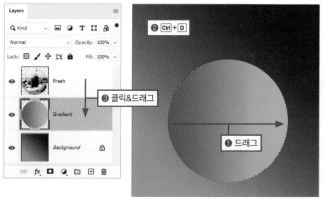

09 마지막으로 텍스트를 입력해서 마무리합니다.

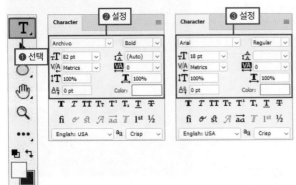

---

2 ◦ **기능 예제** ◦   단색으로 채우기

◎ **준비 파일**: chapter5/Dog.jpg

01
페인트통 툴(🖌)을 사용하면 옵션에 따라 단색이나 패턴을 채울 수 있습니다. Ctrl+O를 눌러 'Dog.jpg' 파일을 불러옵니다. 새로운 레이어를 추가합니다.

클릭

02
원형 선택 툴(⬭)을 선택하고 Shift+Alt를 누른 채 가운데서 밖으로 드래그해서 선택 영역을 잡습니다. Ctrl+Shift+I를 눌러 선택 영역을 뒤집습니다.

❶ 선택

❷ Shift+Alt&드래그

❸ Ctrl+Shift+I

03 스포이트 툴(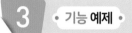)로 이미지의 원하는 색을 클릭해서 추출한 후 페인트통 툴(🪣)을 선택하고 선택 영역 위를 클릭하면 색이 적용됩니다. Ctrl+D를 눌러 선택 영역을 해제해서 마무리합니다.

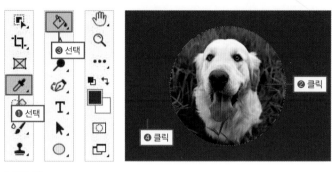

T·I·P 앞서 배운 Alt + Delete 를 눌러 색을 입혀도 됩니다.

---

3 • 기능 예제 •   패턴으로 채우기

◎ **준비 파일**: chapter5/Pattern.jpg

01 Ctrl+O를 눌러 'Pattern.jpg' 파일을 불러옵니다. 메뉴 바에서 [Edit]-[Define Pattern]을 선택하면 [Pattern Name] 대화상자가 열립니다. [OK]를 클릭합니다.

02 **Ctrl**+**N**을 눌러 1920*1080px의 새 창을 만들고 페인트통 툴(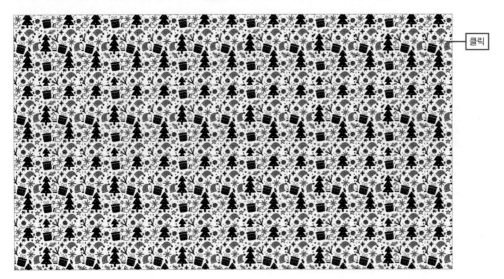)을 선택합니다. 옵션 바에서 채우기 속성을 Pattern으로 바꾸고 패턴 선택 창을 열어 등록한 패턴을 선택합니다.

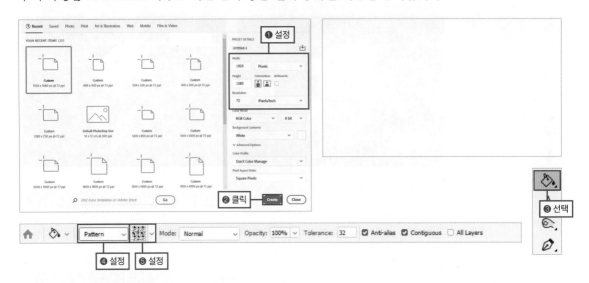

03 화면을 클릭해서 페인트통 툴(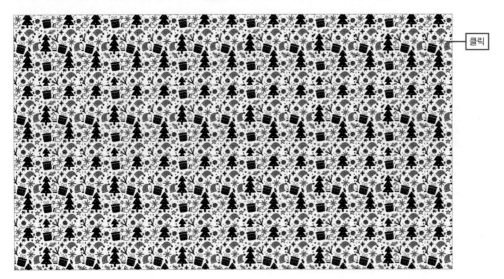)을 적용하면 패턴이 채워집니다.

● 등록한 패턴을 Fill 옵션으로 채우기

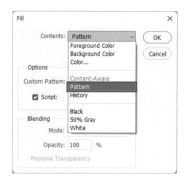

메뉴 바에서 [Edit]-[Define Pattern]으로 등록한 패턴을 [Edit]-[Fill]로 채울 수 있습니다. [Edit]-[Fill] 메뉴를 선택합니다. Contents에서 [Pattern]을 선택합니다.

Options의 Custom Pattern에서 등록한 패턴을 선택합니다.

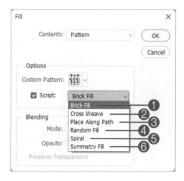

Script는 다양한 방법으로 패턴을 변형해서 채울 수 있는 옵션을 제공합니다.

❶ **Brick Fill**: 벽돌을 쌓는 것처럼 이미지 패턴을 만듭니다.
❷ **Cross Weave**: 직물을 짜듯 패턴을 만듭니다.
❸ **Place Along Path**: 패스 선을 따라 패턴을 만듭니다.
❹ **Random Fill**: 임의로 패턴을 만듭니다.
❺ **Spiral**: 나선형으로 패턴을 만듭니다.
❻ **Symmetry Fill**: 대칭 형태로 패턴을 만듭니다.

Brick Fill

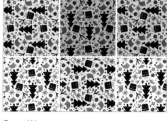

Cross Weave

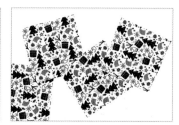

Place Along Path

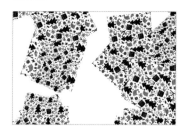

Random Fill

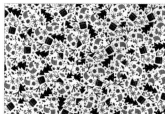

Spiral

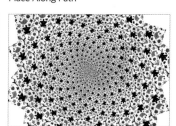

Symmetry Fill

패턴 미리보기는 패턴을 만들 경우 결과를 미리 보면서 수정할 수 있는 편리한 기능입니다.

◎ **준비 파일**: chapter5/Pattern.psd

01 Ctrl+O를 눌러 'Pattern.psd' 파일을 불러옵니다.

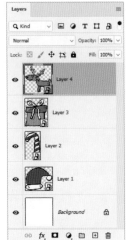

02 [View]-[Pattern Preview] 메뉴를 선택합니다. 스마트 오브젝트일 때 결과물이 좋다는 팝업 창이 뜨면 [OK]를 클릭합니다. 이미지의 확장 아이콘(□)을 클릭합니다.

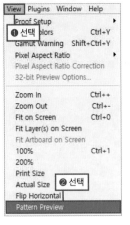

03 이미지의 확장 아이콘(▣)을 클릭하면 영역 외에 패턴이 어떻게 적용되는지 전체를 볼 수 있습니다.

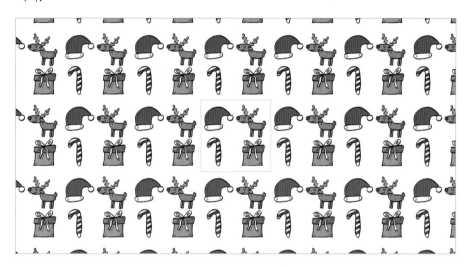

04 이동 툴(✛)을 선택하고 오브젝트의 위치를 변경하면 전체 패턴에 다 같이 적용됩니다. 루돌프를 선택하고 클릭&드래그해서 위치를 조절해 봅니다.

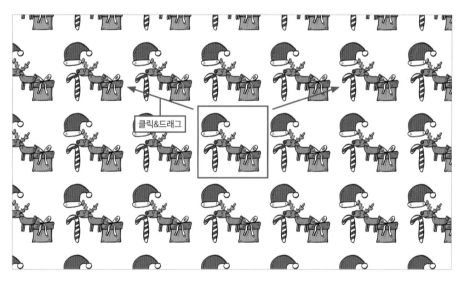

클릭&드래그

05 이동 툴(⊕)을 선택하고 옵션 바에서 Show Transform Controls를 체크해서 스케일을 조절하고 회전시킬 수도 있습니다. 자유롭게 변형해 봅니다. [View]-[Pattern Preview] 메뉴를 선택하면 다시 원래 상태로 돌아옵니다.

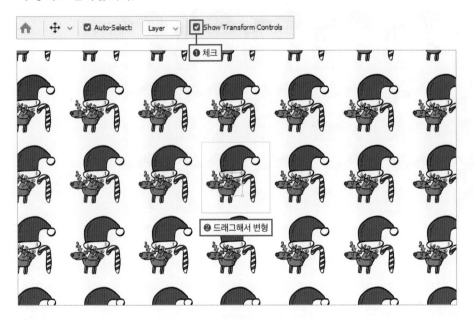

늘이고 줄여도
깨지지 않는 벡터

먼저 벡터 방식과 벡터 툴에 대해 알아본 후 펜 툴로 직선과 곡선 그리기를 익힙니다.
모양을 그릴 수 있는 셰이프 툴을 알아보고 사각형 툴로 테두리를 그려본 후 셰이프
툴로 카드 뉴스 표지와 스티커를 만들어 봅니다.

벡터 방식과 벡터 툴

벡터 원리를 가져온 벡터 툴을 툴 패널에서 간단하게 알아봅니다.

LESSON

● 벡터 툴 알아보기

비트맵 방식은 점, 선, 면, 이미지를 작은 점인 픽셀(Pixel)을 찍어서 나타냅니다. 따라서 픽셀이 많으면 많을수록 이미지 용량이 커지고 처리 속도가 느려집니다. 이에 비해 벡터 방식은 점, 선, 면, 이미지 등을 표현할 때 좌표와 수식으로 표현합니다. 벡터 방식은 수식을 기억하는 방식이라 이미지를 확대, 축소, 회전해도 이미지 선명도가 떨어지지 않습니다. 또한 용량에도 큰 변화가 없어 큰 이미지를 작업할 때 유용합니다.

이러한 벡터 원리를 포토샵에 가져온 것이 바로 벡터 관련 툴입니다. 벡터 관련 툴로 작업한 오브젝트는 크기를 늘이거나 줄이거나 회전시켜도 깨지지 않습니다. 펜 툴(◢), 셰이프 툴(◲), 텍스트 툴(Ⲧ) 등이 바로 이러한 벡터 툴입니다.

펜 툴

선택 툴

텍스트 툴

셰이프 툴

패스와 펜 툴

펜 툴을 알아보고 패스 개념을 익힌 후 펜 툴을 다루고 이미지를 따거나 콘텐츠 인식 추적 툴
로 패스 만드는 방법을 알아봅니다.

LESSON

● 펜 툴 알아보기

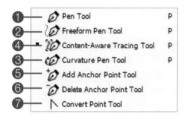

펜 툴(🖊)은 다른 툴에 비해 익숙해지는 데 시간이 걸리는 툴입
니다. 하지만 일단 익숙해지면 여러모로 쓸모 있습니다. 특히
이미지에서 오브젝트만 오려내고 싶을 때, 오려낸 오브젝트를
합성하고 싶을 때와 같이 정교한 결과물을 만들어야 할 때는
반드시 필요한 툴입니다. 그러므로 손에 익숙해질 때까지 연습
합니다. 패스에 기준점을 더할 수 있는 기준점 추가 툴(🖊), 패
스에 기준점을 뺄 수 있는 기준점 삭제 툴(🖊), 곡선 패스를 직선으로 바꿀 수 있는 기준점 변환 툴
(🖊) 등이 있습니다.

❶ 펜 툴(🖊): 클릭해서 기준점
과 패스를 만들어 원하는
형태를 그립니다.

❷ 자유 변형 펜 툴(🖊): 연필
을 사용하듯 자유롭게 드래
그한 형태로 패스가 만들어
집니다.

❸ 곡률 펜 툴(🖊): 부드러운
곡선과 직선 패스를 쉽게
그릴 수 있습니다.

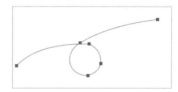

❹ 콘텐츠 인식 추적 툴(🖊): 마우스를 가져가면 형태를 인식해서 패스 선으로 만들 수 있습니다.
[Edit]-[Preferences]-[Technology Previews] 메뉴를 선택해야 사용할 수 있습니다.

❺ 기준점(Anchor Point) 추가 툴(🖊): 패스에 기준점을 추가합
니다.
기준점 추가 툴로 기준점을 추가하면 곡선형 기준점이 생깁
니다. 직선을 만들고 싶다면 기준점 변환 툴로 기준점을 클릭
해서 직선형 기준점으로 바꿔줘야 합니다.

❻ 기준점 삭제 툴(): 패스에 기준점을 삭제합니다.

❼ 기준점 변환 툴(): 곡선 패스의 기준점을 클릭하면 직선 패스로, 직선 패스의 기준점을 클릭한 상태로 드래그하면 곡선 패스로 전환됩니다.

● 패스 개념 익히기

펜 툴을 사용하려면 먼저 패스 개념을 이해해야 합니다. 패스는 펜 툴로 그은 선을 말합니다. 하지만 브러시 툴이나 연필로 그은 선은 실제로 그은 선인데 반해, 패스는 눈에는 보이지만 실제로 그어진 것이 아닌 '가상 선'을 말합니다. 패스를 이루는 요소를 살펴보면 다음과 같습니다. 우선은 이름 정도만 익혀 두기 바랍니다.

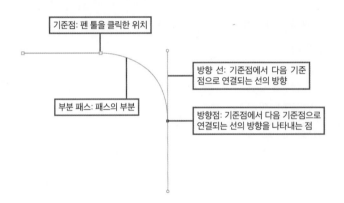

기준점: 펜 툴을 클릭한 위치

방향 선: 기준점에서 다음 기준점으로 연결되는 선의 방향

부분 패스: 패스의 부분

방향점: 기준점에서 다음 기준점으로 연결되는 선의 방향을 나타내는 점

펜 툴이나 셰이프 툴은 옵션을 잘 확인하고 사용해야 합니다.

❶ Shape: 새로운 셰이프 레이어에 그린 모양대로 셰이프가 만들어지고, 셰이프 내부는 전경색이 채워집니다.

❷ Path: 패스가 만들어집니다.

❸ Pixels: 현재 레이어에 그린 모양대로 셰이프가 만들어지고, 셰이프 내부는 전경색이 채워집니다. 패스는 만들어지지 않습니다.

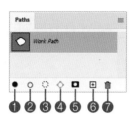

펜 툴로 패스를 만들면 [Paths] 패널에 작업한 패스(Work Path)가 기록됩니다. 해당 패스는 사라지는 것이 아니므로 두고 사용할 수 있습니다. [Paths] 패널에서 사용할 수 있는 옵션은 다음과 같습니다.

❶ **채우기**: 패스에 전경색을 채워줍니다.
❷ **외곽선 만들기**: 패스 외곽에 전경색으로 선을 만듭니다.
❸ **선택 영역으로 만들기**: 패스를 선택 영역으로 만듭니다.
❹ **패스로 만들기**: 선택 영역을 패스로 바꿔줍니다.
❺ **벡터 마스크 만들기**: [Layers] 패널에 벡터 마스크를 만듭니다.
❻ **새 패스 레이어 만들기**: 새로운 패스 레이어를 추가합니다.
❼ **휴지통**: 선택된 패스를 제거합니다.

● 펜 툴 다루기

펜 툴을 이용해서 간단한 패스를 만들어 보겠습니다. 펜 툴로 클릭한 지점이 연결되어 하나의 셰이프를 만들 수 있습니다. 곡선은 핸들을 조절해서 만들 수 있습니다.

1) 직선 만들기

펜 툴은 클릭할 때마다 직선이 만들어지고, 처음 클릭한 지점을 마우스 포인터로 클릭하면 패스가 닫히면서 도형이 만들어집니다. 삼각형을 만들어 보겠습니다.

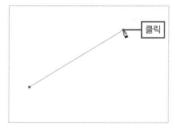

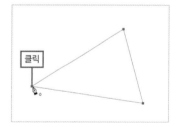

펜 툴(🖊)을 선택하고 작업 창에 마우스 포인터를 가져가면 커서가 펜 모양으로 바뀌며 이 지점을 클릭하면 점이 생깁니다.

마우스 포인터를 옆으로 이동한 후 클릭하면 직선이 그려집니다.

첫 클릭한 지점으로 마우스 포인터를 가져가면 펜 모양의 포인터 옆에 동그라미 모양이 나타나고, 이때 클릭하면 패스가 닫히면서 도형이 만들어집니다.

NOTE   수직, 수평, 대각선 패스 만들기

Shift 를 누른 상태에서 클릭하면 45도 배수 각도(수직, 수평, 대각선)로 패스가 만들어집니다.

◎ **준비 파일**: chapter6/Squidgame.jpg

01 Ctrl+O를 눌러 'Squidgame.jpg' 파일을 불러옵니다. 펜 툴(⬙)을 선택하고 옵션은 Path로 합니다. 가운데 삼각형에서 위쪽 꼭짓점을 클릭한 후 왼쪽 하단 지점을 클릭하면 패스 선이 만들어지는 것을 볼 수 있습니다.

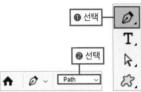

02 같은 방법으로 외곽선을 따라 순차적으로 클릭하면서 패스를 만들어 나갑니다. 외부 삼각형을 완성합니다.

03 Enter를 누르면 패스 선이 사라지게 되고 [Paths] 패널을 보면 패스가 저장된 것을 확인할 수 있습니다.

04 이제 내부 삼각형을 선택해서 빼보겠습니다. 옵션 바에서 선택을 하고 마찬가지로 내부 삼각형을 클릭해 갑니다. 마지막은 처음 시작점을 클릭해서 패스를 닫아줍니다.

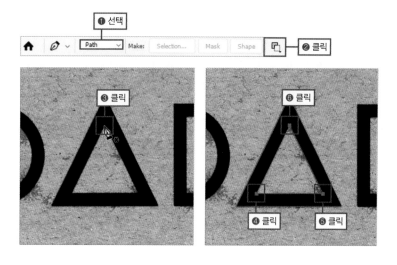

05 패스를 만든 후 [Paths] 패널을 확인해 보면 작업한 패스가 작업 패스 안에 저장된 것을 확인할 수 있습니다. 패스로 만든 영역을 선택 영역으로 활성화하려면 Ctrl + Enter 를 누릅니다.

2) 곡선 만들기

(1) 곡선 그리기 기초

펜 툴을 클릭한 후 마우스를 떼지 않고 드래그하면 곡선을 만들 수 있습니다. 방향 선은 한 점에서 양 방향으로 두 개가 생기는데 이것은 점을 기준으로 앞쪽 패스와 뒤쪽 패스의 방향을 정해준다고 보면 됩니다. 직선과 곡선의 차이는 방향 선이 있느냐 없느냐입니다.

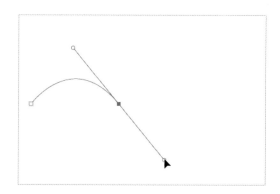

두 번째 지점을 클릭할 때 마우스에서 손을 떼지 않고 드래그하면 방향 선이 생기면서 곡선을 만들 수 있습니다.

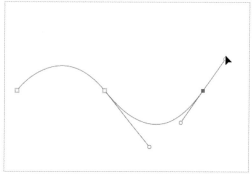

세 번째 지점에 다시 점을 찍으면 곡선이 만들어진 상태에서 연결된 패스가 만들어집니다.

(2) 곡선 그리는 방법

곡선을 그린 상태에서 다음 선분을 그리게 되면 처음 그린 방향이 계속 이어져 나오게 됩니다. 펜 툴을 사용할 때 곡선과 직선이 같이 있는 경우에는 직선을 곡선과 함께 사용해야 합니다. 이럴 때는 다음과 같이 작업합니다.

· 곡선에서 곡선을 그리는 방법 1-한쪽 방향 선 없애기

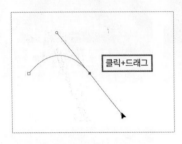 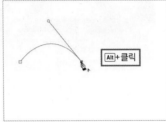 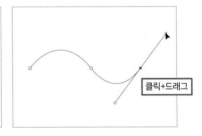

Alt를 누른 상태에서 앵커 포인트(기준점)를 클릭하면 한쪽 방향 선이 없어집니다. 한쪽 방향 선이 없어졌기 때문에 다음 지점을 클릭해도 방향 선은 영향을 받지 않아 패스를 원하는 방향으로 그릴 수 있습니다. 세 번째 점을 클릭&드래그해서 곡선을 그립니다.

· 곡선에서 곡선을 그리는 방법 2-방향 선 방향 바꾸기

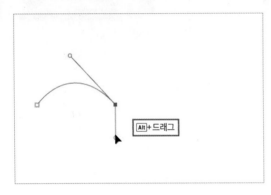 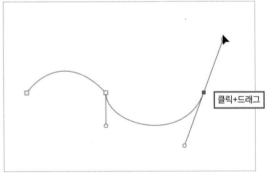

Alt를 누른 상태에서 방향 선 끝을 클릭&드래그한 후 세 번째 점을 클릭&드래그해서 곡선을 그립니다. 원하는 쪽으로 방향을 조절합니다.

NOTE 펜 툴로 곡선 그리기

펜 툴의 단축키는 P입니다. Shift+P를 누르면 안쪽에 그룹으로 묶인 툴들이 하나씩 선택됩니다.

시작점을 클릭합니다. 다음 점을 찍고 드래그해야 방향 조절점이 나옵니다. 그런 다음 조절점의 방향을 조절하고 싶다면 Alt를 누른 채 조절하면 됩니다. 처음 찍은 점으로 돌아와 마지막 점을 찍으려고 하면 동그라미 표시가 나타납니다. 조절한 점은 직접 선택 툴(↖)을 선택하고 방향점을 드래그해서 조절합니다.

패스와 점은 직접 선택 툴로 옮기거나 조절할 수 있습니다. 만들어진 패스는 일시적으로 [Paths] 패널에 저장됩니다. 패스를 여러 개 만들어야 한다면 저장하는 것이 좋습니다. 패스를 감추고 싶다면 [Paths] 패널에서 빈 영역을 클릭하면 됩니다.

◎ **준비 파일**: chapter6/Squidgame.jpg

01 12시 지점을 클릭합니다.

02 3시 지점을 클릭한 후 드래그해서 이미지의 경계선에 패스를 맞춥니다.

03 Alt 를 누른 채 3시 지점을 클릭하면 한쪽 방향 선이 없어집니다.

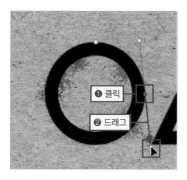

04 6시 지점을 클릭한 후 드래그해서 이미지의 경계선에 패스를 맞춥니다.

05 Alt 를 누른 채 6시 지점을 클릭하면 한쪽 방향 선이 없어집니다.

06 9시 지점을 클릭한 후 드래그해서 이미지의 경계선에 패스를 맞춥니다.

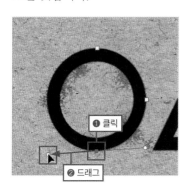

07 **Alt**를 누른 채 9시 지점을 클릭하면 한쪽 방향 선이 없어집니다.

08 마지막에는 처음 시작점을 클릭해서 패스를 닫아줘야 합니다. 시작점으로 마우스를 가져가면 커서 모양이 화살촉과 동그라미로 된 것을 볼 수 있습니다.

09 처음 시작점을 클릭&드래그해서 패스를 닫아줍니다.

10 [Paths] 패널에 작업 패스가 생성됩니다.

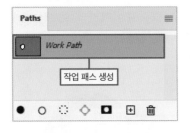

11 **Ctrl**+**Enter**를 누르면 선택 영역으로 활성화됩니다.

가운데 원을 빼고 싶다면 앞서 배운 대로 옵션 바에서 옵션을 바꾸고 선택해서 빼냅니다.

· 기능 예제 ·

콘텐츠 인식 추적 툴로 패스 만들기

◎ **준비 파일**: chapter6/Easter.jpg

01 Ctrl+O를 눌러 'Easter.jpg' 파일을
불러옵니다.

02 콘텐츠 인식 추적 툴(⟨🄻⟩)을 선택하고 옵션 바에서 Detail을 1%로 설정합니다. 마우스를 경계선
에 가져가면 외곽선이 점선으로 나타납니다. 그때 클릭하면 패스 선이 만들어집니다.

NOTE 　　　　　　　　　　　　　　　　　　　　　　　　　　　　**콘텐츠 인식 추적 툴 사용하기**

마우스를 가져가면 형태를 인식해서 패스 선으로 만들 수 있습니다. [Edit]-[Preferences]-[Technology Previews] 메뉴를 선택합니
다. 대화상자에서 Enable Content-Aware Tracing Tool을 체크 표시하고 [OK]를 클릭합니다. 포토샵을 닫고 다시 실행해야 콘텐츠
인식 추적 툴(⟨🄻⟩)을 사용할 수 있습니다.

---

03 다음 지점을 클릭해서 경계를 따라 패스 선을 더 만듭니다. 색차가 크지 않은 부분은 디테일 수치를 높여 선택합니다. 오른쪽 하단을 선택하기 전에 Detail을 74%로 조절하고 클릭합니다.

04 Detail을 다시 15%로 조절하고 나머지 부분을 마저 선택해서 패스로 만듭니다.

05 Ctrl+Enter를 눌러 선택 영역으로 활성화할 수 있고, [Paths] 패널에서 선택 영역을 패스로 만들기 아이콘을 클릭해서 저장할 수 있습니다.

3) 패스 선택 툴 알아보기

만들어진 패스를 조절할 때는 패스 선택 툴()과 직접 선택 툴 ()을 사용합니다. 전체를 선택할 때는 패스 선택 툴, 부분을 선택할 때는 직접 선택 툴을 사용합니다.

패스 선택 툴()은 전체 패스의 선과 면을 선택합니다.

직접 선택 툴()은 개별 기준점이나 패스 선택 시 한 개의 기준점을 선택해서 위치를 옮길 때 주로 사용하고, 방향 선을 조절해서 곡선의 각도를 조절합니다.

펜 툴로 작업하다가 형태를 수정해야 할 때가 있습니다. Ctrl 을 누르면 패스 선택 툴로 전환되어 패스를 원하는 곳으로 옮길 수 있고, Alt 를 누르면 직접 선택 툴로 전환되어 패스를 편집할 수 있습니다.

모양을 그리는 셰이프 툴

셰이프 툴과 커스텀 셰이프 툴을 알아본 후 사각형 툴로 안쪽 테두리를 만들거나 셰이프 툴로 카드 뉴스 표지 등을 만드는 방법을 알아봅니다.

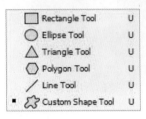

벡터 형식의 도형을 만들 때 셰이프 툴을 사용합니다. 셰이프 모양에 따라서 사각형 툴(▢), 타원 툴(◯), 삼각형 툴(△), 다각형 툴(⬠), 라인(선) 툴(╱)을 선택해서 사용합니다. 좀 더 다양한 모양으로 셰이프를 만들려면 커스텀 셰이프 툴(✿)을 사용합니다. 물론, 펜 툴을 이용해서 원하는 모양을 직접 만들 수도 있습니다.

● 셰이프 툴

셰이프 툴로는 사각형, 타원, 선, 다각형 등 다양한 오브젝트를 만들 수 있으며, 직접 만든 오브젝트를 패스로 만들어 사용자 셰이프에 등록해서 사용할 수도 있습니다.

셰이프(모양)/패스/픽셀 모드

셰이프(Shape) - 레이어 O, 패스 O: 새로운 패스와 레이어를 만들고 패스 내부는 전경색이 채워집니다. 색은 언제든지 레이어의 섬네일을 클릭해서 바꿀 수 있습니다.

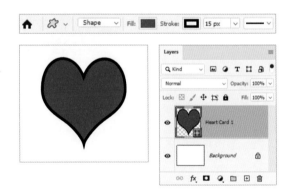

패스(Path) - 레이어 X, 패스 O: 패스만 만들어 줄 뿐, 색을 채우지도 않고 레이어를 만들지도 않습니다. 패스는 [Paths] 패널에서 [패스를 선택 영역으로 불러오기]를 클릭하거나 Ctrl + Enter 를 눌러 선택 영역으로 활성화할 수 있습니다.

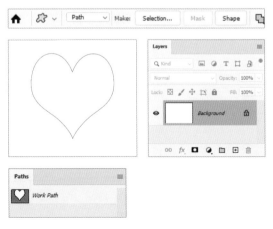

픽셀(Pixels) - 레이어 X, 패스 X: 패스와 레이어를 만들지 않고 전경색을 채웁니다. 셰이프 레이어처럼 적용된 색을 바꿀 수는 없습니다.

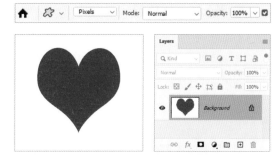

TIP 셰이프 레이어를 일반 레이어로 만들고 싶으면 메뉴의 해당 레이어에서 마우스 오른쪽 버튼을 클릭해서 나오는 [Rasterize Layer]를 선택하면 됩니다.

셰이프 툴의 옵션 바

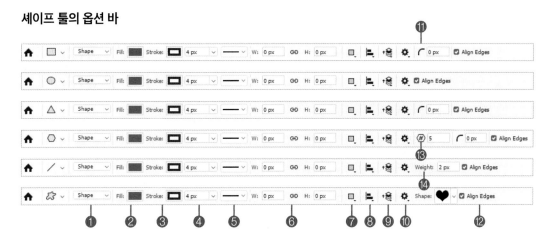

❶ **선택 툴 모드**: Shape, Path, Pixels를 선택합니다.

❷ **Fill**: 모양에 칠할 방식(채우지 않기, 색, 그레이디언트, 패턴)을 선택합니다.

❸ **Stroke**: 외곽선에 칠할 방식(채우지 않기, 색, 그레이디언트, 패턴)을 선택합니다.

❹ **Stroke Width**: 테두리 선의 두께를 설정합니다.

❺ **Shape Stroke Type**: 테두리 선의 형태를 설정합니다.

❻ **W/H**: 가로, 세로 길이를 정합니다.

❼ **Path Operation**: 패스 영역을 더하거나 빼는 등의 설정 옵션입니다.

❽ **Path Alignment**: 위치를 정렬합니다.

❾ **Path Arrangement**: 순서를 정합니다.

❿ **Path Options**: 추가 모양 및 패스 옵션을 설정합니다.

⓫ 둥근 사각형 모서리의 둥근 정도를 설정합니다.

⓬ **Align Edges**: 가장자리 맞춤 기능입니다.

⓭ 면의 개수를 설정합니다.

⓮ 선의 두께를 설정합니다.

● 커스텀 셰이프 툴

커스텀 셰이프 툴(⬡)은 미리 정의되어 있는 다양한 형태들을 사용해서 쉽게 그림을 그릴 수 있도록 해주는 편리한 툴입니다. 브러시나 패턴은 쉽게 구해 쓸 수 있지만 크기를 축소, 확대할 경우 깨지기도 합니다. 하지만 커스텀 셰이프 툴은 벡터 기반의 이미지이기 때문에 크기를 조절해도 깨지지 않아서 훨씬 폭넓게 쓸 수 있습니다.

커스텀 셰이프 피커 대화상자

툴 패널에서 커스텀 셰이프 툴(⬡)을 선택하고 옵션 바의 목록 단추를 클릭하면 [커스텀 셰이프 피커] 대화상자가 나타납니다. 여기에는 포토샵에서 기본으로 제공하는 다양한 모양들이 들어 있어 원하는 모양을 선택해서 자유롭게 사용할 수 있습니다. 또한 직접 패스로 그린 것을 등록할 수도 있습니다. [커스텀 셰이프 피커] 대화상자의 오른쪽 상단에 있는 설정 버튼을 클릭하면 다운받은 셰이프들도 불러와서 쓸 수 있습니다.

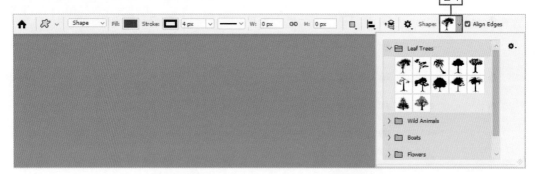

커스텀 셰이프 툴(⬡) 선택 시 옵션 바에서 셰이프를 선택해도 되지만 [Shapes] 패널이 따로 있습니다. 다른 패널들과 마찬가지로 열려 있지 않다면 [Window]-[Shapes] 메뉴를 선택하면 됩니다. [Shapes] 패널에서 셰이프를 선택해서 사용합니다. [Shapes] 패널 목록에 이전 버전에 있던 셰이프가 없다면 [Shapes] 패널 오른쪽 상단의 목록 아이콘을 클릭해서 나오는 메뉴에서 [Legacy Shapes and More]를 선택해 추가할 수 있습니다.

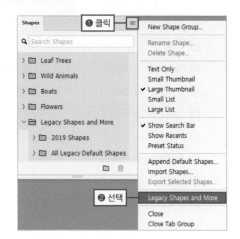

◎ **준비 파일**: chapter6/Sandwiches.jpg

01　Ctrl + O 를 눌러 'Sandwiches.jpg' 파일을 불러옵니다.

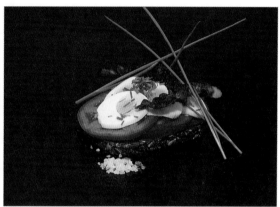

02　이미지 왼쪽 하단의 크기를 보면 1200*850px입니다. 100씩 작은 프레임을 만들어 보겠습니다. 사각형 툴(□)을 선택하고 옵션 바에서 Stroke는 흰색, 16px을 설정하고 이미지 위를 클릭해서 팝업 창을 엽니다. 팝업 창에 크기를 1100*750px로 입력하고 [OK]를 클릭합니다.

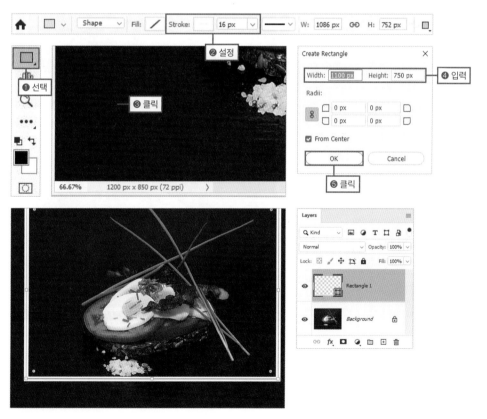

03 정렬을 위해 Shift 를 누른 채 [Background] 레이어를 클릭하고 이동 툴(✛)을 선택한 후 옵션 바에서 수직 중앙 정렬, 수평 중앙 정렬을 클릭하여 가운데에 놓이도록 합니다.

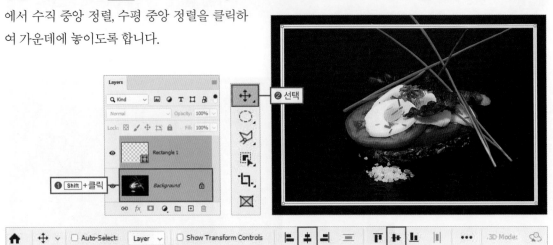

04 둥근 사각형의 프레임을 원한다면 [Rectangle 1] 레이어를 클릭하고 사각형 툴(▢)을 선택합니다. 모서리의 위젯을 드래그하면 라운드로 만들 수 있습니다.

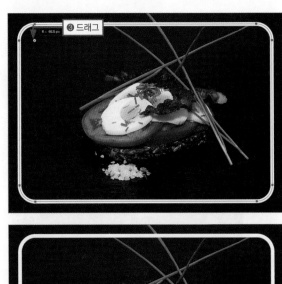

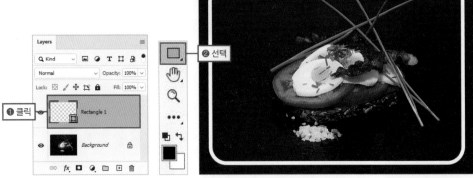

◎ **준비 파일**: chapter6/Vegetables.jpg

01 Ctrl + O 를 눌러 'Vegetables.jpg' 파일을 불러옵니다.

02　다각형 툴(◎)을 선택하고 옵션 바에서 Side를 6으로 한 후 Shift 를 누른 채 드래그해서 정육각형을 그립니다.

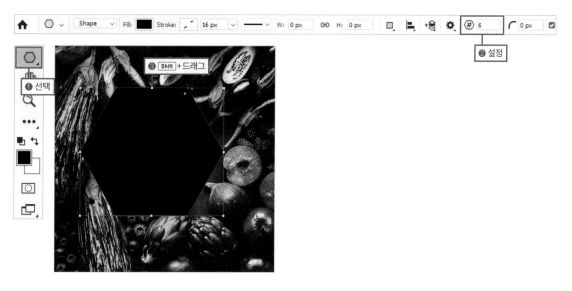

03 가운데 정렬을 해보겠습니다. [Shift]를 누른 채 [Background] 레이어를 클릭하고 이동 툴(⊕)을 선택합니다. 옵션 바에서 수직 중앙 정렬, 수평 중앙 정렬을 클릭해서 가운데에 놓이도록 합니다.

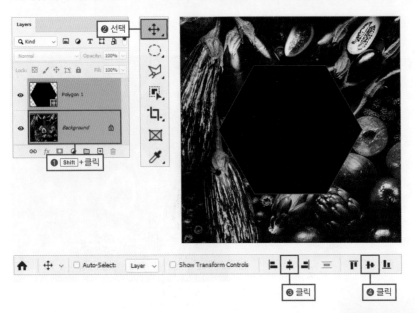

04 색을 바꿔보겠습니다. [Layers] 패널에서 [Polygon 1] 레이어의 섬네일을 더블 클릭하면 [Color Picker] 대화 상자가 뜹니다. 스포이트 툴(/)을 선택하고 이미지에서 원하는 지점의 색을 클릭하고 [OK]를 클릭합니다.

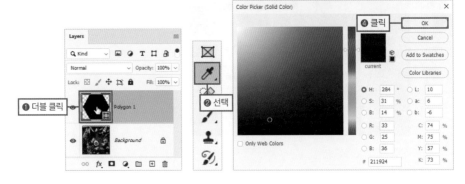

05 패스가 살아 있는 상태에서 텍스트 툴([T])로 입력하면 내부 문자가 됩니다. [Enter]를 클릭해서 패스 선을 비활성화합니다. 전경색은 흰색으로 설정하고 텍스트 툴([T])을 선택합니다. 이미지 위를 클릭해서 내용을 입력합니다.

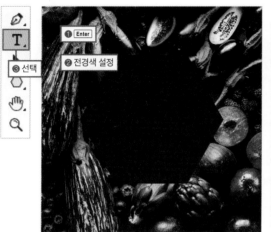

06 앞에서 사용한 정렬 방법을 3개의 레이어에 모두 다시 한 번 적용해서 중앙에 정렬합니다.

스티커 만들기

포토샵에는 미리 등록된 형태들을 이용해서 쉽게 그림을 그릴 수 있도록 도와주는 커스텀 셰이프 툴이 있습니다. 벡터 기반의 이미지이기 때문에 크기를 조절해도 이미지 손상이 생기지 않는 장점이 있습니다. 등록되어 있는 것들뿐만 아니라 직접 펜 툴로 만든 것을 등록해서 사용할 수도 있고, 인터넷에서 다운받은 무료 셰이프도 불러와서 사용할 수 있습니다. 이번에는 커스텀 셰이프 툴을 활용해서 스티커를 만들어 보겠습니다.

◎ **완성 파일**: chapter6/Sticker.psd

01 Ctrl + N 을 누르고 [New Document] 대화상자가 열리면 가로, 세로 9cm, 300Pixels/Inch의 새 창을 만듭니다. 전경색을 '#f0f0f0'의 옅은 회색을 선택한 후 Alt + Delete 해서 배경을 채웁니다.

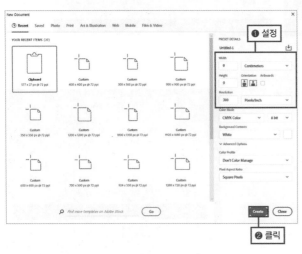

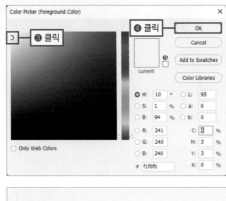

02 커스텀 셰이프 툴(☒)을 선택하고 상단 옵션 바에서 'Shape'를 선택한 후 Fill의 색상 칩을 클릭해서 색(#293a56)을 선택합니다. 모양 옆의 목록 단추를 클릭하고 설정 아이콘을 클릭하면 나오는 팝업 메뉴에서 'Legacy Shapes and More'를 선택해서 이전 버전에 있던 모양들을 추가합니다. 목록을 펼쳐서 'set'을 선택하고 중앙에 드래그합니다.

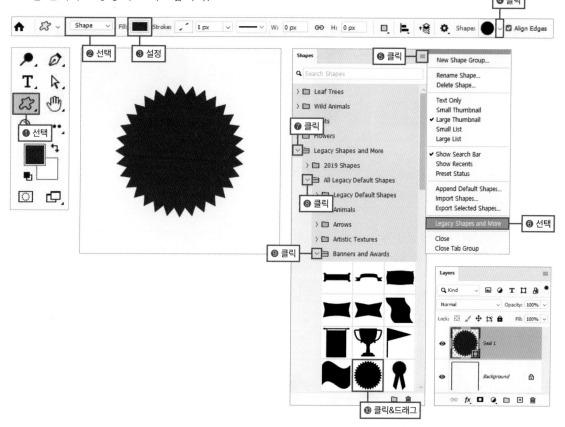

03 [Layers] 패널에서 Ctrl+J 를 눌러 [Seal 1] 레이어를 복제한 후 작업 창에서 Ctrl+T 를 누르고 Shift 를 누른 채 복제된 이미지를 15도 회전시킨 다음 Enter 를 누릅니다.

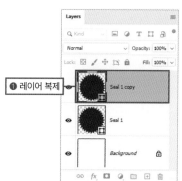

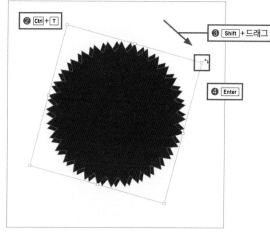

04 Ctrl+J를 한 번 더 눌러 [Seal 1 copy] 레이어를 복제합니다. 작업 창에서 Ctrl+T를 누르고 Shift를 누른 채 복제된 이미지를 회전하고 Enter를 누릅니다.

05 툴 패널에서 타원 툴(◯)을 선택한 후 Alt를 누른 채 가운데서부터 드래그해서 원을 그립니다. 옵션 바에서 Stroke를 흰색, 14px로 설정합니다.

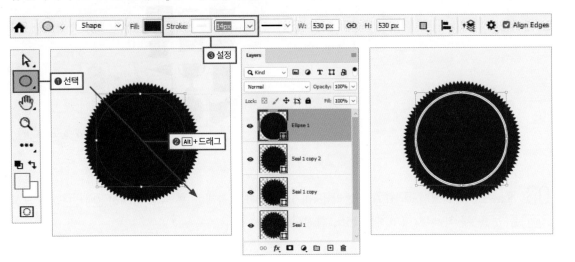

06 [Ellipse 1] 레이어를 Ctrl+J를 눌러 복제한 후 작업 창에서 Ctrl+T를 누르고 Alt를 누른 채 드래그해서 크기를 줄입니다. 복제한 [Ellipse 1 copy] 레이어 섬네일을 클릭해서 색을 '#30a7db'로 바꿉니다. 옵션 바에서 Stroke를 '없음'으로 변경합니다.

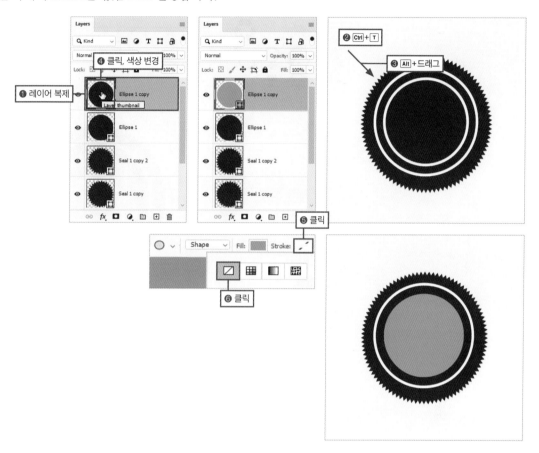

07 필요하다면 레이어 전체를 선택하고 이동 툴(✛)을 선택한 후 정렬을 맞춰줍니다.

08 흰색으로 자전거를 그려
넣고 글씨를 입력해서 마무리합
니다.

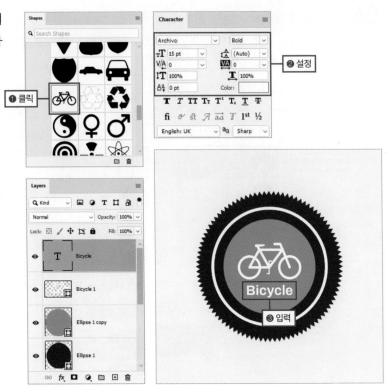

타이포그래피의 시작, 텍스트 툴

텍스트 툴의 옵션 바 기능을 알아본 후 문장의 일부 행간을 조절하고 양끝이 맞게 문자 쓰기를 해봅니다.

LESSON

● 텍스트 툴

문자를 가로로 입력할 때는 가장 기본적인 가로 텍스트 툴(T), 세로로 입력할 때는 세로 텍스트 툴(IT)을 사용합니다. 입력한 문자의 선택 영역만 사용하고자 할 때는 텍스트 마스크 툴을 이용합니다. 가로 문자 영역을 선택 영역으로 만들려면 가로 텍스트 마스크 툴(T), 세로 문자 영역을 선택 영역으로 만들려면 세로 텍스트 마스크 툴(IT)을 사용합니다.

가로 텍스트 툴

세로 텍스트 툴

세로 텍스트 마스크 툴

가로 텍스트 마스크 툴

텍스트 툴의 옵션 바

❶ **폰트:** 글꼴의 종류를 선택합니다.

❷ **폰트 스타일:** 기울기, 굵기 등을 설정합니다.

Regular

Italic

Bold

Bold Italic

❸ **폰트 크기:** 글꼴 크기를 설정합니다.

❹ **안티 에일리어스:** 앞에서 안티 에일리어스 기능은 곡선을 매끄럽게 처리해 주는 기능이라고 배웠습니다. 문자에도 곡선 부분이 있기 때문에 안티 에일리어스 기능이 필요합니다. 'None'은 안티 에일리어스 기능이 적용되지 않은 문자입니다. 'Sharp', 'Crisp', 'Strong', 'Smooth'는 안티 에일리어스가 적용된 옵션입니다. 일반적으로는 이 4개 중에 하나는 선택해서 사용합니다. 사실 자세히 보지 않으면 각각의 상태를 구별하지 못할 수도 있지만 옵션을 바꿔가며 해당 작업에 가장 적합한 옵션을 선택해서 쓰면 됩니다.

None: 글자 테두리를 거칠게 처리해 줍니다.

Sharp: 글자 테두리가 선명해집니다.

Crisp: 가장 흔히 사용되며 부드럽게 처리해 줍니다.

Strong: 굵고 선명해집니다.

Smooth: 경계면을 좀 더 부드럽게 처리해 줍니다.

❺ **문단 정렬:** 문단을 왼쪽 정렬, 가운데 정렬, 오른쪽 정렬로 설정할 수 있습니다.

❻ **문자 컬러:** 글꼴 색을 설정합니다.

❼ **뒤틀어진 문자:** 문자 모양을 왜곡시켜 변형합니다. 일부를 살펴보면 다음과 같습니다.

원본   Arc   Arc Lower   Arc Upper

Arch   Bulge   Shell Lower   Shell Upper

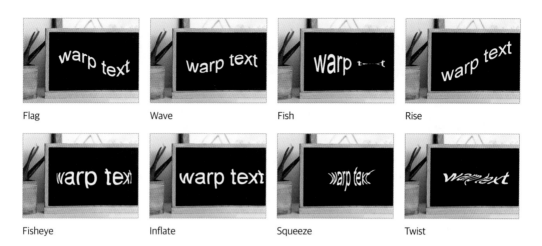

Flag

Wave

Fish

Rise

Fisheye

Inflate

Squeeze

Twist

❽ Character(문자) 패널과 Paragraph(단락) 패널 열기

1) Character 패널

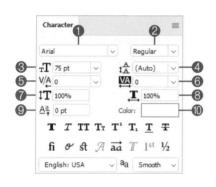

❶ **폰트:** 글꼴을 선택할 수 있습니다.

❷ **스타일 설정:** 이탤릭체 등 폰트 스타일을 지정합니다.

❸ **폰트 크기:** 글꼴 크기를 조절합니다.

❹ **행간 설정:** 행과 행 사이의 간격을 조절합니다.

❺ **두 문자 간 커닝 설정:** 마우스 커서가 있는 위치에서 좌우 문자 간격을 조절합니다.

❻ **선택 문자의 자간 설정:** 문자를 드래그해서 블록으로 잡은 부분의 문자 간격을 조절합니다.

❼ **세로 비율:** 문자의 세로 길이를 조절합니다.

❽ **가로 비율:** 문자의 폭을 조절합니다.

❾ **기준선 이동 설정:** 선택한 문자의 기본 높이를 정합니다.

❿ **문자 색상 설정:** 문자의 색상을 선택합니다.

2) Paragraph 패널

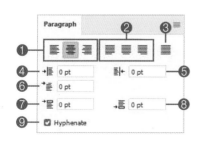

❶ **Align Text**: 문단을 왼쪽, 가운데, 오른쪽으로 정렬합니다.

❷ **Justify**: 단락 끝 부분에 만들어지는 여백을 왼쪽, 가운데, 오른쪽으로 정렬합니다.

❸ **Justify all**: 양쪽 정렬입니다.

❹ 문장의 왼쪽 여백을 설정합니다.

❺ 문장의 오른쪽 여백을 설정합니다.

❻ 단락의 첫 번째 줄에서 들여쓰기 간격을 조절합니다.

❼ 위쪽 여백을 설정합니다.

❽ 아래쪽 여백을 설정합니다.

❾ **하이픈 넣기**: 영어 단어가 자동 줄바꿈으로 두 줄로 되었을 경우 하이픈 표시를 통해 한 단어로 표시합니다.

● Type 메뉴

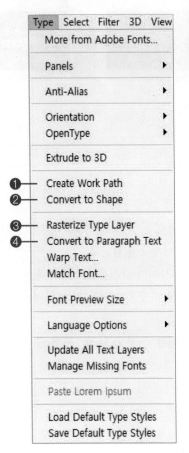

❶ **Create Work Path**: 문자를 패스로 바꿔줍니다.

❷ **Convert to Shape**: 문자를 세이프로 바꿔줍니다.

❸ **Rasterize Type Layer**: 문자 레이어를 일반 레이어로 바꿔줍니다.

❹ **Convert to Paragraph Text**: 문자를 입력하는 방법은 두 가지가 있습니다. 원하는 곳을 클릭하고 바로 문자를 입력하는 방법과 클릭&드래그해서 문자 영역을 지정하는 박스를 만든 후 그 안에 입력하는 방법입니다. 지정된 영역에 쓰기 때문에 박스를 조절해서 문자들을 정렬할 수 있습니다. 클릭해서 쓴 일반 문자를 문단 문자로 바꿔주는 기능입니다.

◎ **준비 파일**: chapter6/Coffee.jpg

01 Ctrl + O 를 눌러 'Coffee.jpg' 파일을 불러옵
니다. 전경색은 '#2c211d'를 선택한 후 텍스트 툴
(T)을 선택하고 클릭&드래그해서 문자 상자를
만들고 내용을 입력합니다.

02 행간을 넓히고 싶은 부분을 블록으로 지정하고, Alt + ↓ 를 눌러 행간을 넓혀줍니다.

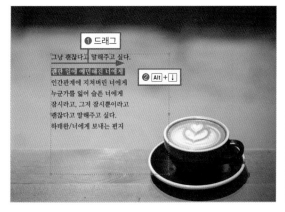

행간 또는 Character 패널에서 행간 조절하기

행간을 조절하고 싶은 부분을 블록으로 지정하고 [Character] 패널에서 행간 등을 설정합니다.

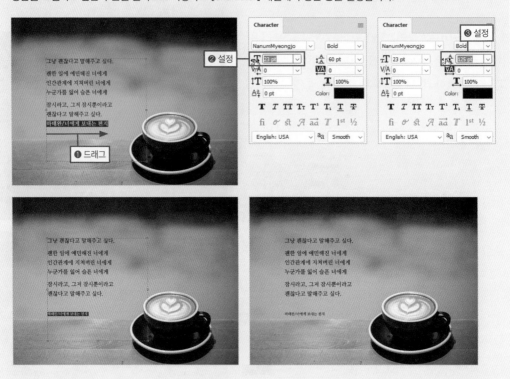

2

·기능 예제·

양끝이 맞게 문자 쓰기

◎ **준비 파일**: chapter6/Coffee2.jpg

01 `Ctrl`+`O`를 눌러 'Coffee2.jpg' 파일을 불러옵니다.

02 전경색은 흰색으로 설정하고 텍스트 툴(**T**)을 선택합니다. 이미지 위에서 클릭&드래그해서 텍스트 상자를 만듭니다. 띄어쓰기 없이 문자를 입력합니다.

03 [Paragraph] 패널이 열려 있지 않으면 [Window]-[Paragraph] 메뉴를 선택합니다. 입력한 글자 전체를 드래그하고 [Paragraph] 패널에서 'Justify all'을 클릭합니다.

04 [Character] 패널에서 행간을 조절해서 마무리합니다.

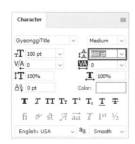   

◎ **준비 파일**: chapter6/Umbrella.jpg

01　Ctrl + O 를 눌러 'Umbrella.jpg' 파일을 불러옵니다. 개체 선택 툴(📷)을 선택한 후 노란 우산 부분을 클릭합니다.

02　[Paths] 패널을 열고 패스 만들기 아이콘(◇)을 클릭해서 선택 영역을 패스로 만듭니다. 만들어진 패스를 Ctrl + T 를 눌러 조절점이 나오게 한 후 Alt 를 누른 채 드래그해서 크기를 키웁니다.

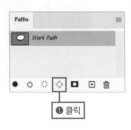

03 텍스트 툴(T)을 선택하고 패스 위에 마우스를 놓으면 커서 모양에 물결 모양이 나타납니다. 이때 클릭하면 더미 문자가 입력됩니다. 패스를 따라 문자가 다 채워지지 않았다면 [Type]-[Paste Lorem Ipsum] 메뉴를 선택해서 다 채웁니다.

Paste Lorem Ipsum - 임의로 문자 채우기

로렘 입숨은 디자인 시안 작업 시 문자들이 정확히 정해지지 않았을 경우 임의로 문자들을 넣을 때 사용하는 채우기 문자입니다. 원하는 영역에 텍스트 툴(T)을 선택한 후 드래그해서 박스를 만들고 'Paste Lorem Ipsum'을 실행하면 임의의 문자들로 채워집니다.

04 Ctrl + Enter 를 눌러 마무리합니다. 물
론, 원하는 문자 내용을 입력해도 됩니다.

특정 형태로 글자 쓰기

◎ **준비 파일**: chapter6/Frame.jpg

01 Ctrl + O 를 눌러 'Frame.jpg' 파일을 불러옵니다. 빠른 선택 툴(🖌)을 선택하고 이미지를 클릭해서
선택 영역으로 만듭니다. 영역을 더하거나 빼거나 하여 선택 영역을 다듬습니다.

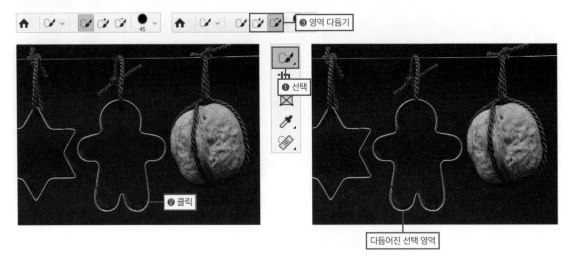

02 [Paths] 패널을 열고 패스 만들기 아이콘을 클릭해서 선택 영역을 패스로 만듭니다.

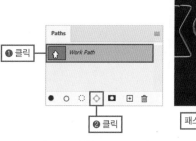

❶ 클릭

❷ 클릭

패스로 만든 선택 영역

03 만들어진 패스를 Ctrl+T를 눌러 조절점이 나오게 한 후 Alt를 누른 채 드래그해서 크기를 줄입니다.

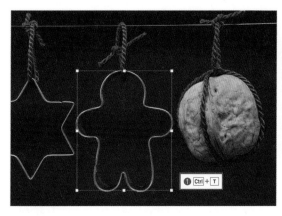

❶ Ctrl+T

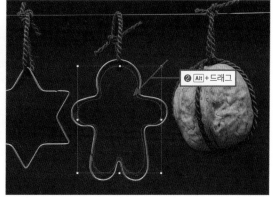

❷ Alt+드래그

04 텍스트 툴(T)을 선택하고 패스 위에 커서 테두리 모양이 동그랗게 나오면 클릭해서 내용을 입력합니다.

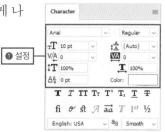

❶ 설정

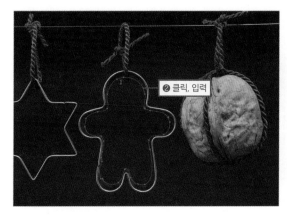

❷ 클릭, 입력

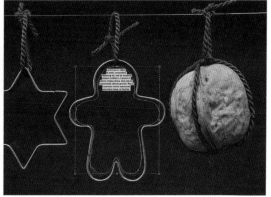

05 [Type]-[Paste Lorem Ipsum] 메뉴를 선택하면 자동으로 임의의 문자가 뿌려집니다. 부족하면 한 번 더 선택해서 다 채웁니다.

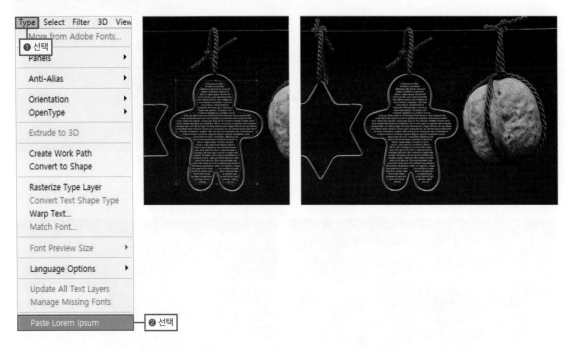

5 · 기능 예제 ·   벡터 속성의 문자를 이미지화하기

벡터 방식의 문자 레이어는 일반 레이어와 달리, 필터 효과와 페인트통 툴 등의 일부를 적용할 수 없습니다. 따라서 이러한 명령을 적용하거나 툴을 사용하려면 이미지 변형에 제약이 있기 때문에 래스터화해야 합니다. 래스터화한다는 것은 벡터 그래픽을 그에 대응하는 픽셀 이미지로 바꿔주는 것을 말합니다. 문자를 래스터화하면 문자 레이어가 일반 레이어로 변환되어 레이어 내용에 여러 가지 변형을 적용할 수 있지만 문자로는 편집할 수 없습니다.

◎ **완성 파일**: chapter6/Eiffeltower.jpg

01 Ctrl+O를 눌러 'Eiffeltower.jpg' 파일을 불러옵니다.

02 텍스트 툴(T)을 선택하고 'PARIS'라고 입력합니다.

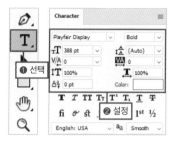

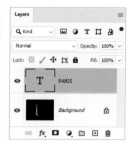

03 문자 A를 없앨 경우 지우개 툴(⬛)로 지워도 지울 수가 없습니다. 레이어 패널의 문자 레이어 위에서 마우스 오른쪽 버튼을 클릭하면 나오는 팝업 메뉴에서 [Rasterize Type]을 선택합니다. 래스터화한 결과 문자 레이어가 일반 레이어로 바뀝니다. 이제 지우개 툴(⬛)로 지우면 지워집니다. 래스터화된 레이어는 문자 편집을 할 수 없습니다.

04 지우개 툴(⬛)을 선택하고 A 부분을 드래그해서 지워 마무리합니다.

무료 폰트 사이트

어떤 폰트를 쓸지 결정하는 것은 이미지 선택 못지않게 중요합니다. 단순히 글자를 표현하는 것이 아니라 시각적인 효과를 더해 커뮤니케이션의 창조적 수단으로서의 역할을 해야 하기 때문입니다. 가장 많이 이용되는 다폰트(dafont) 사이트 외에도 다른 폰트 사이트들을 소개하니 살펴보기 바랍니다.

폰트 제공 사이트

dafont의 상단 카테고리에서 원하는 폰트 타입을 선택하고 검색 옵션에서 100% 프리를 체크한 후 [Submit] 버튼을 클릭하면 무료로 제공하는 폰트들만 나타납니다.

dafont(http://www.dafont.com)

My Fonts(http://www.myfonts.com)

1001 Free Fonts
(http://www.1001freefonts.com)

Abstract Fonts
(http://www.abstractfonts.com)

fontsycom(http://www.fontsy.com)

한글 무료 폰트

네이버에서 한글 무료 폰트로 검색하면 네이버 자료실이 나옵니다. 비상업적으로 사용하는 경우 무료로 다운로드해서 사용할 수 있습니다. 무료 폰트를 사용할 경우 폰트마다 상업적 용도에 대한 사용 범위가 다를 수 있으므로 확인하고 사용합니다.

눈누(https://noonnu.cc/)

네이버 글꼴(https://hangeul.naver.com/2017/nanum)

완성형과 조합형으로 이뤄진 명조, 고딕 폰트를 무료로 배포하고 있습니다. 네이버의 배너나 서비스 페이지를 보면 이 폰트가 적용된 것들을 볼 수 있습니다. 제목용으로도 본문용으로도 사용하기 적당합니다.

합성

합성은 둘 이상의 것을 합쳐 하나로 만드는 것을 말합니다. 디자인 작업은 이미지 자체를 리터칭하고 꾸미는 작업도 있지만 이미지에 또 다른 이미지를 합성하고 텍스트를 더하는 다양한 작업이므로 합성을 제대로 이해하고 있어야 합니다. 합성을 이해하기 위해 레이어에 대해 좀 더 자세히 살펴보겠습니다.

포토샵의 핵심, 레이어

PHOTOSHOP
01
LESSON

Layers 패널의 구성 요소를 알아보고 레이어 추가, 삭제, 복사, 이름 변경 및 순서 바꾸기 등을 알아본 후 레이어의 종류와 레이어 블렌드 모드를 배웁니다.

앞의 '기본기 다루기'에서 레이어에 대한 기초를 학습했습니다. 레이어를 자유자재로 다루기 위해 본격적으로 하나씩 살펴보도록 하겠습니다.

● Layers 패널의 구성 요소

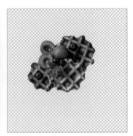

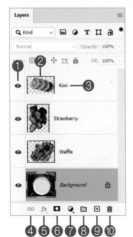

❶ **레이어 보이기 표시:** 눈 표시를 켜고 꺼서 해당 레이어가 보이거나 보이지 않게 합니다.

❷ **섬네일:** 레이어에 있는 오브젝트를 작게 보여줍니다.

❸ **레이어 이름:** 더블 클릭해서 레이어의 이름을 변경할 수 있습니다.

❹ **링크 레이어:** 두 개 이상의 레이어를 연결시켜 줍니다.

❺ **레이어 스타일:** 레이어 효과를 적용합니다.

❻ **레이어 마스크:** 레이어 마스크를 추가합니다.

❼ **조정 레이어 만들기:** 조정 레이어를 추가합니다.

❽ **새 그룹 만들기:** 새 레이어 그룹을 만듭니다.

❾ **새 레이어 만들기:** 새 레이어를 추가합니다.

❿ **휴지통:** 레이어를 삭제합니다.

● 레이어 추가, 삭제, 복사, 이름 변경 및 순서 바꾸기

1) 레이어 추가

작업을 추가하기 위해 새 레이어를 추가하고 싶다면 새로 만들기 아이콘(⊞)을 클릭하면 됩니다. 현재 선택한 레이어 위에 새로운 레이어가 추가됩니다.

2) 레이어 삭제

삭제하고 싶은 레이어가 있다면 휴지통으로 드래그하거나 Delete 를 누릅니다.

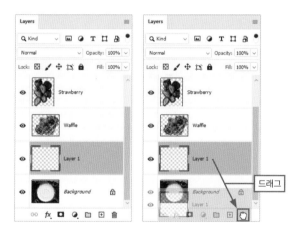

3) 레이어 복사

복사할 레이어를 새로 만들기 아이콘으로 드래그하거나 Ctrl + J 를 누릅니다. 겹쳐 있으므로 이동
툴로 옮겨 놓았습니다.

4) 레이어 이름 변경하기

레이어의 이름 영역을 더블 클릭하면 이름을 바꿀 수 있습니다.

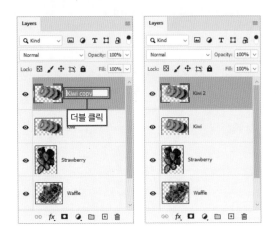

5) 레이어 순서 바꾸기

레이어를 클릭한 채 드래그해서 원하는 곳에 놓습니다.

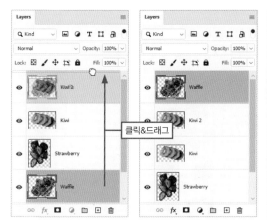 

● 레이어 중복 선택, 연결, 합치기

1) Ctrl 로 레이어 중복 선택

선택하고자 하는 레이어만 클릭합니다.

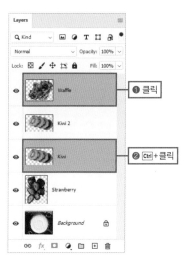

2) Shift 로 레이어 중복 선택

최상위 레이어와 최하위 레이어를 클릭하면 그 사이에 있는 레이어가 모두 선택됩니다.

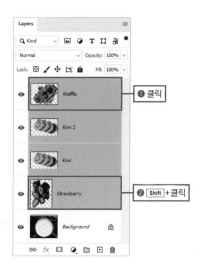

3) 레이어 링크 걸기

중복 선택한 후 링크 아이콘을 클릭하면 링크가 걸립니다. 다시 클릭하면 풀립니다. 이동 툴로 움직이면 같이 이동됩니다.

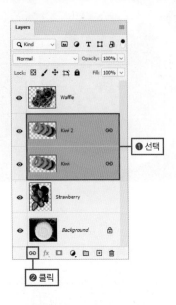

4) 레이어 합치기

레이어를 중복 선택한 후 Ctrl + E 를 누르면 위의 레이어로 레이어가 합쳐집니다.

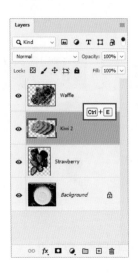

● 레이어 그룹으로 묶기

그룹으로 묶을 레이어들을 선택하고 Ctrl + G 를 누르면 레이어를 그룹으로 만들 수 있습니다. 앞의 화살표(›)를 클릭하면 그룹을 펼쳐서 안에 있는 레이어들을 확인할 수 있습니다. 하단의 그룹 추가하기 아이콘을 클릭해서 그룹을 만든 후 레이어들을 안으로 드래그해도 됩니다.

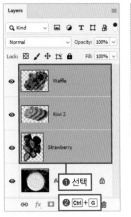
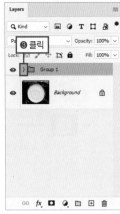
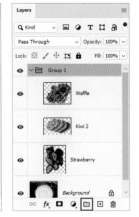

● 배경 레이어를 일반 레이어로 바꾸기

[Background] 레이어에 효과를 적용하려면 일반 레이어로 바꿔야 하는데 [Background] 레이어의 자물쇠 아이콘을 클릭하면 바로 일반 레이어로 바뀝니다.

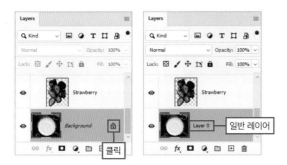

● Layers 패널 살펴보기

[Layers] 패널은 레이어를 편리하게 다룰 수 있는 다양한 기능을 제공합니다. [Layers] 패널에 있는 기능에 대해 자세히 살펴보겠습니다.

❶ **Blend Mode:** 작업 중인 레이어와 아래 레이어를 합성하는 방법입니다.

❷ **Opacity:** 레이어의 불투명도를 조절합니다. [Background] 레이어를 제외한 모든 레이어에 적용할 수 있습니다. 수치가 낮아질수록 투명해지면서 아래 레이어가 비칩니다.

❸ **Lock:** 선택한 레이어를 잠급니다.

- **투명 영역 잠그기:** 레이어의 투명 영역에는 채색이 되지 않습니다.
- **이미지 픽셀 잠그기:** 칠하기에 관련된 작업이 되지 않습니다.
- **아트보드와 프레임 내부 및 외부에 자동 중첩 방지**
- **위치 잠그기:** 이동과 변형 작업이 되지 않습니다.
- **모두 잠그기:** 아무런 작업을 하지 못하도록 합니다.

❹ **Fill:** Opacity와 달리, Fill은 레이어 스타일은 그대로 적용하고 이미지의 Opacity만 조절합니다.

문자에 레이어 스타일이 적용된 작업 파일입니다.

Opacity가 0일 때 문자, 효과 모두 안보입니다.

Fill이 0일 때 문자는 안보이고, 효과만 보입니다.

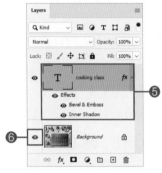

❺ **Indicates Layer Effects:** 레이어 스타일 효과를 적용하면 생깁니다. 레이어 오른쪽 *fx* 옆에 붙은 삼각형을 클릭하면 적용된 레이어 스타일 목록을 볼 수 있습니다. 해당 스타일을 더블 클릭하면 상세 내역을 볼 수 있고 편집도 할 수 있습니다.

❻ **눈 아이콘:** 레이어를 보이게 하거나 감춥니다.

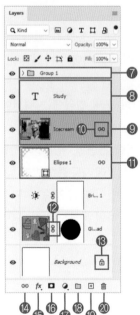

❼ **레이어 그룹:** 관련 있는 레이어들을 그룹으로 묶어 정리합니다.

❽ **문자 레이어:** 문자가 담긴 레이어입니다.

❾ **현재 레이어:** 현재 작업 중인 레이어입니다.

❿ **연결 아이콘:** 현재 선택된 레이어와 같이 연결된 레이어를 표시합니다. 링크된 레이어는 이미지의 크기를 조절하거나 이동할 때도 같이 적용됩니다.

⓫ **조정 레이어:** 이미지의 색상, 명도, 채도 등을 수정할 수 있는 보정 레이어를 만듭니다.

⓬ **레이어 마스크 아이콘:** 레이어에 마스크가 적용됩니다.

⓭ **자물쇠 아이콘:** 자물쇠 표시가 있는 레이어는 편집할 수 없습니다.

⓮ **링크 레이어:** 선택된 레이어들을 연결시킵니다.

⓯ **레이어 스타일:** 선택한 레이어에 효과를 적용합니다.

⓰ **레이어 마스크:** 선택한 레이어에 레이어 마스크를 만듭니다.

⓱ **조정 레이어 만들기:** 조정 레이어를 만듭니다.

⓲ **새 그룹 만들기:** 새 레이어 그룹을 만듭니다.

⓳ **새 레이어 만들기:** 새 레이어를 추가합니다.

⓴ **휴지통:** 레이어를 삭제합니다.

● 레이어의 종류

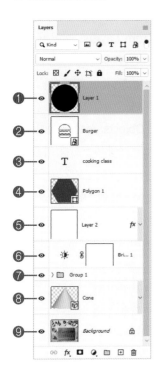

① **일반 레이어:** 투명 레이어에 이미지가 있는 레이어입니다.

② **스마트 오브젝트 레이어:** 벡터 속성의 레이어로 이미지 손실 없이 변형할 수 있고 필터를 적용해도 이미지에 영향을 주지 않아 차후에도 수정이 가능합니다.

③ **문자 레이어:** 텍스트 툴로 입력하면 생기는 벡터 속성의 레이어입니다.

④ **셰이프 레이어:** 셰이프 툴이나 펜 툴의 셰이프 옵션으로 만드는 벡터 속성의 레이어입니다.

⑤ **레이어 스타일(Layer Style):** 레이어 스타일이 적용되었을 때 표시됩니다. 적용한 레이어 스타일들이 목록으로 나타납니다.

⑥ **조정 레이어(Adjustment Layer):** 이미지에 영향을 미치지 않으면서 이미지를 보정하는 레이어입니다.

⑦ **그룹 레이어:** 여러 개의 레이어들을 그룹으로 묶어 놓은 레이어입니다.

⑧ **3D 레이어:** 3D 오브젝트를 사용할 때의 레이어입니다.

⑨ **Background 레이어:** 새 파일을 만들거나 이미지 파일을 불러오면 기본으로 있는 맨 아래에 있는 레이어입니다.

● Layers 패널의 팝업 메뉴

[Layers] 패널의 오른쪽 위의 목록 아이콘을 클릭하면 팝업 메뉴들이 나타납니다.

① **New Layer:** 새로운 레이어를 만듭니다.

② **Copy CSS:** HTML 요소로 만든 이미지를 CSS(스타일시트)로 만듭니다.

③ **Copy SVG:** 벡터 개체를 SVG 파일로 만듭니다.

④ **Duplicate Layer:** 선택된 레이어를 복사합니다.

⑤ **Delete Layer:** 선택된 레이어를 삭제합니다.

⑥ **Delete Hidden Layers:** 눈 아이콘을 끈 레이어를 삭제합니다.

⑦ **Quick Export as PNG:** PNG 파일로 저장합니다.

⑧ **Export As:** PNG, GIF, JPG로 저장합니다.

⑨ **New Group:** 새로운 그룹을 만듭니다.

⑩ **New Group from Layers:** 선택된 레이어들을 그룹으로 만듭니다.

⑪ **Collapse All Groups:** 그룹이나 *fx* 효과가 적용된 펼쳐진 목록들을 닫습니다.

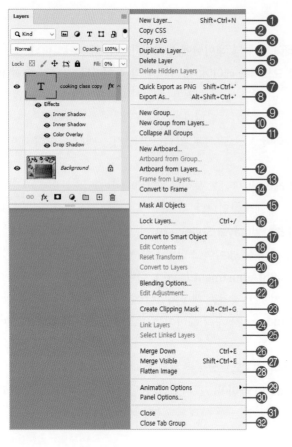

⑫ **Artboard from Layers:** 선택된 레이어들을 아트보드로 만듭니다.

⑬ **Frame from Layers:** 레이어 형태대로 프레임을 만듭니다.

⑭ **Convert to Frame:** 레이어를 프레임으로 바꿉니다.

⑮ **Mask All Objects:** 선택된 레이어에 있는 모든 오브젝트에 마스크를 적용합니다.

⑯ **Lock Layers:** 레이어를 잠급니다.

⑰ **Convert to Smart Object:** 스마트 오브젝트로 바꿉니다.

⑱ **Edit Contents:** 스마트 오브젝트를 편집합니다.

⑲ **Reset Transform:** 스마트 오브젝트에 적용된 변형을 되돌립니다.

⑳ **Convert to Layers:** 스마트 오브젝트를 일반 레이어로 바꿉니다.

㉑ **Blending Options:** 레이어 스타일의 블렌딩 옵션 창을 엽니다.

㉒ **Edit Adjustment:** 조정 레이어를 편집합니다.

㉓ **Create Clipping Mask:** 클리핑 마스크를 만듭니다. 클리핑 마스크에 대한 설명은 뒤에 자세히 있습니다.

㉔ **Link Layers:** 레이어들에 링크를 적용합니다.

㉕ **Select Linked Layers:** 링크 레이어들을 선택합니다.

㉖ **Merge Down:** 선택된 레이어와 밑에 있는 레이어를 하나의 레이어로 합칩니다.

㉗ **Merge Visible:** 눈 아이콘이 켜져 있는 레이어들을 하나의 레이어로 합칩니다.

㉘ **Flatten Image:** 레이어를 하나의 이미지로 합칩니다.

㉙ **Animation Options:** 레이어 패널에 애니메이션 옵션 표시에 대한 설정을 할 수 있습니다.

㉚ **Panel Options:** 섬네일 크기 등 레이어 패널 표시 방법에 대한 설정을 할 수 있습니다.

㉛ **Close:** 레이어 패널을 닫습니다.

㉜ **Close Tab Group:** 레이어 패널이 속한 탭을 모두 닫습니다.

● 레이어 블렌드 모드

블렌드 모드는 레이어가 합성될 때 색상 혼합이 되도록 만드는 것입니다. 즉, 위에 있는 레이어와 아래에 있는 레이어를 혼합할 때 어떤 방식으로 색을 혼합할 것인가를 지정할 수 있습니다. 각 혼합 모드마다 불투명도와 칠 옵션을 지정할 수 있습니다. 다음 두 개의 이미지 레이어를 합성해 보면서 각 혼합 모드의 차이를 살펴보겠습니다. 혼합 원리는 아래와 같지만 눈으로 직접 확인하면서 이미지에 따라 필요한 합성 모드를 선택하는 것이 좋습니다. 레이어 모드를 활성화하고 키보드의 위, 아래 방향키로 눌러 보면서 합성을 확인합니다.

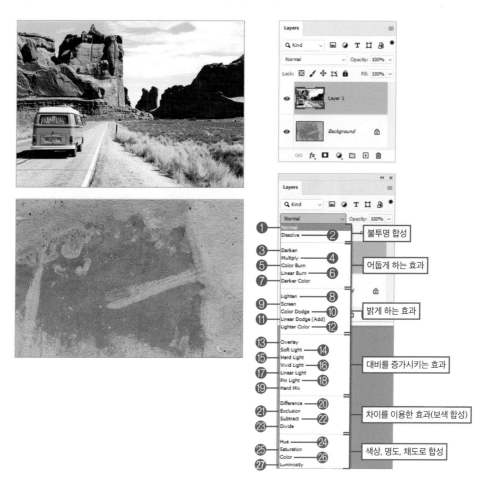

❶ Normal

레이어의 표준 모드로 아래쪽 레이어와 합성되지 않아 위쪽 레이어에 담긴 이미지만 보입니다. Opacity를 낮추면 풍경 레이어의 이미지가 조금씩 나타납니다.

❷ Dissolve

이미지를 픽셀로 바꾼 후 흩뿌려지도록 합니다. 불투명도가 100%보다 낮을 때 효과가 나타나기 때문에 Opacity값을 낮추면 점을 흩뿌린 효과가 나타납니다.

❸ Darken

위쪽 레이어의 색상이 아래쪽 레이어의 색상보다 밝으면 투명해지고, 어두우면 섞입니다. 밝은 색은 변하지 않고 어두운 색만 더 어두워집니다.

❹ Multiply

밝은 색은 흰색에 가까워질수록 더 투명해지고, 어두운 색은 아래쪽 레이어와 섞입니다. 이미지가 전체적으로 어두워지거나 농도가 짙어집니다.

❺ Color Burn

아래쪽 이미지가 위쪽 레이어 색상을 반사시킵니다. 번 툴(🔍)과 같이 색상 대비가 강해집니다.

❻ Linear Burn

흰색을 제외한 모든 색의 명도가 낮아지면서 합성됩니다. 전체적으로 어두워집니다.

❼ Darker Color

두 이미지 중 어두운 이미지의 색상을 나타냅니다.

❽ Lighten

어둡게 하기 모드와 반대로 위쪽 레이어의 색이 밝으면 섞이고, 어두우면 투명해집니다. 어두운 색은 변하지 않고 밝은 색만 더 밝아집니다.

❾ Screen

어두운 색은 검은색에 가까워질수록 더욱 투명해지고, 밝은 색은 아래쪽 레이어와 섞이면서 이미지가 전체적으로 밝아집니다.

❿ Color Dodge

아래쪽 이미지가 위쪽 레이어 색을 반사시키는 것과 같은 효과입니다. 색이 밝아지면서 반사되어 강한 조명 아래에 색상이 반사되는 효과가 나타납니다.

⓫ Linear Dodge

검은색 부분을 제외한 모든 색의 밝기를 높입니다. 이미지가 전체적으로 밝아집니다.

⓬ Lighter Color

두 이미지 중 밝은 이미지의 색상을 나타냅니다.

⓭ Overlay

곱하기와 스크린을 합친 것과 같습니다. 밝은 색은 더 밝게, 어두운 색은 더 어둡게 만듭니다. 단, 가장 밝은 색과 가장 어두운 색은 위쪽 레이어 색이 유지되고 중간색만 섞입니다.

⓮ Soft Light

부드러운 조명을 비추는 것처럼 색이 부드럽게 섞입니다. 채도 50%를 기준으로 밝으면 더욱 밝게, 어두우면 더욱 어둡게 합성됩니다.

⑮ Hard Light

강한 조명을 비추는 것처럼 색이 강하게 섞입니다.

⑯ Vivid Light

혼합한 색이 50% 회색보다 밝으면 이미지는 대비가 적어져서 밝아지고, 50% 회색보다 어두우면 어두운 이미지로 합성됩니다.

⑰ Linear Light

채도 50%를 기준으로 밝은 부분은 더 밝아지고, 어두운 부분은 더 어두워집니다.

⑱ Pin Light

검은색과 흰색은 아무런 변화가 없습니다. 혼합한 색이 50% 회색보다 밝으면 혼합한 색보다 어두운 부분이 바뀌고, 혼합한 색보다 밝은 부분은 아무런 변화가 없습니다. 혼합한 색이 50% 회색보다 어두우면 혼합한 색보다 밝은 부분이 색이 바뀌고, 혼합한 색보다 어두운 부분은 변화가 없습니다.

⑲ Hard Mix

강하게 혼합해서 강렬한 색상 대비가 나타나도록 합니다.

⑳ Difference

위에 있는 레이어의 어두운 부분을 보색으로 반전시켜 합성합니다.

㉑ Exclusion

Difference와 비슷하지만 좀 더 부드럽고 밝게 표현합니다.

㉒ Subtract

각 채널의 기본 색상에서 혼합 색상을 빼고 합성합니다.

㉓ Divide

각 채널의 기본 색상에서 혼합 색상을 나눕니다.

㉔ Hue

아래쪽 레이어의 명도와 채도에 위에 있는 레이어의 색상이 합쳐집니다.

㉕ Saturation

아래쪽 레이어의 색상과 명도에 위에 있는 레이어의 채도가 합쳐집니다.

㉖ Color

아래쪽 레이어의 명도에 위에 있는 레이어의 색상과 채도가 합쳐집니다.

㉗ Luminosity

아래쪽 레이어의 색상과 채도에 위에 있는 레이어의 명도가 합쳐집니다.

---

1 ・ 기능 **예제** ・ 　　　　　　　　　　　　　**불투명도 익히기**

◎ **준비 파일**: chapter7/Icecream.jpg

01 Ctrl + O 를 눌러 'Icecream.jpg' 파일을 불러옵니다.

02 전경색은 검은색을 선택하고 타원 툴
(◎)을 선택합니다. Shift + Alt 를 누른 채 가
운데를 클릭&드래그해서 원을 그리고 Enter
를 누릅니다. [Layers] 패널의 불투명도를
68%로 조절합니다

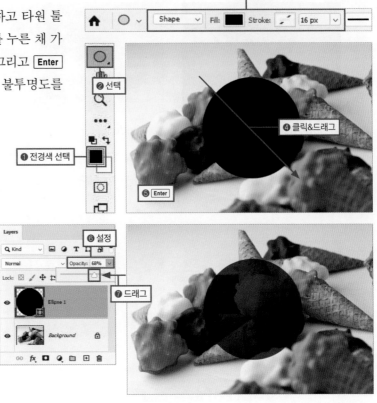

03 텍스트 툴(T)을 선택하고 텍스트를 입력합니다.

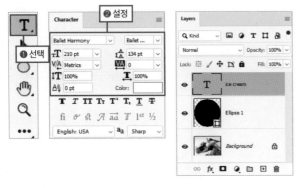

04 마지막으로 모든 레이어를 선택하고, 이동 툴(✛)의 옵션을 활용해서 가운데 정렬합니다.

NOTE Opacity와 Fill

'Opacity'와 'Fill'은 레이어의 불투명도를 나타내며, 값이 낮을수록 투명해져 아래 레이어가 비칩니다. 'Opacity'가 레이어 전체의 불투명도를 조절하는 것이라면, 'Fill'은 레이어에 있는 개체에 대해서만 불투명도를 조절합니다. 따라서 'Opacity'는 이미지와 레이어에 적용된 이펙트가 함께 투명해지지만, 'Fill'은 이미지만 투명해지고 이펙트는 영향을 받지 않습니다.

2 · 기능 **예제** · **흰색을 투명하게 하는 합성**

◎ **준비 파일**: chapter7/Background.jpg, Orange.jpg

01 Ctrl+O를 눌러 'Background.jpg, Orange.jpg' 파일을 불러옵니다. 이동 툴(✛)을 선택하고 '오렌지' 이미지를 배경 이미지로 옮깁니다. 새로 만들어진 레이어의 이름을 'Orange'로 입력합니다.

02 [Orange] 레이어 모드를 흰색을 투명하게 만드는 'Multiply'로 바꾸면 이미지와 같이 합성됩니다.

설정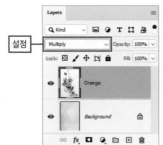

레이어 스타일

레이어 스타일의 종류를 알아본 후 쉽게 테두리 만들기, 레이어 스타일 복제하기, 글씨 조각
효과 만들기를 배웁니다.

LESSON

포토샵에서는 레이어에 그림자, 엠보싱, 색 등 다양한 표현이 가능한 레이어 스타일을 제공합니다.
레이어 스타일은 레이어 내용과 연결되어 있어서 레이어 내용을 이동하거나 편집하면 수정된 내
용에 동일한 효과가 적용됩니다. 레이어 스타일이 적용되면 레이어 패널의 레이어 이름 오른쪽에
레이어 스타일 아이콘이 나타나는데 옆에 있는 삼각형 버튼을 클릭하면 해당 스타일을 구성하는
효과를 확인할 수 있고, 레이어 스타일 아이콘이나 적용된 효과 목록을 더블 클릭해서 재편집할 수
도 있습니다.

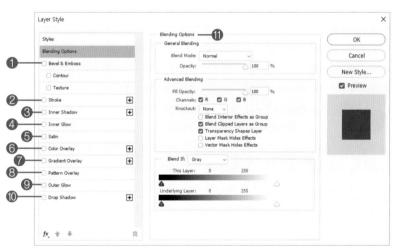

❶ Bevel & Emboss	❷ Stroke	❸ Inner Shadow
이미지를 튀어나오게 하거나 들어가 보이도록 합니다.	테두리를 두를 수 있습니다.	이미지의 안쪽을 중심으로 그림자가 생기도록 합니다.

4 Inner Glow

이미지 안쪽에 색상을 퍼지게 해서 안쪽을 중심으로 빛이 발산되는 효과를 냅니다.

5 Satin

부드러운 금속 재질을 입혀줍니다.

6 Color Overlay

이미지에 사용자가 선택한 색을 적용합니다.

7 Gradient Overlay

이미지에 그레이디언트 색을 적용합니다.

8 Pattern Overlay

이미지에 패턴을 채웁니다.

9 Outer Glow

이미지 바깥쪽에 색상을 퍼지게 해서 빛이 발산되는 효과를 냅니다.

10 Drop Shadow

이미지 바깥쪽으로 그림자가 생기도록 합니다.

11 레이어 스타일 혼합 적용

레이어 스타일을 여러 개 사용할 수 있습니다.

Styles 패널

레이어 스타일의 스타일은 패널에 등록되어 있는 것을 클릭하기만 하면 오브젝트에 바로 적용됩니다.
메뉴 바에서 [Window]-[Styles]를 선택하면 열립니다. [Styles] 패널 우측 상단에 있는 확장 아이콘을 클릭하면 팝업
메뉴가 열리는데 [Legacy Styles and More]를 선택해서 이전 스타일들을 추가해 사용할 수 있습니다.

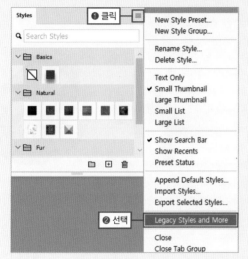

[Styles] 패널에서 원하는 스타일을 클릭하면 스타일
이 바로 적용되며 [Layers] 패널에서 적용된 스타일을
바로 확인할 수 있습니다. 만약 스타일을 수정하고 싶
다면 다시 [Layers] 패널에 표시된 스타일을 더블 클
릭해서 수정하면 됩니다.

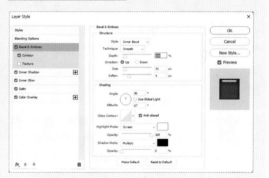

레이어 스타일로 쉽게 만드는 테두리

◎ **준비 파일**: chapter7/Macaron_back.jpg, Macaron1.png, Macaron2.png, Macaron3.png

01 Ctrl+O를 눌러 'Macaron_back.jpg, Macaron1.png, Macaron2.png, Macaron3.png' 파일을 불러옵니다.

02 이동 툴(⊕)을 선택하고 작업 창으로 3개의 이미지들을 옮깁니다. 이동 툴(⊕)의 옵션 바의 정렬 기능을 활용해서 정렬합니다.

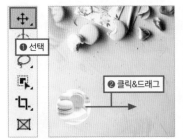

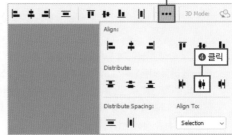

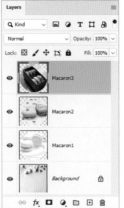

03 *fx*에서 [Stroke]를 선택하면 [Layer Style] 대화상자가 나타납니다. Size는 22px, Position은 Inside, Color는 #ffffff를 선택합니다.

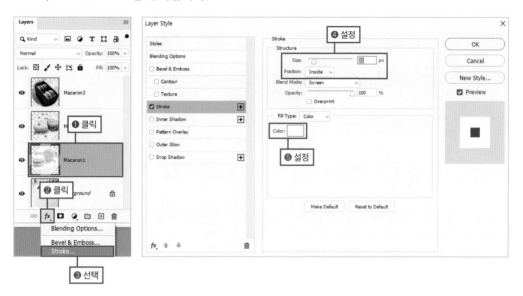

04 이번에는 안쪽 그림자를 넣기 위해 [Layer Style] 대화상자의 왼쪽 목록에서 'Inner Shadow'를 체크하고 클릭해서 들어갑니다. 미리보기를 하면서 Opacity는 48%, Distance는 22px, Size는 27px로 합니다. 안쪽에 그림자가 적용된 것을 볼 수 있습니다.

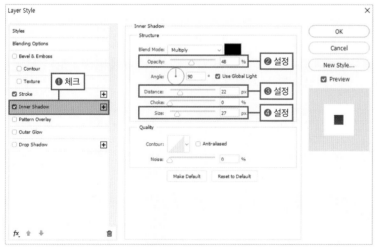 

05 마지막으로 아래쪽에 그림자를 넣어보겠습니다. 'Drop Shadow'를 체크하고 클릭해서 들어갑니다. 미리보기를 하면서 Blend Mode는 Normal, 색은 #7e3235, Opacity는 50%, Angle은 90도, Distance는 12px, Spread는 19px, Size는 13px로 하고 [OK]를 클릭합니다.

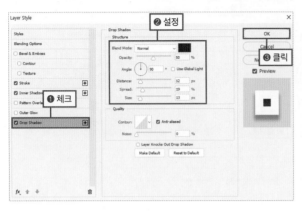

2 · 기능 예제 · 레이어 스타일 복제하기

◎ **준비 파일**: chapter7/Macaron_back.jpg, Macaron1.png, Macaron2.png, Macaron3.png

01 [Macaron1] 레이어 스타일의 효과를 [Macaron2]에 복사해 보겠습니다. Alt 를 누른 채 [Macaron1] 레이어 스타일의 효과를 [Macaron2] 레이어로 드래그하면 레이어 스타일이 복사됩니다.

02 이번에는 다른 방법으로 복사해 보겠습니다. 마우스 오른쪽 버튼을 클릭하고 팝업 메뉴에서 [Copy Layer Style]을 선택합니다. 복사한 스타일을 적용할 레이어로 가서 마우스 오른쪽 버튼을 클릭하고 팝업 메뉴에서 [Paste Layer Style]을 선택하면 레이어 스타일이 복사됩니다.

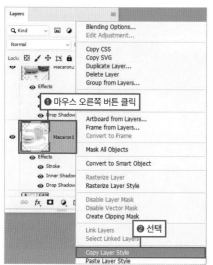

◎ **준비 파일**: chapter7/Macaron_back.jpg, Macaron1.png, Macaron2.png, Macaron3.png

01 레이어 스타일을 활용해서 테두리를 만들어 보겠습니다. 새로운 레이어를 추가하고 이름을 'Frame'으로 합니다. 전체를 색상 관계없이 채웁니다.

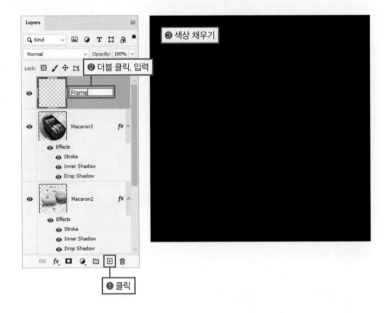

02 *fx*를 클릭해서 [Stroke]를 선택하면 [Layer Style] 대화상자가 나타납니다. Size는 30px, Position은 Inside, Color는 #f2c5b2로 선택하고 [OK]를 클릭합니다.

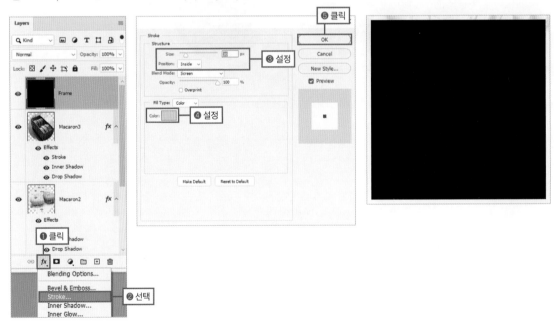

03 [Layers] 패널에서 Fill을
0%로 줄입니다.

04 텍스트 툴(T)로 원하는 폰트를 선택하고 'macaron'이라고 입력합니다. 다시 텍스트 툴(T)로 원하는 폰트를 선택하고 더미 텍스트를 넣어서 마무리합니다.

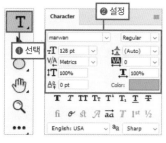

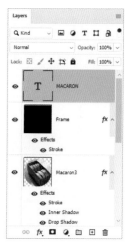

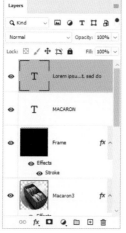

◎ **준비 파일**: chapter7/Table.jpg

01 Ctrl+O를 눌러 'Table.jpg' 파일을 불러옵니다. 텍스트 툴(T)을 선택하고 원하는 폰트를 선택한 후 입력합니다.

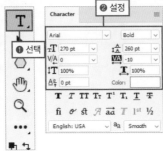

02 레이어 스타일 효과만 이용해서 조각한 느낌을 연출할 것이기 때문에 [Layers] 패널에서 Fill을 0%로 줄입니다. 그러면 작업 창에서 문자가 보이지 않게 됩니다. 하단의 *fx*에서 'Inner Shadow'를 선택하고 Blend Mode는 Linear Light, Color는 #1d0e00, Opacity는 60%, Angle은 90도, Distance는 9px, Choke는 0px, Size는 16px로 조절합니다. 안쪽으로 그림자가 생기면서 문자의 형태가 드러납니다.

03 효과를 좀 더 추가해 보겠습니다. 'Inner Shadow' 옆의 ⊞ 아이콘을 클릭해서 'Inner Shadow'를 하나 더 추가합니다. Blend Mode는 Normal, Color는 #1d0e00, Opacity는 48%, Angle은 90도, Distance 는 24px, Choke는 0px, Size는 4px로 조절합니다. 문자의 윗부분에만 안쪽 그림자가 생기면서 문자가 좀 더 뚜렷해졌습니다.

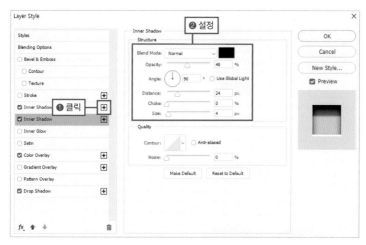

04 'Color Overlay'를 체크하고 Blend Mode는 Linear Burn, Color는 #c2c2c2, Opacity는 24%로 합니다. 문자 내부 면에 색이 깔리면서 패인 효과가 더해졌습니다.

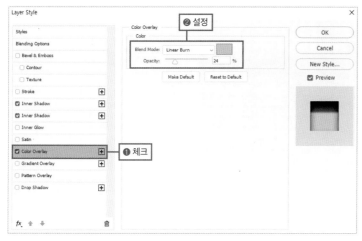

05 마지막으로 'Drop Shadow'를 체크하고 Blend Mode는 Linear Dodge, Color는 #ffffff, Opacity는 35%, Angle은 90도, Distance는 3px, Choke는 0px, Size는 2px로 조절하고 [OK]를 클릭해서 마무리합니다.

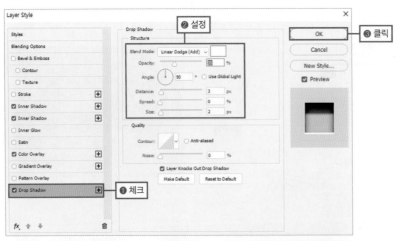

레이어 마스크, 클리핑 마스크

레이어 마스크에 대해 알아본 후 레이어 마스크로 그림자를 만드는 방법과 클리핑 마스크 사용 방법에 대해 배웁니다.

LESSON

● 레이어 마스크

레이어 마스크는 흑백의 색상차를 이용해서 원하는 곳을 가리는 기능입니다. 레이어 마스크에서 흰색은 보여지는 부분이고, 검은색은 가려지는 부분이라고 생각하면 됩니다. 이렇게 간단한 원리를 이용하면 정교한 이미지 합성 작업을 할 수 있습니다. 레이어 마스크는 지우개 툴과 달리, 임시로 가려 놓는 작업이므로 언제라도 복원할 수 있고, 자연스럽게 합성도 할 수 있습니다.

두 개의 이미지로 된 레이어가 있습니다. 레이어 마스크 추가 버튼을 클릭합니다. 흰색 부분은 보여지는 부분이므로 아무런 변화가 없습니다.

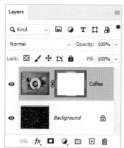

툴 패널에서 브러시 툴을 선택하고 전경색은 검은색을 선택합니다. [Coffee] 레이어에서 안보이기를 원하는 부분을 브러시로 칠하면 이미지가 가려지면서 아래 레이어에 있는 이미지가 나타납니다. [Layers] 패널의 마스크 영역을 보면 검은색으로 칠해진 부분이 가려진 부분임을 알 수 있습니다.

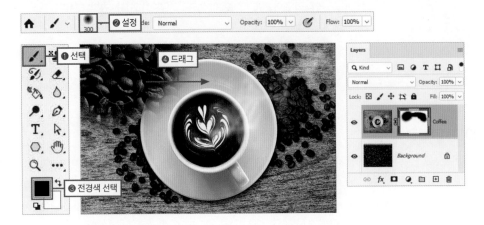

잠깐 원본 이미지를 보고 싶을 때 Shift 를 누른 채 마스크 섬네일을 클릭하면 마스크가 적용되기 전의 이미지를 볼 수 있습니다.

Shift 를 누른 채 마스크 섬네일을 클릭해서 다시 마스크가 적용되게 합니다. 마스크를 삭제하고 싶다면 [Layers] 패널 하단의 휴지통으로 드래그하면 팝업 창이 뜹니다. 거기서 'Apply'를 선택하면 마스크가 적용되고 레이어 마스크가 삭제되며, 'Delete'를 선택하면 마스크가 적용되지 않고 마스크 레이어가 삭제됩니다.

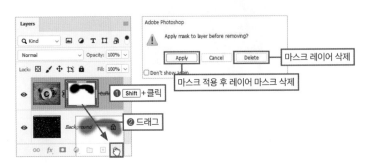

이미지 섬네일이 선택된 상태라면 이미지가 편집되고, 레이어 마스크 섬네일이 선택된 상태라면 레이어 마스크를 편집할 수 있습니다. 마스크 작업을 하기 전에는 항상 마스크 레이어가 선택되었는지 확인해야 합니다. 이미지 섬네일을 선택하고 검정으로 칠하면 검은색이 칠해지고, 마스크 섬네일을 선택하고 검정으로 칠하면 마스크 효과가 적용되어 칠한 부분이 가려지고 아래 레이어에 있는 이미지가 나타납니다.

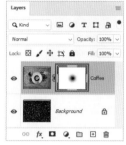

---

1 · 기능 예제 ·　　　　　레이어 마스크 적용하기 1

◎ **준비 파일**: chapter7/Clementine.jpg

01 Ctrl+O를 눌러 'Clementine.jpg' 파일을 불러옵니다.

02 사각형 툴(□)을 선택하고 옵션 바에서 설정은 Shape, Fill은 None, Stroke는 16px로 하고 드래그해서 그립니다. 레이어 마스크를 추가합니다.

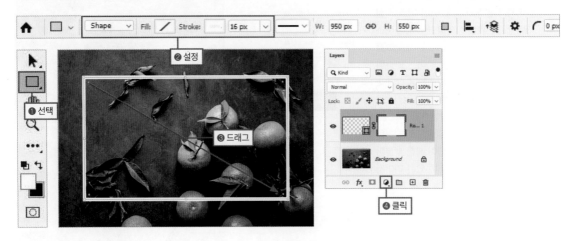

03 [Layers] 패널에서 Opacity를 50%로 줄입니다. 브러시 툴(✏)을 선택하고 전경색을 검은색으로 합니다. 테두리와 겹친 부분을 칠합니다.

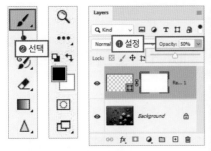 

04 검은색 브러시로 마스크 영역을 칠하면 지워집니다. 만약 잘못 칠했다면 다시 흰색으로 칠하면 복구됩니다. [Layers] 패널의 마스크 레이어를 보면 검은색으로 칠해진 부분이 안보이게 된 것을 볼 수 있습니다.

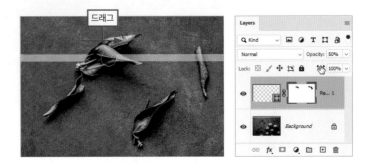

05 다 칠했다면 Opacity를 100%로 되돌립니다.

레이어 마스크로 그림자 넣기

◎ **준비 파일**: chapter7/Diamond.png

01 Ctrl+O 를 눌러 'Diamond.png' 파일을 불러옵니다. 하단의 조정 레이어를 클릭하면 나타나는 팝업 메뉴에서 [Solid Color]를 선택하고 검은색(#000000)을 선택한 후 [OK]를 클릭합니다.

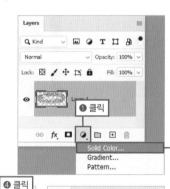

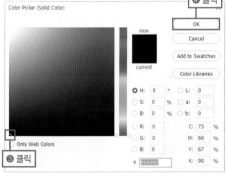

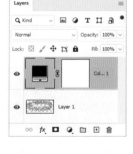

02 검정색 레이어를 밑으로 내려 순서를 바꿉니다. [Layer1] 레이어의 이름을 Dia로 변경하고 Ctrl +J를 눌러 레이어를 복제합니다. Ctrl+T를 눌러 나오는 메뉴에서 [Flip Vertical]을 선택해서 위아래를 뒤집고 밑으로 조금 내립니다.

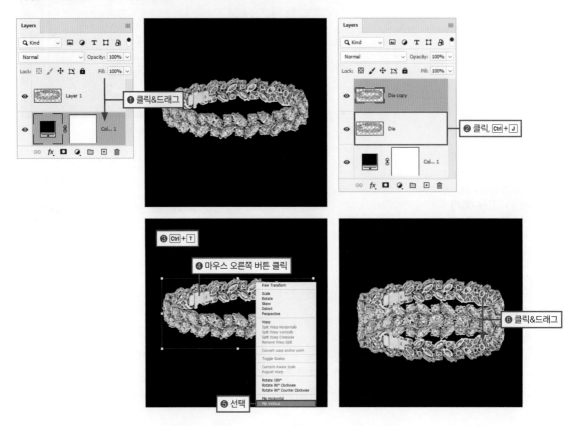

03 [Layers] 패널 하단의 레이어 마스크 아이콘을 클릭해서 레이어 마스크를 추가합니다. 그레이디 언트 툴(■)을 선택하고 검은색에서 흰색으로 변하는 그레이디언트로 설정합니다. 아래에서 위로 그레 이디언트를 적용합니다.

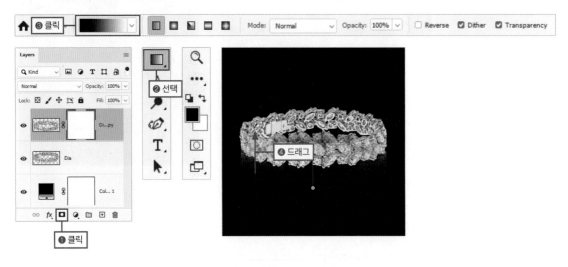

04 [Layers] 패널에서 Opacity를 줄입니다.

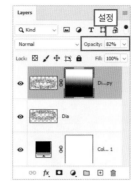

---

3 ● **기능 예제** ●

레이어 마스크 적용하기 2

◎ **준비 파일**: chapter7/Phone.jpg, Football.jpg

01 Ctrl+O를 눌러 'Phone.jpg, Football.jpg' 파일을 불러옵니다.

02 이동 툴(⊕)을 선택하고 Football 이미지를 Phone 이미지로 옮깁니다.

03 Ctrl+T를 누르고 크기를 줄입니다. 레이어 이름을 'Football'
로 바꿉니다.

TIP Shift를 누른 상태에서 클릭하면서 적당
한 크기로 조절합니다.

04 개체 선택 툴(▣)을 선택하고 남성을 선택 영역으로 잡습니다. [Layers] 패널 하단의 레이어 마스
크 아이콘을 클릭해서 레이어 마스크를 추가합니다. 선택 영역만 나타납니다.

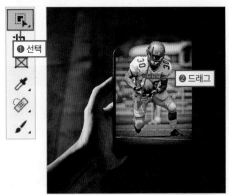

05 마스크 레이어를 선택한 상태에서 사각 선택 툴(▢)을 선택하고 스마트폰 화면 영역을 드래그해
서 선택 영역으로 활성화합니다. 전경색을 흰색으로 설정한 후 Alt+Delete를 눌러 마스크를 추가합니다.

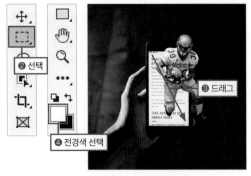

● 클리핑 마스크

원하는 특정 영역에만 이미지가 나타나도록 하는 기능으로 아래 레이어의 오브젝트 영역에 위 레이어의 이미지를 담는 개념입니다. 그러므로 형태를 나타내는 레이어가 밑에, 보여질 이미지 레이어가 위에 있어야 합니다.

 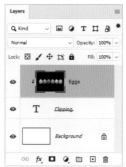

이 파일은 [Background] 레이어 외에 [Clipping] 문자 레이어와 [Eggs] 레이어로 되어 있습니다. 글자의 형태 안에만 이미지가 보이도록 하겠습니다. 두 레이어 사이에 [Alt]를 누른 채 마우스를 가져가면 커서 모양이 바뀝니다. 이때 클릭하면 아래 레이어의 형태에만 위 레이어의 이미지가 나타납니다.

 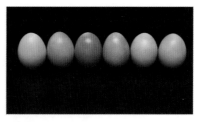 

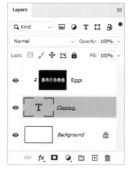 

◎ **준비 파일**: chapter7/Paper.jpg, Couple.jpg

01 Ctrl+O 를 눌러 'Paper.jpg' 파일을
불러옵니다.

02 레이어를 추가하고 다각형 올가미 툴(☑)을 선택하고 하트 모양을 따라 클릭해서 선택 영역으로
만든 후 Alt+Delete 를 눌러 전경색을 채웁니다.

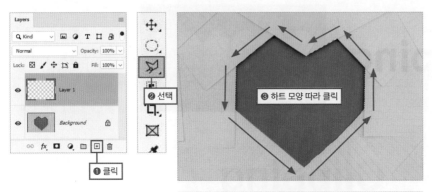

❸ 하트 모양 따라 클릭

❹ Alt + Delete

T·I·P 클리핑 마스크를 해제하고 싶으면 Alt 를 누른 채 레이어와 레이어 사이를 클릭하면 됩니다.

03 Ctrl+O 를 눌러 'Couple.jpg' 파일을 불러오고 이동 툴(⊕)로 [Heart] 레이어 위에 놓습니다.

04 Alt 를 누른 채 [Heart] 레이어와 [Couple] 레이어 사이에 마우스를 가져가면 커서 모양이 변경되는 데 이때 클릭합니다. 하트 모양 안으로 클리핑 처리된 이미지만 보입니다.

05 Ctrl+T 를 누른 후 Shift 를 누른 채 드래그해서 크기를 살짝 줄이고 Enter 를 눌러 마무리합니다.

◎ **준비 파일**: chapter7/Fruits.jpg

01 Ctrl + N 을 눌러 1000*1300px, Resolution 72dpi의 새 창을 만듭니다. #e0e0e0을 선택하고 [OK]를 클릭한 후 Alt + Delete 를 눌러 전경색을 채웁니다.

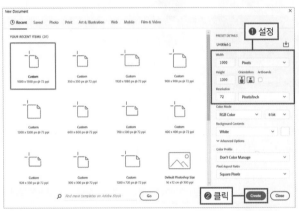

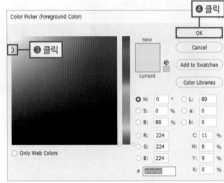

02 새 레이어를 추가하고 이름을 'Brush'로 합니다. 브러시 툴(✐)을 선택하고 옵션 창에서 Dry Media Brushes의 'KYLE Bonus Chunky Charcoal'을 선택합니다. 브러시 크기를 35px로 하고 드래그합니다.

03 Ctrl+O를 눌러 'Fruits.jpg' 파일을 불러오고 이동 툴(✛)로 [Brush] 레이어 위에 놓습니다. Alt를 누른 채 [Brush] 레이어와 [Fruits] 레이어 사이에 마우스를 가져가면 커서 모양이 변경되는데 이때 클릭합니다. 브러시 모양 안으로 클리핑 처리된 이미지만 보입니다. 필요하다면 Ctrl+T를 눌러 크기를 살짝 줄이고 Enter를 눌러 마무리합니다.

T·I·P 클리핑 마스크를 해제하고 싶으면 `Alt`를 누른 채 레이어와 레이어 사이를 클릭하면 됩니다.

04 텍스트를 입력해서 마무리합니다.

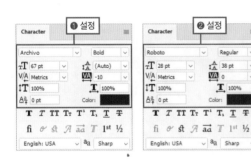

조정 메뉴와 조정 패널

조정 메뉴에 대해 알아본 후 조정 메뉴와 조정 레이어 및 패널로 이미지를 보정하는 방법을 배웁니다.

LESSON

조정 레이어(Adjustment Layer)는 이미지에 영향을 미치지 않으면서 이미지를 보정하는 레이어입니다. 색을 보정하는 기능은 주로 [Adjustments] 메뉴에 나타납니다. 총 22가지 기능 중 자주 쓰이는 16가지 기능은 [Adjustments] 패널에서도 제공됩니다. 기능은 같지만 메뉴 바의 [Image]-[Adjustments]는 레이어에 바로 적용되어 빠르고 간편하지만 이후에 수정할 수 없습니다.

반면 [Adjustments] 패널이나 [Layers] 패널에서 추가한 조정 기능은 선택한 레이어 위에 조정 레이어를 만들어서 아래 놓인 모든 레이어의 이미지가 함께 보정됩니다. 조정 레이어라는 독립된 층으로 원본 레이어를 손상시키지 않고 별도의 레이어로 관리할 수 있어 쉽게 수정 및 삭제할 수 있습니다. 각기 다른 성격을 파악하고 상황에 따라 선택해서 사용합니다.

● 조정 메뉴로 보정

메뉴 바에서 [Image]-[Adjustments]-[Levels]를 선택하고 [Levels] 대화상자에서 Input Levels의 수치를 32, 1, 202로 조절한 후 [OK]를 클릭합니다.

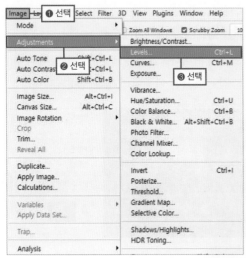
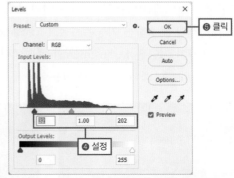

화면과 같이 이미지가 변경되고 [Layers] 패널의 [Background] 레이어에도 적용됩니다.

● 조정 레이어로 보정

1) [Adjustments] 패널을 사용해서 보정

메뉴 바에서 [Window]-[Adjustments]를 선택하면 [Adjustments] 패널이
열립니다. 여기서 'Levels' 아이콘을 클릭합니다.

2) [Layers] 패널에서 직접 보정

1. [Layers] 패널에서 조정 레이어 만들기 아이콘을 클릭하고
   [Levels]를 선택합니다.

2. [Layers] 패널의 [Background] 레이어 위에 조
   정 레이어가 추가되고 [Properties] 패널이 열
   립니다. [Levels] 대화상자에서 Input Levels의
   수치를 32, 1, 202로 조절합니다.

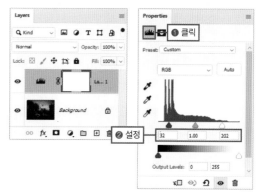

채널

채널 패널에 대해 알아본 후 알파 채널과 스팟 채널을 만드는 방법을 배우고 배경화면 만드는
방법도 알아봅니다.

LESSON

여러 가지 색이 섞여 이미지를 구현하는데 채널은 이미지의 컬러와 선택 정보를 담고 있습니다.
채널은 흑백 음영에 의해 256단계로 표현되며 흰색인 경우에는 적용한 어떤 효과가 100%, 회색인
경우에는 50%, 검은색인 경우에는 0%입니다. 어떤 효과를 적용할 때 흑백 음영에 따라 그만큼 적
용된다는 것입니다.

채널에 있는 선택 영역을 다양하게 편집해서 특수 효과를 줄 수 있습니다.

● Channels 패널

[Channels] 패널에서 색상 채널은 이미지를 구
성하는 색상 정보를 저장하는 채널로 이미지 모
드에 따라 구성됩니다. RGB 모드는 3가지 채널
이 혼합된 RGB 채널과 Red, Green, Blue 채널
로 구성되어 있고, CMYK 모드는 4가지 채널이
혼합된 CMYK 채널과 Cyan, Magenta, Yellow,
Black 채널로 구성되어 있습니다.

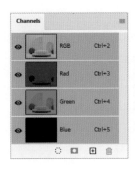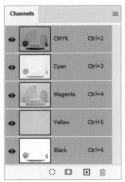

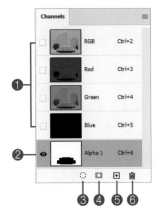

❶ **색상 채널**: 이미지 모드에 따라 색상 정보를 갖고 있는 채널입니다.

❷ **알파 채널**: 선택 영역을 저장하고 있는 채널로 흑백으로 표시됩
니다.

❸ **채널로 선택하기**: 채널을 선택 영역으로 만듭니다.

❹ **채널로 만들기**: 선택 영역을 채널로 만듭니다.

❺ **새 채널 만들기**: 새로운 알파 채널을 만듭니다.

❻ **휴지통**: 선택한 채널을 삭제합니다.

[Channels] 패널이 흑백으로 보일 때는
메뉴 바에서 [Edit]-[Preferences]-
[Interface]를 선택한 후 Options에서
'Show Channels in Color'를 체크하면
됩니다.

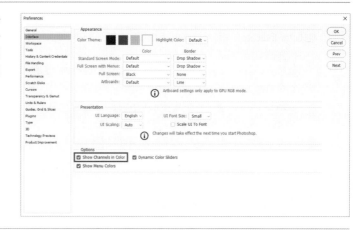

1) 알파 채널

색상 정보를 갖고 있는 색상 채널과 달리, 알파 채널은 선택 영역 정보를 저장하는 채널입니다. 선
택 영역을 저장해서 합성하는 데 주로 사용하고, 저장된 선택 영역에 여러 가지 변형을 줄 수도 있
습니다.

(1) 알파 채널 만들기

[Channels] 패널에서 우측 상단의 확장 아이콘을 클릭한 후 [New Channel]을 선택합니다. [New
Channel] 대화상자에서 설정한 후 [OK]를 클릭하면 [Channels] 패널에 [Alpha 1] 채널이 생성됩니다.

T·I·P 선택 영역이 있을 경우 [Channels] 패널에서 채널로 만들기 아이콘을 클릭해도 새 채널을 만들 수 있습니다.

❶ **Name**: 알파 채널의 이름을 입력합니다.
❷ **Color Indicates**: 색을 선택 영역에 표시할지, 마스크 영역에 표시할
    지 선택합니다.
  - Masked Areas: 검은색 알파 채널이 만들어집니다. 선택 영역은
    흰색 영역으로 표시되며 브러시 툴로 만들 수 있습니다.
  - Selected Areas: 흰색 알파 채널이 만들어집니다. 선택 영역은 검
    은색으로 표시되며 브러시 툴로 만들 수 있습니다.
❸ **Color**: 채널에 표시할 색상과 Opacity를 설정합니다.

2) 스팟 채널

스팟 채널은 알파 채널처럼 특수한 목적으로 제작된 채널입니다. 인쇄용 이미지를 작업할 때는
CMYK 모드를 이용하는데 금색, 은색, 형광 같은 별색은 CMYK 모드에서 만들 수 없습니다. 이 별
색을 출력할 때 스팟 채널을 사용합니다.

(1) 스팟 채널 만들기

스팟 채널은 [Channels] 패널에서 우측 상단의 확장 아이콘을 클릭한 후 [New Spot Channel]을 선택
합니다. [New Spot Channel] 대화상자에서 설정한 후 [OK]를 클릭하면 [Channels] 패널에 [Spot
Color 1] 채널이 생성됩니다.

채널을 이용해서 바탕화면 만들기

채널에는 이미지의 색상과 선택 정보가 담겨 있습니다. 채널의 가장 중요한 점은 선택 영역을 다양하게 편집해서 특수 효과를 줄 수 있다는 것입니다. 일반 선택 툴, 즉 사각 선택 툴이나 올가미 툴 등을 사용해서 선택 영역을 설정하면 단순한 작업만 할 수 있지만 채널에서는 선택 영역에 다양한 특수 효과를 줄 수 있습니다. 채널을 이용해서 간단히 테두리에 효과를 넣은 컴퓨터 바탕화면을 만들어 보겠습니다.

◎ **준비 파일**: chapter7/Rose.jpg

01 Ctrl+O 를 눌러 'Rose.jpg' 파일을 불러옵니다. 툴 패널에서 원형 선택 툴(◯)을 선택하고 가운데 부분을 선택합니다.

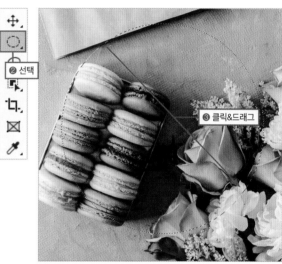

02 메뉴 바에서 [Select]-[Modify]-[Feather]를 선택하고 [Feather Selection] 대화상자가 열리면 Feather Radius를 50으로 설정한 후 [OK]를 클릭합니다.

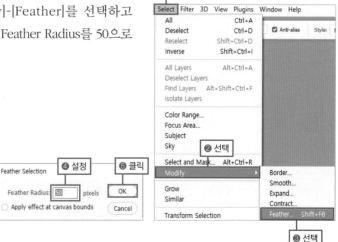

03 　[Channels] 패널을 선택하고 선택 영역을 채널로 만들기 아이콘을 클릭해서 채널을 추가합니다. [Alpha 1] 채널이 만들어집니다. Ctrl+D를 눌러 선택 영역을 해제합니다.

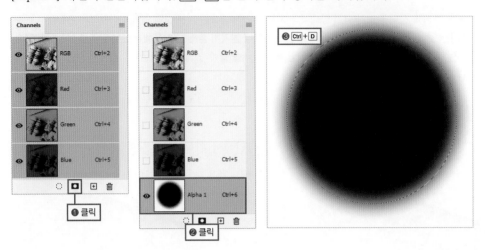

04 　메뉴 바에서 [Filter]-[Pixelate]-[Color Halftone]을 선택한 후 [Color Halftone] 대화상자에서 설정하고 [OK]를 클릭합니다.

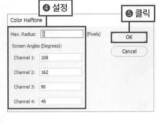
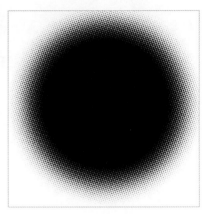

05 　[Channels] 패널에서 채널로 선택하기 아이콘을 클릭한 후 Ctrl+Shift+I를 눌러 선택 영역을 반전시킵니다. 채널로 만들기 아이콘을 클릭해서 [Alpha 2] 채널을 추가합니다. 새로 만들어진 [Alpha 2] 채널을 선택하고 채널로 선택하기 아이콘을 클릭합니다.

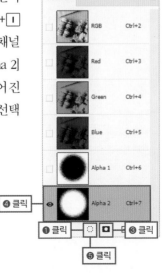
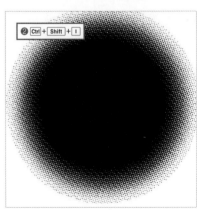

06 [Channels] 패널에서 RGB를 클릭하고 [Layers] 패널에서
새 레이어를 추가하고 그레이디언트 툴(▣)을 선택합니다.

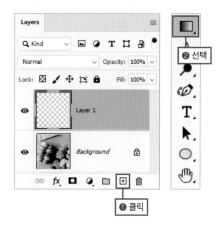

07 옵션 바에서 그레이디언트 편집 박스를 클릭해서 편집 창을 열고
Neutrals에서 색을 선택하고 [OK]를 클릭합니다.

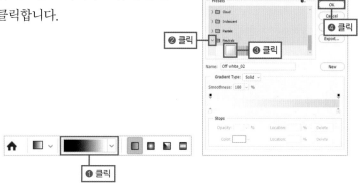

08 드래그해서 그레이디언트를 적용합니다.

09 Ctrl+D를 눌러 선택 영역을 해제합니다.

10 [Layers] 패널에서 Blend Mode를 'Hard Light'로 변경합니다.

설정

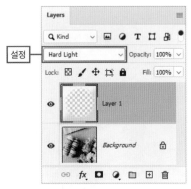

필터

필터를 이용하면 쉽고 간단하게 이미지에 다양한 특수 효과를 줄 수 있습니다. 특히 Neural Filters는 사진 편집 및 수정 작업을 쉽게 할 수 있도록 도와주는 최신 기능의 필터입니다.

특수 효과로 가는 가장 빠른 길, 필터[Filter]

포토샵을 설치하면 곧바로 사용할 수 있는 필터 메뉴에 대해 간단하게 알아봅니다.

LESSON

● 필터(Filter) 메뉴

[Filter] 메뉴를 살펴보면 다음과 같습니다.

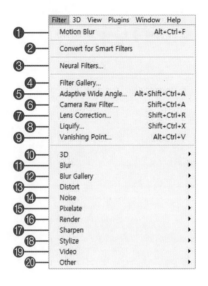

❶ **Motion Blur**: 배경 화면을 직선으로 흐림 효과를 만들어 줘서 속도감 있는 배경 화면을 만들 때 사용합니다.

❷ **Convert for Smart Filters**: 스마트 필터로 바꿉니다.

❸ **Neural Filters**: 사진 편집 및 수정 작업을 쉽게 할 수 있도록 도와주는 최신 기능의 필터입니다.

❹ **Filter Gallery**: 필터 갤러리 대화상자를 열어 이미지에 필터를 미리 적용해서 그 결과를 확인한 후 적용할 수 있습니다.

❺ **Adaptive Wide Angle**: 어안 렌즈나 광각 렌즈로 촬영한 사진에서 구부러져 보이는 개체를 손 쉽게 똑바르게 할 수 있습니다.

❻ **Camera Raw Filter**: 이미지에 Camera Raw의 조정 사항을 적용할 수 있게 합니다.

❼ **Lens Correction**: 광각 렌즈의 왜곡 현상을 교정합니다.

❽ **Liquify**: 사진의 형태를 수정합니다.

❾ **Vanishing Point**: 투시된 이미지를 소실점에 맞게 수정합니다.

⑩ **3D**: 3D 입체로 만들어 주는 필터입니다.

⑪ **Blur**: 이미지 초점을 흐리게 하는 필터입니다.

⑫ **Blur Gallery**: 다양한 블러 필터들이 있습니다.

⑬ **Distort**: 이미지를 볼록하게 하거나 구부리게 하는 등 왜곡 효과를 주는 필터입니다.

⑭ **Noise**: 이미지에 노이즈를 더하거나 제거하는 필터입니다.

⑮ **Pixelate**: 픽셀 모양, 색상, 배열 방식 등을 조절해서 독특한 효과를 만드는 필터입니다.

⑯ **Render**: 몇 가지 특수 효과를 연출할 수 있는 필터입니다.

⑰ **Sharpen**: 이미지의 선명도를 조절하는 필터입니다.

⑱ **Stylize**: 이미지에 다양한 질감을 적용하는 필터입니다.

⑲ **Video**: 포토샵에서 작업한 이미지를 영상 매체로 가져갈 때 해당 매체에 맞게 색상 체계를 바꿉니다.

⑳ **Other**: 기타 필터를 모아 놓았습니다.

똑똑한 뉴럴 필터(Neural Filters)

사진 편집 작업을 도와주는 뉴럴 필터를 알아본 후 흑백 사진을 컬러 사진으로 바꾸는 방법,
계절과 하늘을 바꾸는 방법, 피부를 보정하는 방법 등을 배웁니다.

LESSON

사진 편집 및 수정 작업을 쉽게 할 수 있도록 도와주는 포토샵 뉴
럴 필터(Neural Filters)는 AI의 발전을 느낄 수 있는 똑똑한 필터
입니다.

[Filter]-[Neural Filters] 메뉴를 선택하고 클라우드 아이콘을 클릭해서 사용하고자 하는 필터를 다
운로드합니다. 필터를 활성화하고 옵션을 조절해서 사용하면 됩니다.

❶ **비활성화 아이콘**: 다운받은 필터입니다.

❷ **활성화 아이콘**: 다운받아 사용하는 필터입
니다.

❸ **클라우드 아이콘**: 다운받지 않은 필터입니다.

❹ **Output**
- **Current layer**: 현재 레이어에 필터를 적
용합니다.
- **New layer**: 새 레이어에 필터를 적용합
니다.
- **New layer masked**: 새로운 레이어에 마
스크를 사용해서 적용합니다.
- **Smart filter**: 현재 레이어를 스마트 오브
젝트로 변환하고 필터를 편집할 수 있도
록 합니다.
- **New document**: 필터를 새로운 포토샵
파일로 만듭니다.

❺ **왼쪽 하단 아이콘**: 각 필터에 대한 미리보기
전과 후를 전환합니다.

❻ **Reset 아이콘**: 필터의 효과를 초깃값으로
되돌립니다.

1 · 기능 예제 · **흑백 사진을 컬러 사진으로 바꾸기**

◎ **준비 파일**: chapter8/Baltic-sea.jpg

01 Ctrl+O를 눌러 'Baltic-sea.jpg' 파일을 불러옵니다. [Filter]-[Neural Filters] 메뉴를 선택합니다.

02 Colorize를 선택하고 옵션을 조절한 후 [OK]를 클릭합니다.

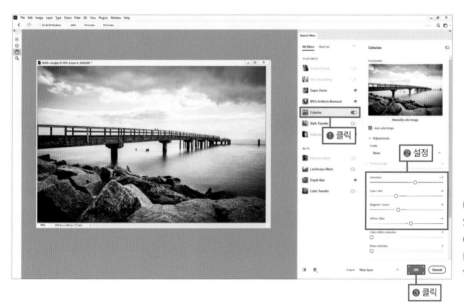

> **T·I·P**
> Saturation +12
> Cyan/Red -15
> Magenta/Green -12
> Yellow/Blue +6

03 [Layers] 패널을 보면 새 레이어가 추가된 것을 볼 수 있습니다.

2 · 기능 예제 · 　　　　　　　　　　계절 바꾸기

◎ **준비 파일**: chapter8/Landscape.jpg

01 Ctrl+O를 눌러 'Landscape.jpg' 파일을 불러옵니다. [Filter]-[Neural Filters] 메뉴를 선택합니다. Landscape Mixer를 활성화합니다.

02 'Autumn' 항목의 수치를 조절해서 올려봅니다. 다른 효과를 적용하기 위해 Reset 아이콘(⟲)을
클릭해서 되돌립니다.

03 'Winter' 항목의 수치를 조절합니다.

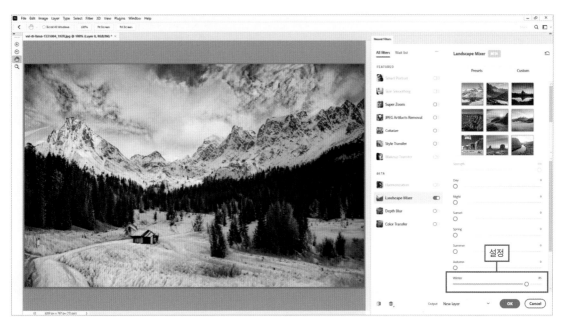

04 Winter가 적용된 상태에서 Night를 추가해 봅니다. Output을 'New layer'로 하고 [OK]를 클릭
합니다.

05 새로운 레이어가 추가되어 효과가 적용되었습니다.

하늘만 바꾸기

뉴럴 필터(Neural Filters)는 아니지만 앞의 실습에서 계절과 시간을 바꿔본 것처럼 이번에는 하늘을 바꾸는 방법을 실습해 보겠습니다.

◎ **준비 파일**: chapter8/Balloon.jpg

01 Ctrl+O를 눌러 'Balloon.jpg' 파일을 불러옵니다. [Edit]-[Sky Replacement] 메뉴를 선택합니다.

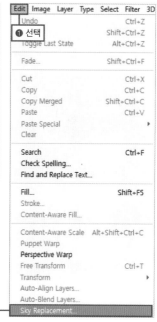

02 Sky 항목에서 원하는 하늘을 선택하고 Shift Edge는 -52, Fade Edge는 30, Brightness는 77, Temperature는 -11로 조절하고 Output To는 'New Layers'로 선택하고 [OK]를 클릭합니다.

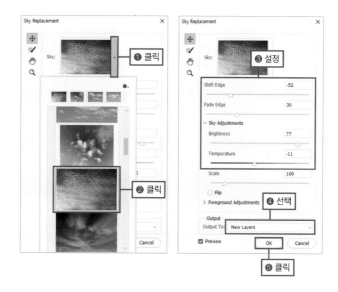

03 [Layers] 패널을 보면 이미지에 효과가 적용된 것을 확인할 수 있습니다.

4 ⟨ 기능 예제 ⟩ 피부 보정하기

◎ **준비 파일**: chapter8/Model.jpg

01 Ctrl + O 를 눌러 'Model.jpg' 파일을 불러옵니다. [Filter]-[Neural Filters] 메뉴를 선택합니다.

02 Skin Smoothing을 활성화하고 Blur 항목을 100으로 올립니다. 피부가 자연스럽게 부드러워진 것을 확인할 수 있습니다. Output을 'New layer'로 선택하고 [OK]를 클릭합니다.

5 · 기능 예제 · 웃는 얼굴로 만들기

◎ **준비 파일**: chapter8/Girl.jpg

01 Ctrl + O 를 눌러 'Girl.jpg' 파일을 불러옵니다. [Filter]-[Neural Filters] 메뉴를 선택합니다.

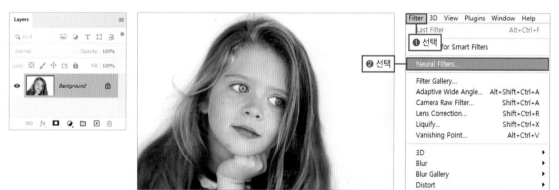

02 Smart Portrait를 선택하고 Happiness 옵션을 조절합니다. 그런 다음 Output을 'New layer'로 선택하고 [OK]를 클릭합니다.

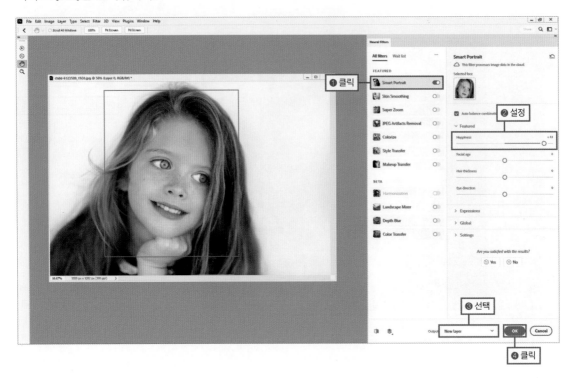

03 아이의 표정이 웃는 얼굴로 바뀌었고 [Layers] 패널을 보면 새 레이어가 추가된 것을 볼 수 있습니다.

·기능 예제· 합성 사진 색상 톤 맞추기

Harmonization은 앞서 배운 [Adjustments]에 있는 Match Color와 성격은 비슷하나 훨씬 더 자연스러운 결과물을 얻을 수 있습니다.

◎ **준비 파일**: chapter8/Woman.psd

01 Ctrl+O를 눌러 'Woman.psd' 파일을 불러옵니다. [Filter]-[Neural Filters] 메뉴를 선택합니다. Harmonization을 활성화하고 Select a layer에서 톤을 맞출 레이어를 선택합니다.

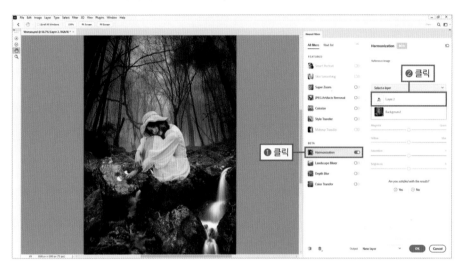

02 여성이 배경의 색 톤과 어울릴 수 있도록 보정됩니다. 하단의 옵션들을 드래그해서 원하는 톤으로 좀 더 보정할 수도 있습니다.

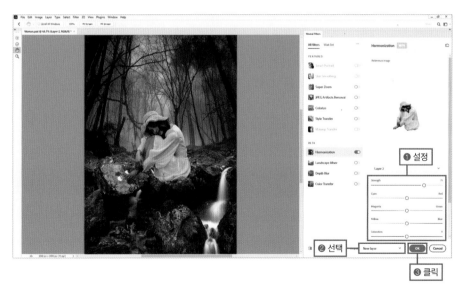

성형 필터 Liquify

성형 필터의 대화상자 옵션을 간단하게 살펴본 후 필터 갤러리와 포토샵 제공 주요 필터를 알 아봅니다.

L E S S O N

● Liquify 대화상자 옵션

왼쪽 툴 바에 대한 기능은 다음과 같습니다.

❶ **Forward Warp Tool**: 드래그 방향에 따라 이미지를 당길 수 있습니다.

❷ **Reconstruct Tool**: 왜곡시킨 이미지를 다시 복구할 수 있습니다.

❸ **Smooth Tool**: 형태를 부드럽게 합니다.

❹ **Twirl Clockwise Tool**: 시계 방향으로 회전하며 변형됩니다.

❺ **Pucker Tool**: 클릭한 점을 중심으로 이미지를 축소하면서 왜곡합니다.

❻ **Bloat Tool**: 클릭한 점을 중심으로 이미지를 확대하면서 왜곡합니다.

❼ **Push Left Tool**: 위로 드래그하면 왼쪽으로 픽셀을 밀고, 아래로 드래그하면 오른쪽으로 픽셀을 밀어 이미지를 왜곡시킵니다.

❽ **Freeze Mask Tool**: 이미지가 왜곡되지 않도록 고정합니다.

❾ **Thaw Mask Tool**: 고정한 영역을 해제해서 변형이 가능하게 합니다.

⑩ **Face Tool**: 얼굴 조정에 사용합니다.

⑪ **Hand Tool**: 미리보기 창의 화면을 이동시킵니다.

⑫ **Zoom Tool**: 미리보기 창의 이미지를 확대합니다. Alt 를 누른 채 클릭해서 축소합니다.

오른쪽 옵션에 대한 기능은 다음과 같습니다.

⑬ **Brush Tool Options**: 브러시 크기, 강약 등 브러시 옵션을 조절합니다.

⑭ **Face-Aware Liquify**: 얼굴을 부분적으로 선택해서 변형합니다.

⑮ **Load Mesh Options**: 메시를 사용하면 변형됩니다.

⑯ **Mask Options**: 이미지가 변형되지 않도록 마스크 영역을 설정합니다.

⑰ **View Options**: 작업 화면 보기 옵션을 설정합니다.

⑱ **Brush Reconstruct Options**: 왜곡된 이미지 복구 시 옵션들을 설정합니다.

Liquify 성형 필터 적용하기

◎ **준비 파일**: chapter8/Woman1.jpg

01 Ctrl + O 를 눌러 'Woman1.jpg' 파일을 불러오고 메뉴 바에서 [Filter]-[Liquify]를 선택합니다.

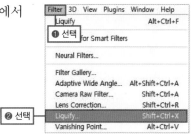

02 왼쪽 툴 패널에서 Face Tool(⬚)을 선택하고 오른쪽 [Properties] 대화상자에서 Eyes를 먼저 수정합니다. Eye Size는 왼쪽 눈이 오른쪽 눈보다 조금 크기 때문에 각각 20, 25로 조절합니다. Eye Height는 가운데 링크를 체크하고 18, Face Shape의 Face Width를 -83으로 조절하고 [OK]를 클릭합니다.

before

after

● 필터 갤러리

필터 갤러리에는 회화적인 느낌을 내는 필터인 브러시 획, 스케치 효과, 예술 효과가 있고 이미지를 왜곡하거나 변형하는 필터인 스타일화, 왜곡이 있고 여러 가지 형태의 질감을 입혀주는 필터인 텍스처 등이 있습니다.

회화적 느낌의 필터들: Artistic, Brush Stroke, Sketch
이미지 흠집, 잡티 보정 필터들: Blur, Noise, Sharpen
이미지 왜곡, 변형 필터들: Liquify, Distort, Pixelate, Render, Stylize

1) Artistic: 예술 효과 필터

여러 가지 미술 도구나 화가들의 독특한 터치를 이미지에 적용하는 필터입니다. 15개로 구성되어 있으며 RGB 색상 이미지와 그레이스케일 이미지에만 효과가 적용됩니다.

원본

Colored Pencil(색연필)

Cutout(오려내기)

Dry Brush(드라이 브러시)

Film Grain(필름 그레인)

Fresco(프레스코)

Neon Glow(네온광)

Paint Daubs(페인트 바르기)

Palette Knife(팔레트 나이프)

Plastic Wrap(비닐 랩)

Poster Edges(포스터 가장자리)

Rough Pastels(거친 파스텔 효과)

Smudge Stick(문지르기 효과)

Sponge(스펀지)

Underpainting(언더페인팅 효과)

Watercolor(수채화)

2) Brush Stroke: 브러시 터치 필터

다양한 방식으로 이미지에 터치를 더하는 필터로 예술 효과 필터와 비슷합니다. 예술 효과 필터와 마찬가지로 RGB 색상 이미지와 그레이스케일 이미지에만 효과가 적용됩니다.

원본

강조된 가장자리

각진 획

그물눈

어두운 획

잉크 윤곽선

뿌리기

스프레이 획

수묵화

3) Distort: 이미지 왜곡 및 변형 필터

이미지를 변형해서 왜곡 효과를 주는 필터입니다.

원본

광선 확산

유리

바다 물결

4) Sketch: 스케치 효과 필터

손으로 직접 그린 듯 스케치 효과를 내는 필터입니다. 대부분 전경색과 배경색에 영향을 받습니다.

원본

저부조

분필과 목탄

목탄

크롬

크레용

그래픽 펜

하프톤 패턴

메모지

복사

석고

망사 효과

도장

가장자리 찢기

물 종이

5) Stylize: 이미지 스타일화 필터

이미지의 픽셀, 모양, 배열에 변형을 가해 이미지 스타일을 강하게 바꾸는 필터입니다.

스타일화

가장자리 광선 효과

6) 텍스처: 질감을 만드는 필터

이미지에 여러 가지 형태의 질감을 적용하는 필터입니다. 고급스러운 분위기의 질감을 표현하기 좋습니다.

원본

균열

그레인

모자이크 타일

이어붙이기

채색 유리

텍스처화

● 포토샵 제공 주요 필터

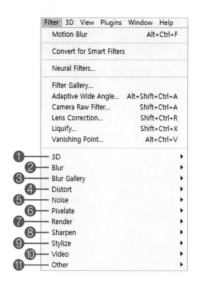

이번에는 포토샵에서 제공하는 주요 필터에 대해 간략하게 살펴봅니다. 메뉴 바에서 [Filter]를 선택하면 열리는 팝업 메뉴의 다섯 번째 영역에 있습니다.

❶ 3D

포토샵 CS6까지에는 없던 3D 필터 기능이 포토샵 CC에서 새롭게 추가되었습니다.

원본   범프 맵 생성   표준 맵 생성

❷ Blur: 흐림 효과

이미지의 초점을 흐리게 하여 이미지의 흠집이나 잡티를 제거하는 필터입니다. 총 11개의 필터가 있으며 흐리게, 더 흐리게, 가우시안 흐림 효과는 기본적인 흐림 효과를 줄 때 사용하고, 나머지는 좀 더 특별한 효과를 낼 때 사용합니다.

원본   평균   흐리게   더 흐리게

상자 흐림 효과   가우시안 흐림 효과   렌즈 흐림 효과   동작 흐림 효과

방사형 흐림 효과   모양 흐림 효과   고급 흐림 효과   표면 흐림 효과

❸ Blur Gallery: 흐림 효과 갤러리

흐림 효과 갤러리에는 5가지의 블러 필터들이 들어 있습니다. 필드 흐림 효과는 이미지 전체에 블러가 적용되고, 조리개 흐림 효과는 중심에서 밖으로 퍼져 나갈수록 적용됩니다. 기울기-이동 효과는 위아래로 블러를 적용시켜 주는 기능이고, 경로 흐림 효과는 패스 선을 따라 효과가 적용되며, 회전 흐림 효과는 회전하는 블러가 적용됩니다.

원본   필드 흐림 효과   조리개 흐림 효과   기울기-이동

경로 흐림 효과   회전 흐림 효과

❹ Distort: 왜곡

이미지를 변형해서 왜곡 효과를 주는 필터입
니다.

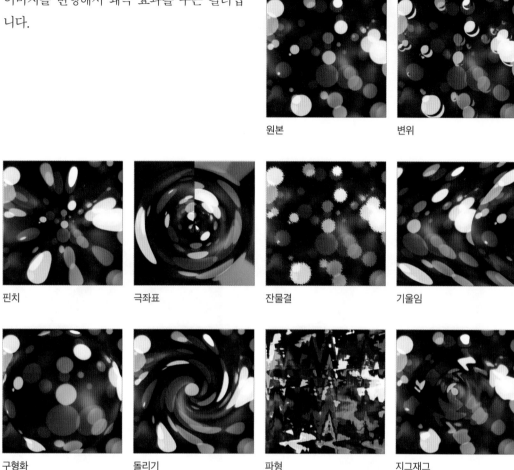

원본   변위

핀치   극좌표   잔물결   기울임

구형화   돌리기   파형   지그재그

❺ Noise: 노이즈

이미지에 흠집이나 잡티를 추가해서 거친 느낌을 주는 필터입니다. 하지만 경계면이 지나치게 날
카로운 이미지인 경우 노이즈 추가를 적용해서 적당한 양의 잡티를 추가하면 오히려 경계가 부드
럽게 처리되기도 합니다.

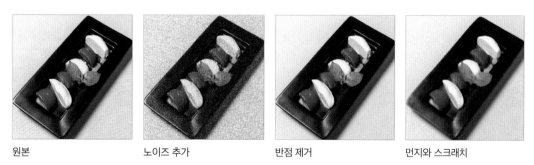

원본   노이즈 추가   반점 제거   먼지와 스크래치

중간값

노이즈 감소

❻ Pixelate: 픽셀화

픽셀들의 모양, 색상, 배열 방식 등을 조절해서 독특한 효과를 얻는 필터입니다. 특히 모자이크나 색상 하프톤 효과는 자주 사용됩니다.

| 원본 | 색상 하프톤 | 수정화 | 단면화 |
| 분열 | 메조틴트 | 모자이크 | 점묘화 |

❼ Render: 렌더

여러 가지 특수 효과를 연출하는 필터입니다. 앞의 3개는 CC에 추가된 기능입니다. 불꽃을 실행하려면 먼저 불꽃이 지나갈 패스를 만들어야 합니다. 나무나 구름 효과는 매우 유용하게 쓸 수 있습니다.

원본

불꽃

사진 프레임

나무

구름 효과

구름 효과 2

섬유

렌즈 플레어

조명 효과

❽ Sharpen: 선명 효과

이미지 선명도를 조절하는 필터입니다. 인접한 픽셀의 명암 차를 원래보다 강조해서 선명도를 높이는 것이 기본 원리입니다.

원본

선명하게

가장자리 선명하게

더 선명하게

고급 선명 효과

언샵 마스크

❾ Stylize: 스타일화

이미지의 픽셀, 모양, 배열에 변형을 가해 이미지 스타일을 강하게 바꾸는 필터입니다.

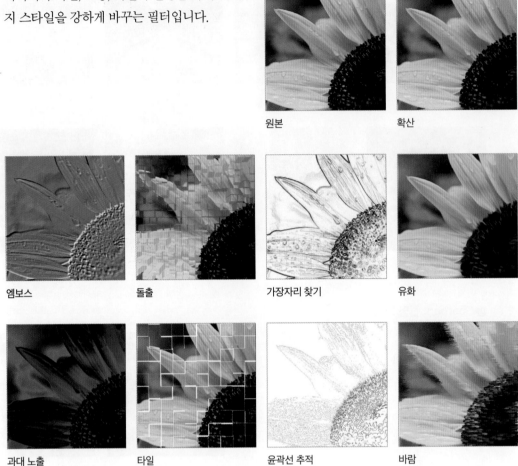

원본   확산

엠보스   돌출   가장자리 찾기   유화

과대 노출   타일   윤곽선 추적   바람

❿ Video: 비디오

비디오 필터는 포토샵에서 작업한 이미지를 TV와 같은 영상 매체로 가져갈 때 중간 과정으로 사용할 수 있는 필터입니다. 컴퓨터를 통해 제작한 색상과 TV 브라운관에서 표현하는 색상 체계가 다르기 때문에 사용합니다.

⑪ Other: 기타

사용자가 직접 필터 제작, 이미지 색상을 밝게 또는 어둡게 처리, 이미지 픽셀의 배열을 의도적으로 변화시켜 이미지를 이동하는 등 다양한 기능을 가진 필터입니다.

원본

사용자 정의

High Pass

HSB/HSL

최댓값

최솟값

오프셋

---

2 · 기능 예제 · 　　　　　　　　　　　연필 스케치 효과 적용하기

◎ **준비 파일**: chapter8/Fashion.jpg

01　Ctrl+O를 눌러 'Fashion.jpg' 파일을 불러옵니다.

02 [Image]-[Adjustments]-[Desaturate] 메뉴를 선택해서 흑백 이미지로 만듭니다.

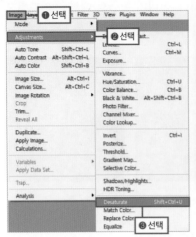 

03 Ctrl + J 를 눌러 레이어를 복제합니다. Ctrl + I 를 눌러 이미지를 반전시킵니다.

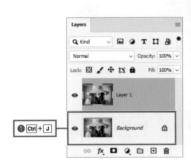

04 [Filter]-[Other]-[Minimum] 메뉴를 선택하고 반지름을 1px로 한 후 [OK]를 클릭합니다.

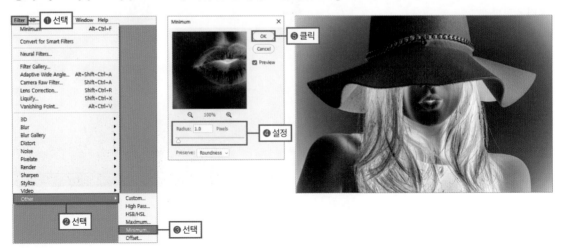

05 레이어 모드를 'Color Dodge'로 변경
합니다.

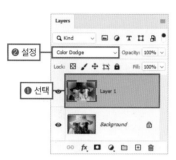

---

3 • 기능 **예제** ·

하프톤 패턴 만들기-망점 효과

◎ **준비 파일**: chapter8/Icecream.jpg

01 [File]-[Open] 메뉴를 실행하거나 Ctrl+O를 눌러
'Icecream.jpg' 파일을 불러옵니다. 새 레이어 만들기 아이콘
을 클릭해서 레이어를 추가하고 레이어 이름을 'Halftone'으
로 변경합니다.

02 하프톤 효과를 만들어 보겠습니다. 전경색
을 클릭하고 '#d07e96' 색을 선택합니다.

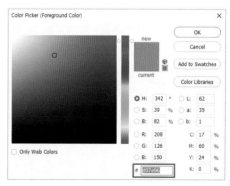

03 브러시 툴(✏)을 선택합니다. 옵션 바에서 브러시 종류를 소프트 브러시로 선택하고 크기는 700px 정도로 크게 해준 후 이미지에 브러시로 큰 원을 그립니다.

04 [Ctrl]을 누른 상태에서 [Halftone] 레이어의 섬네일을 클릭합니다.

05 툴 패널의 퀵 마스크 모드 버튼을 클릭하거나 ㉿를 눌러 퀵 마스크 모드로 전환합니다. 선택 영역의 바깥인 분홍색 원 이외의 부분이 붉게 변합니다.

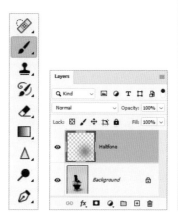

06 [Filter]-[Pixelate]-[Color Halftone] 메뉴를 실행해서 [Color Halftone]에서 Max, Radius값은 '10', Screen Angles는 Channel 1부터 Channel 4까지 모두 '45'로 설정하고 [OK]를 클릭해서 적용합니다.

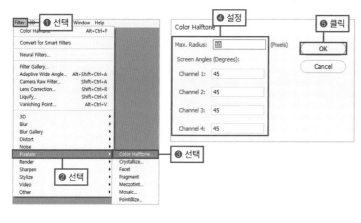

Color Halftone 필터

Color Halftone 필터는 인쇄물처럼 망점을 이용해서 이미지를 나타냅니다. Max, Radius는 망점의 크기이고, Screen Angles는 각 채널의 각도입니다. Max, Radius는 가장 큰 망점의 크기를 몇 픽셀로 할 것인지 정해주는 옵션으로 수치가 클수록 망점들이 크게 만들어집니다.

07 툴 패널의 일반 모드 아이콘을 클릭하거나 Q를 눌러 일반 모드로 빠져나옵니다. 지금은 분홍색 원의 내부가 선택된 상태입니다. 선택 영역을 반대로 바꿔서 외부의 하프톤 효과를 원래의 원에서 빼보겠습니다.

08 Ctrl + Shift + I 를 눌러 선택 영역을 반전시켜서 테두리를 포함한 분홍색 원 이외의 나머지 영역을 선택한 후 Delete 를 눌러 선택 영역을 지웁니다.

09 Ctrl + D 를 눌러 선택 영역을 해제하면 하프톤 효과가 적용된 것을 볼 수 있습니다.

10 [Layers] 패널에서 Normal로 설정되어 있는 블렌드 모드를 'Multiply'로 변경합니다.

11 Ctrl+J를 눌러 레이어를 복제하고 레이어 모드를 'Color Dodge'로 변경합니다.

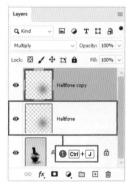

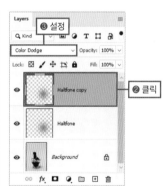

12 [Image]-[Adjustments]-[Hue/Saturation] 메뉴를
선택하고 Hue는 -112, Saturation은 -28로 조절하고 [OK]
를 클릭합니다.

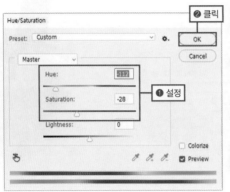

13 Ctrl+J를 눌러 레이어를 복제하고 레이어 모드를
Color Burn, Opacity를 38%로 줄입니다. 그리고 드래그합
니다.

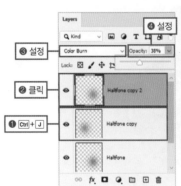

14 텍스트 툴(**T**)을 선택하고 Ice Cream을 입력합니다.

15 [Layers] 패널의 *fx*를 클릭해서 [Stroke]를 선택합니다. Size는 8px, Position은 Outside로 설정하고 왼쪽 리스트에서 'Drop Shadow'를 선택합니다.

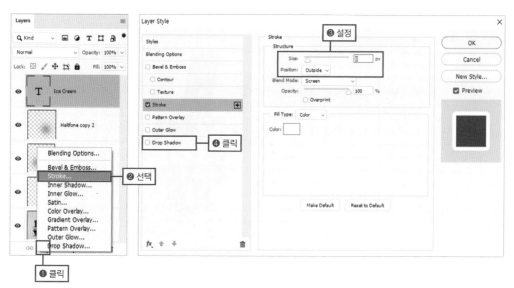

16 색은 #411521, Distance는 7px, Spread는 16px, Size는 16px로 설정하고 [OK]를 클릭합니다.

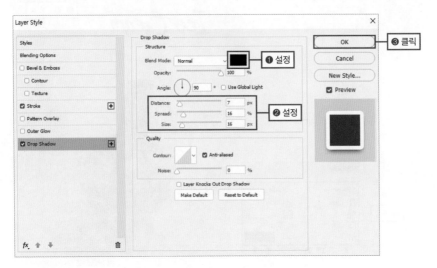

17 텍스트 툴(T)로 더미 텍스트를 넣어서 마무리합니다.

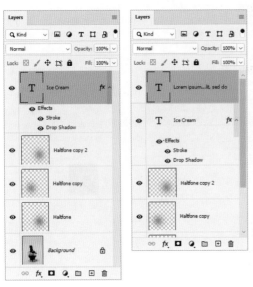

활용 예제로 배우는
실무 테크닉

앞에서 배운 기능을 활용해서 실무에서 필요한 예제를 만들어 봅니다. 표지, 홍보 이미지, 배경, 타이틀, 텍스트 등의 다양한 예제를 배우며 실무 테크닉을 학습할 수 있습니다.

심플한 표지 만들기

마스크 원리를 활용해서 심플하지만 감각적인 이미지를 만들어 봅니다.

◎ **준비 파일**: chapter9/Leaves_unsplash.jpg
◎ **완성 파일**: chapter9/01_Flayer_2.psd

01 Ctrl+N을 눌러 Print의 A4를 클릭해서 새 창을 만듭니다. Ctrl+O를 눌러 'Leaves_unsplash.jpg' 파일을 불러옵니다. 이동 툴(⊕)을 선택하고 Leaves 이미지를 클릭&드래그해서 작업 창으로 옮깁니다. Ctrl+T를 눌러 크기를 줄이고 Enter를 누릅니다.

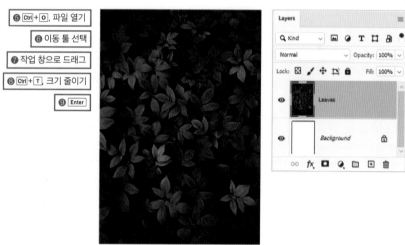

02 사각형 툴(▭)을 선택하고 상단의 옵션 바에서 모드는 Shape, Fill은 흰색으로 설정하고 사각형을 그립니다. Ctrl을 누른 채 [Background] 레이어를 클릭해서 선택합니다.

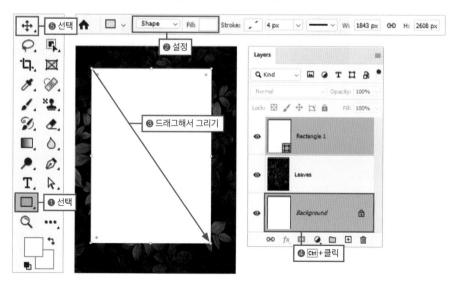

03 이동 툴(✛)을 선택하고 상단의 옵션 바에서 가운데 정렬을
클릭합니다.

04 작업의 편의를 위해 [Layers] 패널에서 Opacity를 줄여 이미지가 비치게 합니다. 레이어 마스크를
추가하고 전경색을 배경색으로 설정합니다. 브러시 툴(✏)을 선택하고 [ ], [ ]를 눌러 조절하고 드래그
합니다. 펜 툴(✒)을 사용해서 좀 더 깔끔하게 정리해도 됩니다.

05 전체적인 이미지를 보면서 흰면 위로 잎이 올라오게 처리하고 싶은 부분을 같은 방법으로 처리하고 작업이 끝난 후 Opacity를 100%로 되돌립니다.

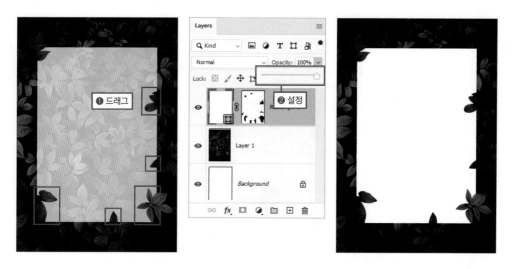

06 텍스트 툴(T)을 선택하고 클릭&드래그해서 텍스트 상자를 만들고 텍스트를 입력합니다. [Paragraph] 패널에서 Justify all을 선택해서 양옆을 맞춥니다.

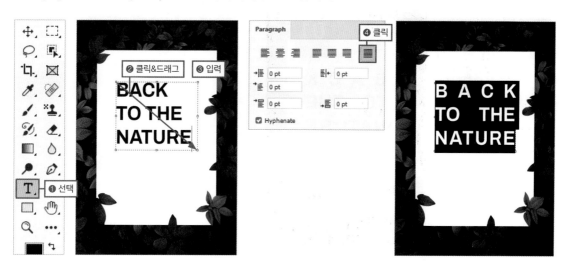

07 [Leaves] 레이어를 선택하고 `Ctrl`+`J`를 눌러 레이어를 복제한 후 맨 위로 올립니다. `Alt`를 누른 채 텍스트 레이어와 [Leaves copy] 레이어 사이를 클릭해서 클리핑 마스크를 적용합니다.

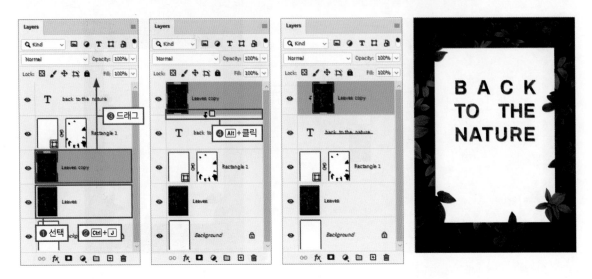

08 하단에 텍스트를 자유롭게 넣어서 마무리합니다.

02 홍보 이미지 만들기

LESSON

질감이 있는 이미지들을 합성하고 색을 더해 배경을 만들어봅니다. 다양한 오브젝트의 배치를 통해 시각적인 강약을 조절해 봅니다.

◎ **준비 파일**: chapter9/Texture_2.jpg,
◎ **완성 파일**: chapter9/03_Flayer.psd

01 Ctrl+N을 누르고 Print의 A4
를 클릭해서 새 창을 만듭니다.
[Layers] 패널 하단의 조정 레이어를
클릭하면 나타나는 팝업 메뉴에서
[Solid Color]를 선택하고 #fbaa11 색
을 선택합니다.

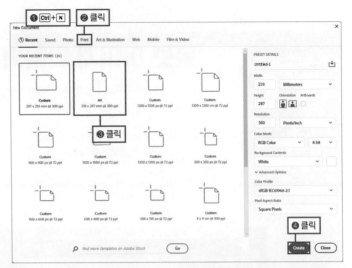

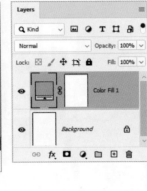

02 Ctrl+O를 눌러 'Texture_2.jpg' 파일을 불러옵
니다.

03 이동 툴(✛)을 선택하고 Texture 이미지를 클릭&드래그해서 작업 창으로 옮깁니다. Ctrl+T를 눌러 조절점이 나타나면 조절점 밖에 커서를 놓고 오른쪽으로 90도 회전해서 놓습니다. 레이어 모드를 Overlay, Opacity를 50%로 조절합니다.

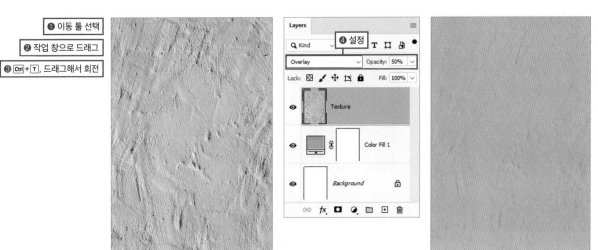

04 새 레이어를 추가하고 이름을 Brush로 합니다. 전경색을 #cc701b로 설정하고 브러시 툴(✎)을 선택한 후 옵션 바에서 Opacity를 29%로 줄입니다.

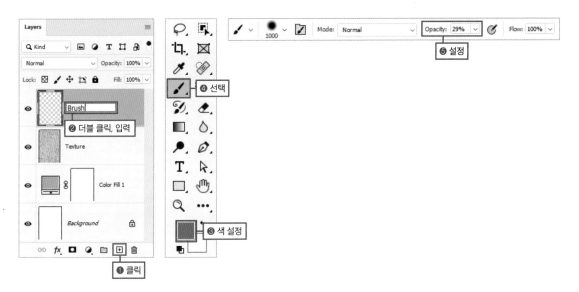

05 이미지처럼 가장자리 부분을 드래그하여 칠합니다. 레이어 모드를 Color Burn으로 변경하고 Opacity를 72%로 바꿉니다.

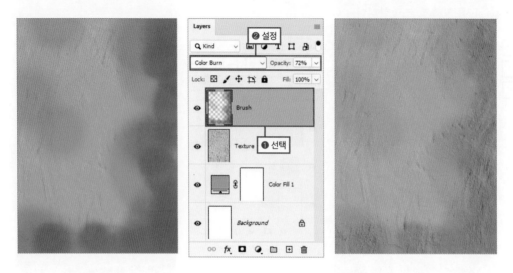

06 Ctrl+O를 눌러 'Cocktail.png' 파일을 불러오고 올가미 툴(🔎)로 오른쪽 주스 컵을 드래그해서 선택합니다. 이동 툴(⊹)을 선택하고 클릭&드래그해서 작업 창으로 옮깁니다. Ctrl+T를 눌러 조절점 이 나타나면 이미지 위에서 마우스 오른쪽 버튼을 클릭해서 나오는 메뉴에서 [Flip Horizontal]을 선택해 서 좌우로 뒤집습니다.

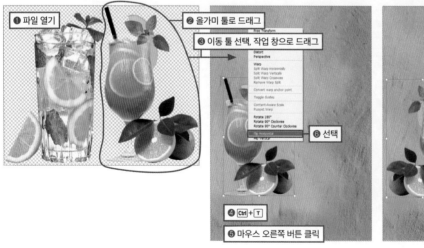

07 Cocktail 이미지에서 올가미 툴(🔲)로 왼쪽 컵을 드래그해서 선택하고 이동 툴(➕)로 작업 창으로 옮깁니다.

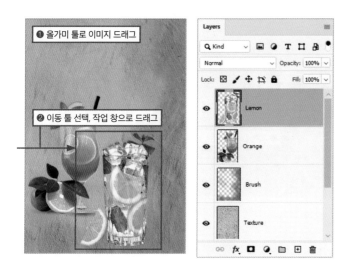

08 새 레이어를 추가하고 이름을 Shadow_1로 합니다. 그레이디언트 툴(🔲)을 선택하고 옵션 바에서 형태를 원형으로 합니다. 색상 바를 클릭해서 [Gradient Editor] 대화상자를 열고 검은색에서 투명으로 빠지는 그레이디언트를 설정하고 [OK]를 클릭합니다.

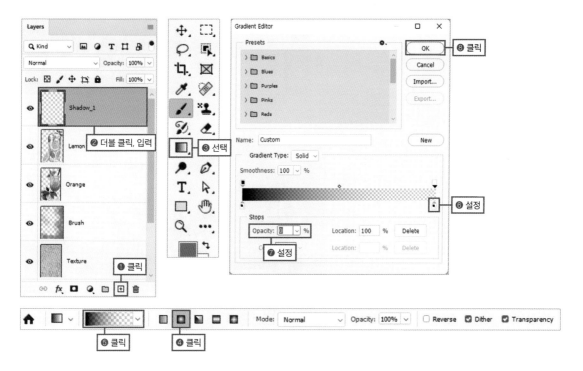

09 Cocktail 이미지 하단을 드래 그해서 그레이디언트를 그린 후 Ctrl+ T를 눌러 조절점이 나타나면 Shift 를 누른 채 위에서 아래로 드래그해 서 그림자 형태를 만듭니다.

10 [Layers] 패널에서 레이어의 위치 를 컵 아래로 내리고 Opacity를 79%로 줄 입니다.

11 같은 방법으로 주스 컵 부분에도 그림자를 추가합니다.

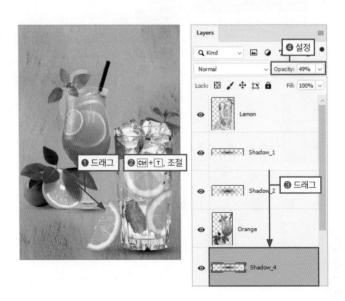

12 [Orange] 레이어를 선택하고 Ctrl +
J를 눌러 레이어를 복제한 후 이동 툴
(⊕)로 오른쪽 상단에 놓습니다.

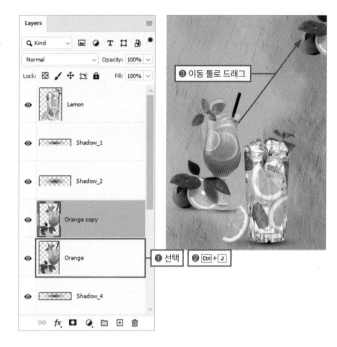

13 Ctrl + O를 눌러 'Fruits.png' 파일을 불러온 후 자유롭게 배치합니다.

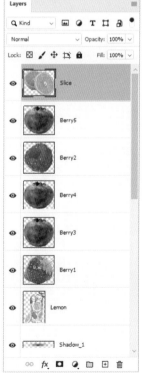

14 타원 툴(◯)을 선택하고 옵션 바에서 모드는 Shape, Fill은 색 없음, Stroke는 #ffffff, 20px로 설정합니다. 왼쪽 상단에서 Shift 를 누른 채 드래그해서 정원을 그립니다.

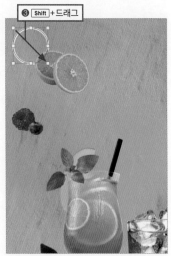

15 텍스트 툴(T)로 원 안에 '100% pure'를 입력합니다.

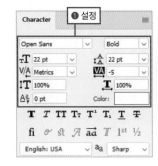

16 폰트를 선택하고 오른쪽 상단에 텍스트를 입력합니다.

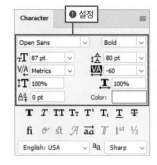

17 [Layers] 패널에서 *fx*(fx.)를 클릭해서 [Drop Shadow]를 선택한 후 [Layer Style] 대화상자에서 Distance는 30px, Spread는 30px, Size는 50px로 조절하고 [OK]를 클릭합니다.

18 마지막으로 서브 텍스트를 넣어서 마무리합니다.

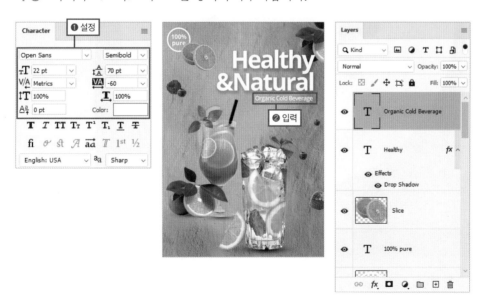

패턴으로 배경 만들기

패턴을 활용해서 배경 이미지를 만들어 봅니다. 패턴은 선, 면, 색 등이 규칙성을 갖고 반복되는 것을 말합니다. 패턴을 이용하면 단순하지만 넓은 면적을 효율적으로 채울 수 있습니다.

⊙ **준비 파일**: chapter9/Pattern.png, Berries.png
⊙ **완성 파일**: chapter9/07.psd

01 Ctrl+N을 누르고 Print의 A4
를 클릭해서 새 창을 만듭니다. Ctrl+
O를 눌러 'Pattern.png' 파일을 불러
옵니다.

02 [Edit]-[Define Pattern] 메뉴를 선택해서 불러온 이미지를 패턴으로 등
록합니다.

03 [Edit]-[Fill] 메뉴를 선택하고 [Fill] 대화상자에서 Contents를 Pattern으로 한 후 Custom Pattern에서 등록한 패턴을 선택하고 [OK]를 클릭합니다.

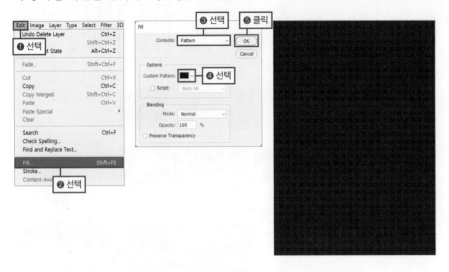

04 [Layers] 패널에서 [Hue/Saturation]을 선택하고 [Properties] 패널에서 Hue는 -91, Saturation은 -31, Lightness는 -54로 조절합니다.

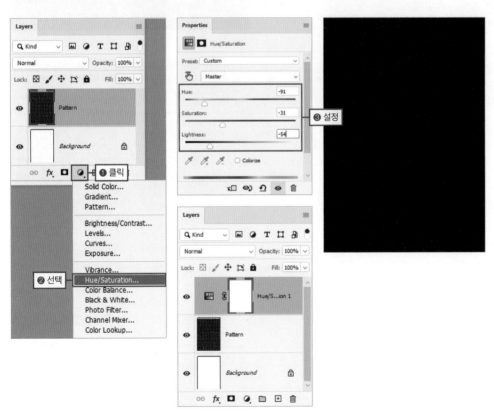

05 Ctrl + O 를 눌러 'Berries.png' 파일을 불러옵니다. [Berries] 레이어와 [Background] 레이어를 선택하고 이동 툴(✛)의 옵션 바에서 정렬 기능을 사용해서 가운데 정렬합니다.

06 사각형 툴(▢)을 선택한 후 옵션 바에서 Fill과 Stroke를 모두 흰색으로 설정하고 선 두께를 15px로 조절한 다음 사각형을 그립니다.

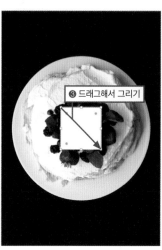

07 [Layers] 패널에서 Fill을 27%로 줄이면 가운데 면이 투명해져서 아래 이미지가 보이게 되고 선은 또렷하게 남게 됩니다.

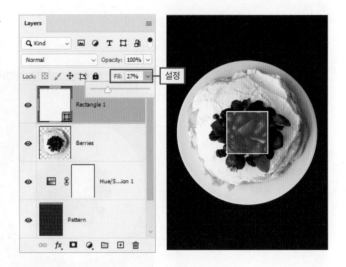

08 마지막으로 텍스트를 넣어서 마무리합니다.

타이포와 이미지 조합하기

마스크 효과를 사용하면 위에 있는 타이포가 아래에 놓인 것처럼 연출할 수 있습니다. 이미지와 타이포의 절묘한 조화를 표지 등에 활용하면 좋습니다.

◎ **준비 파일**: chapter9/Texture.jpg
◎ **완성 파일**: chapter9/02_Flayer_3.psd

01 Ctrl+N을 누르고 Print의 A4
를 클릭해서 가로 방향의 새 창을 만
듭니다. Ctrl+O를 눌러 'Texture.jpg'
파일을 불러옵니다. 이동 툴(✛)을
선택하고 Texture 이미지를 클릭&드
래그해서 작업 창으로 옮깁니다.

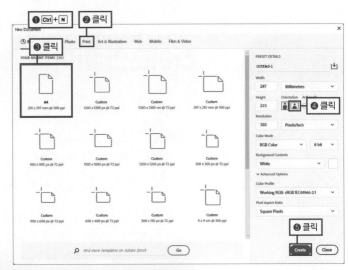

02 새 레이어를 추가하고 전경색을 #120606으로 설정하고 Alt+Delete를 눌러 전체를 채웁니다.

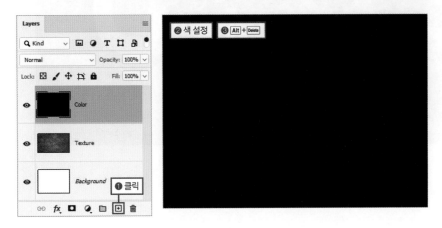

03 [Layers] 패널에서 레이어 모드를 Soft Light로 변경합니다.

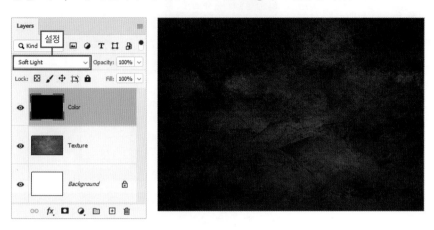

04 Ctrl+O를 눌러 'Food_unsplsh.jpt' 파일을 불러옵니다. 사각 선택 툴(⬚)을 선택하고 옵션 바에서 Feather를 50px로 변경하고 가운데 부분을 드래그해서 선택합니다.

05 이동 툴(⊕)로 클릭&드래그해서 작업 창으로 옮깁니다.

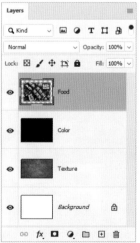

06 Ctrl+T를 눌러 조절점이 나타나면 이미지 위에서 마우스 오른쪽 버튼을 클릭해서 나오는 메뉴에서 [Flip Horizontal]을 선택해서 이미지를 좌우로 뒤집습니다. [Image]-[Adjustments]-[Levels] 메뉴를 선택해서 이미지의 대비와 밝기를 보정합니다.

07 텍스트 툴(T)을 선택하고 FOOD를 한 글자씩 각각 입력합니다.

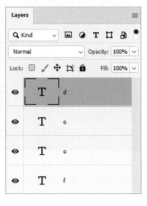

08
Shift 를 누른 채 4개의 레이어를 모두 선택한 후 Ctrl + G 를 눌러 그룹으로 만들고 이름을 Food로 합니다.

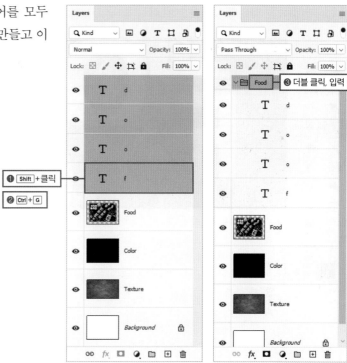

09
[f] 레이어에 레이어 마스크를 추가합니다.

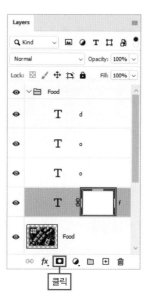

10 전경색을 검은색으로 하고 브러시 툴()로 칠해서 아래에 있는 이미지가 보이도록 합니다.

11 다른텍스트에 대해서도 같은 방법으로 마스크를 적용합니다. 마스크 레이어를 추가하고 브러시로 칠하여 글씨가 이미지 아래 있는 것처럼 보이도록 합니다.

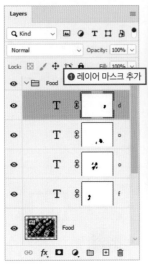

12
[o] 레이어 위에 새 레이어를 추가하고 이름을 Shadow_1로 합니다. 사각 선택 툴(▣)로 그림자를 처리할 영역을 선택합니다.

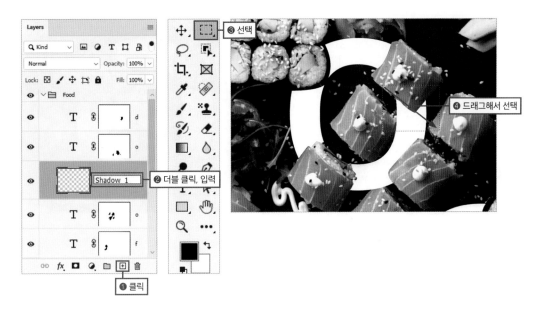

13
그레이디언트 툴(▣)을 선택하고 [Gradient Editor] 대화상자에서 검은색에서 투명으로 된 그레이디언트를 설정하고 [OK]를 클릭합니다. 선택한 사각형 영역에 드래그해서 그레이디언트를 적용합니다.

14 Alt를 누른 채 레이어 사이를 클릭해서 클리핑 마스크를 적용하고 Opacity를 59%로 줄여 자연스러운 그림자를 만듭니다.

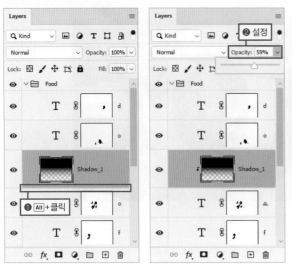

15 같은 방법으로 'O'의 윗부분과 아랫부분에도 그림자를 추가해서 넣습니다.

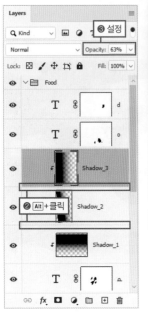

❶ 영역 선택 후 드래그

16 다른 텍스트들에도 그림자를 넣어서 텍스트 부분을 완성합니다.

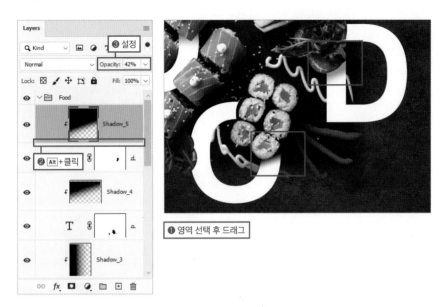

● 영역 선택 후 드래그

17 사각형 툴(□)을 선택하고 상단의 옵션 바에서 Shape 모드, Fill은 색 없음, Stroke는 #ff9900, 8px로 설정합니다. 클릭&드래그해서 사각형을 그립니다.

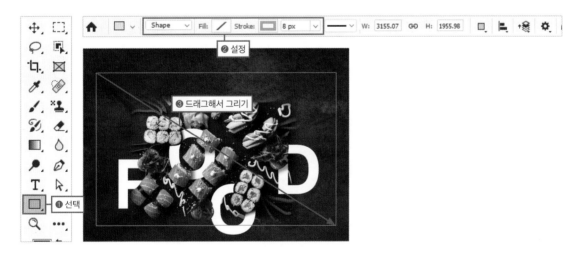

18 레이어 마스크를 추가하고 사각 선택 툴(▢)로 가운데 부분을 선택
합니다. 전경색을 검은색으로 설정하고 Alt + Delete 를 눌러 마스크를 적용한
후 Ctrl + D 를 눌러 선택 영역을 해제합니다.

❶ 레이어 마스크 추가

❷ 선택 ❸ 드래그해서 선택 ❹ 색 설정 ❺ Alt + Delete ❻ Ctrl + D

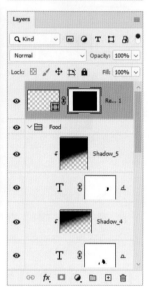

19 가운데에 텍스트를 넣어서 마무리합니다.

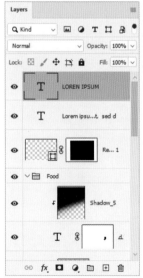

텍스트 툴로 입력

다양한 이미지 합성하기

주제와 관련된 이미지들을 레이어 모드를 사용해서 합성해 배경 이미지를 만들어 봅니다.

◎ **준비 파일**: chapter9/Black.jpg, Background.jpg, Coffee.psd, Coffee.jpg
◎ **완성 파일**: chapter9/04_Layermode.psd

01

Ctrl + N 을 눌러 가로, 세로 모두 1200px, 해상도는 72Pixels/Inch로 설정해서 새 창을 만듭니다.

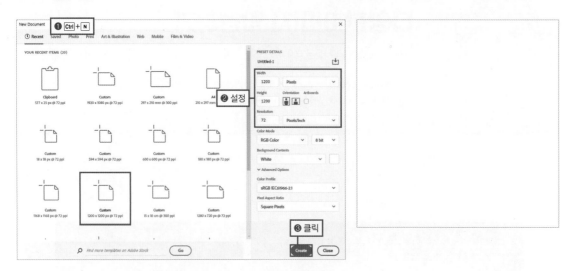

02

Ctrl + O 를 눌러 'Black.jpg' 파일을 불러오고 이동 툴(✛)로 옮겨 놓습니다.

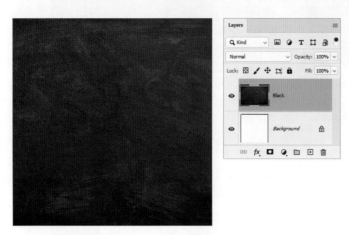

03 Ctrl+O를 눌러 'Black.jpg, Background.jpg' 파일을 불러와서 옮겨 놓고 [Layers] 패널에서 레이어 모드를 Soft Light로 변경합니다.

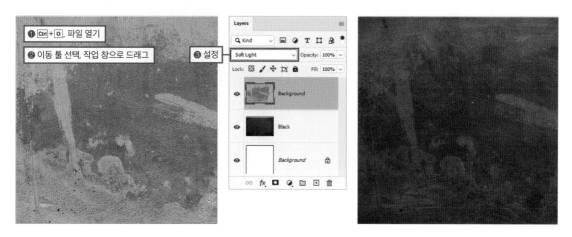

04 [Layers] 패널 하단의 조정 레이어를 클릭하면 나타나는 팝업 메뉴에서 [Gradient]를 선택하고 색상 바를 클릭해서 [Gradient Editor] 대화상자를 엽니다.

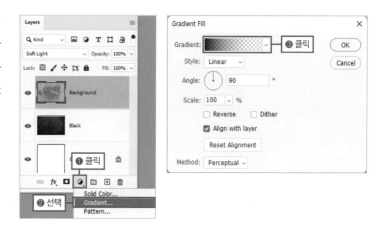

05 [Gradient Editor] 대화상자에서 색을 추가해서 이미지와 같이 편집한 후 #997440, #6b4612, #7f5315, #513109 색으로 설정하고 [OK]를 클릭합니다. Style은 Reflected, 각도는 110도로 조절하고 [OK]를 클릭합니다.

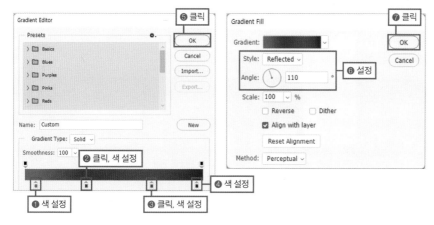

06 레이어 모드를 Hard Light로 변
경하고 Opacity를 72로 조절합니다.

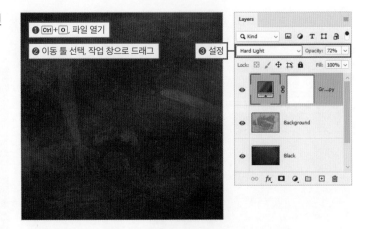

① Ctrl + O , 파일 열기

② 이동 툴 선택, 작업 창으로 드래그

③ 설정

07 Ctrl + O 를 눌러 'Coffee.psd' 파일을 불러오고 이동 툴(⊕)로 이미지를 옮깁니다. 레이어 모드를
Soft Light로 변경해서 배경과 자연스럽게 합성합니다.

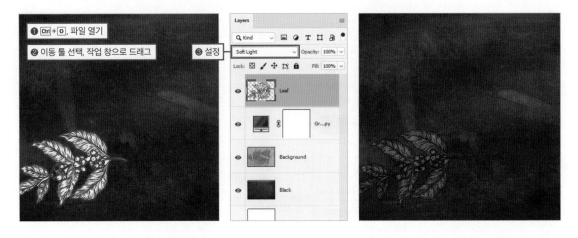

① Ctrl + O , 파일 열기

② 이동 툴 선택, 작업 창으로 드래그

③ 설정

08 Ctrl + J 를 눌러 레이어를 복제하고 마우스 오른쪽 버튼을 클릭해서 나오는 메뉴에서 [Flip
Horizontal]을 선택해서 이미지를 좌우로 뒤집어 오른쪽에 놓습니다.

① Ctrl + J

② Ctrl + T   ③ 마우스 오른쪽 버튼 클릭

④ 선택

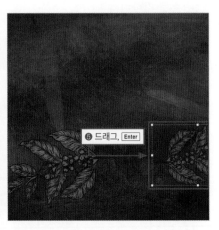

⑤ 드래그, Enter

09 `Ctrl`+`J`를 눌러 레이어를 복제하고 회전해서 가운데에 하나 더 놓습니다.

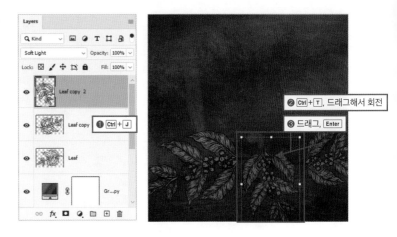

② `Ctrl`+`T`, 드래그해서 회전

③ 드래그, `Enter`

10 Coffee.psd 파일에서 다른 이미지들(커피 자루, 커피 콩)도 이동 툴(⊕)로 옮기고 레이어 모드를 변경하여 놓습니다.

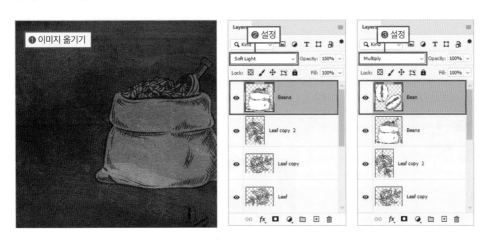

❶ 이미지 옮기기

② 설정

③ 설정

11 [Bean] 레이어를 복제해서 자루 위에 놓습니다. 레이어 모드와 위치를 자유롭게 변경해 봅니다.

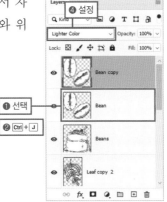

❹ 설정

❶ 선택

② `Ctrl`+`J`

③ 드래그

12 Ctrl+O를 눌러 'Coffee.jpg' 파일을 불러오고 커피 잔을 개체 선택 툴(🔳)로 선택합니다. 손잡이 안쪽은 빠른 선택 툴(🖌)을 선택하고 옵션 바에서 빼기 아이콘을 클릭한 후 드래그해서 정리합니다.

13 [Image]-[Adjustments]-[Replace Color] 메뉴를 선택하고 스포이트로 잔을 선택합니다. Hue는 -180, Saturation은 -20, Lightness는 60으로 변경한 후 [OK]를 클릭합니다.

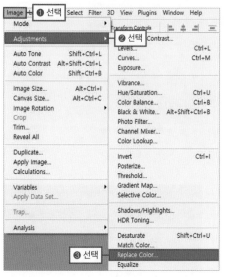

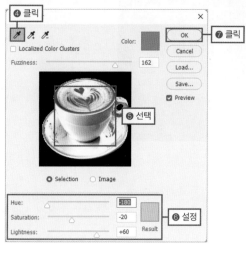

14 이동 툴(⊕)로 작업 창으로 옮깁니다. Ctrl + T 를 눌러 조절점이 나타나면 드래그해서 크기를 줄이고 Enter 를 누릅니다.

15 새 레이어를 추가하고 이름을 Shadow로 하고 [Coffee] 레이어 밑에 놓습니다. 전경색은 #3a220b를 선택하고 브러시 툴(✎)로 그립니다.

16 Ctrl+T를 눌러 조절점이 나
타나면 Shift를 누른 채 위에서 아래
로 드래그한 후 레이어 모드를 Hard
Light, Opacity를 61%로 변경합니다.

17 텍스트 툴(T)을 선택하고 텍스트를 넣어서 마무리합니다.

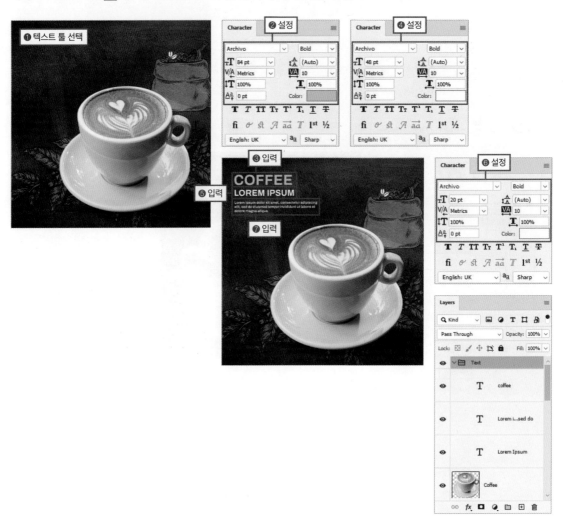

방사형 배경 활용하기

배경에 많이 사용되는 방사형은 밖으로 확산되는 이미지이기 때문에 가운데의 오브젝트를 강조하고 받쳐주는 역할을 합니다. 필터를 활용해서 방사형의 배경을 만들어 봅니다.

◎ **준비 파일**: chapter9/Shoes.jpg
◎ **완성 파일**: chapter9/05_Filter.psd

01 [Ctrl]+[N]을 눌러 가로, 세로 모두 1200px, 해상도는 72Pixels/Inch로 설정해서 새 창을 만듭니다.

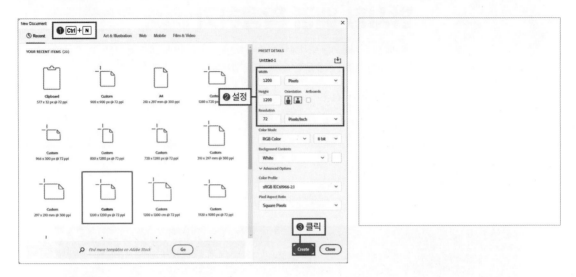

02 [Layers] 패널에서 [Background] 레이어의 자물쇠를 클릭해서 일반 레이어로 만들고 *fx*를 클릭해서 [Gradient Overlay]를 선택합니다.

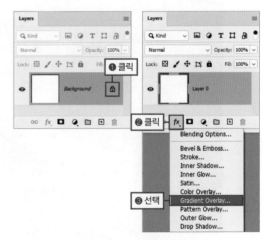

03 그레이디언트 색 바를 클릭해서 색을 #0578d1, #012057로 설정하고 Style은 Radial, Angle은 94도, Scale은 150%로 조절하고 [OK]를 클릭합니다.

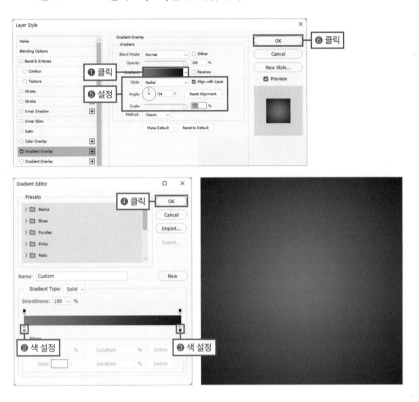

04 패턴을 만들기 위해 Ctrl+N을 눌러 30*10 크기의 새 창을 만듭니다. 흰색을 채우고 [Edit]-[Define Pattern] 메뉴를 선택해서 패턴으로 등록합니다.

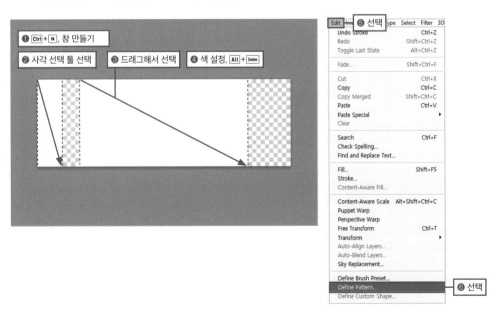

05 새 레이어를 추가하고 [Edit]-[Fill] 메뉴를 선택
해서 나오는 [Fill] 대화상자에서 등록한 패턴을 선택
하고 [OK]를 클릭합니다. [Layers] 패널에서 마우스
오른쪽 버튼을 클릭해서 나오는 메뉴에서 [Convert
to Smart Object]를 선택해서 스마트 오브젝트로 변경
합니다.

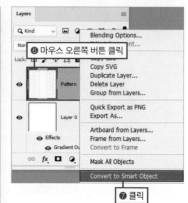

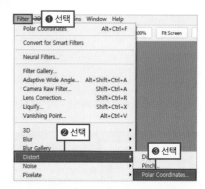

06 [Filter]-[Distort]-[Polar Coordinates] 메뉴를 선택하고
[Polar Coordinates] 대화상자에서 Rectangle to Polar를 선택한
후 [OK]를 클릭합니다.

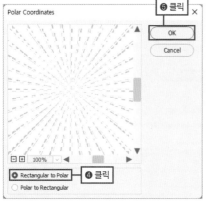

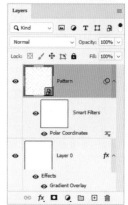

07 [Filter]-[Blur]-[Gaussian Blur] 메뉴를 선택하고 Radius를 4.2px로 조절하고 [OK]를 클릭합니다.

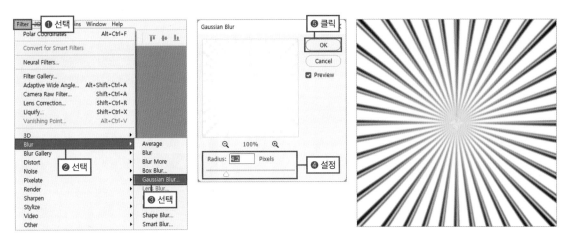

08 [Layer 0] 레이어에 적용된 레이어 스타일을 복제하기 위해 Alt 를 누른 채 Effects를 클릭&드래그 해서 복제합니다.

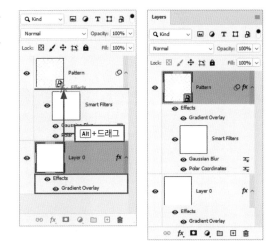

09 복제한 레이어 스타일을 편집하기 위해 적용된 효과를 더블 클릭합니다. Blend Mode는 Darker Color, Style은 Diamond로 선택하고 [OK]를 클릭합니다.

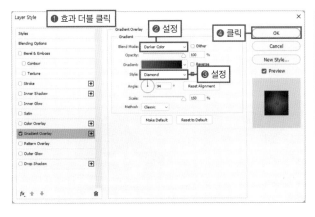

10 새 레이어를 추가하고 전경색을 #01b2ea로 선택합니다. 브러시 툴(🖌)을 선택하고 크기를 조절한 후 가운데에 그립니다.

11 [Filter]-[Blur]-[Gaussian Blur] 메뉴를 선택하고 [Gaussian Blur] 대화상자에서 Radius를 78.4Pixels로 조절하고 [OK]를 클릭해서 좀 더 자연스럽게 퍼지도록 합니다.

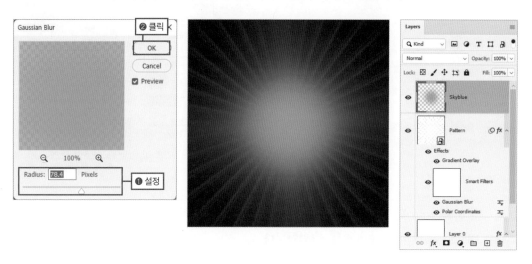

12 Ctrl+O를 눌러 'Shoes.jpg' 파일을 불러옵니다. 개체 선택 툴(🔲)로 신발을 선택하고 이동 툴(➕)을 선택해서 작업 창으로 옮깁니다.

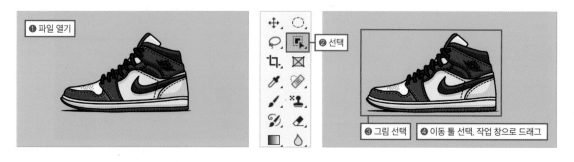

13 선택 영역을 좀 더 깔끔하게 조절하기 위해 [Select]-[Modify]-[Contract] 메뉴를 선택하고 2pixels를 설정하고 [OK]를 클릭합니다.

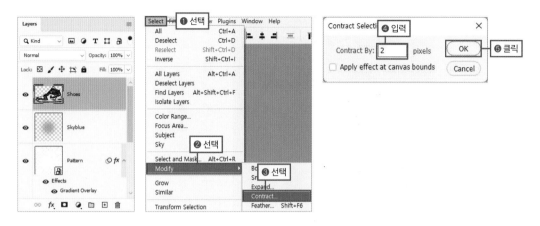

14 Ctrl+Shift+I 를 눌러 선택 영역을 반대로 뒤집고 Delete 를 눌러 지운 후 Ctrl+D 를 눌러 선택 영역을 해제합니다.

15 Ctrl+T 를 눌러 크기를 줄이고 회전시켜 놓은 후 Enter 를 누릅니다.

16 그룹 레이어를 만들고 이름을 Label로 합니다. 전경색을 #ffd234로 선택하고 타원 툴(◯)로 원을 그립니다. 옵션 바에서 Subtract를 선택하고 위에 구멍을 뚫습니다.

17 *fx*를 클릭해서 [Drop Shadow]를 선택하고 그림자를 넣습니다.

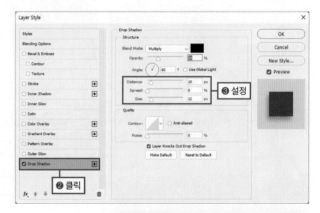

18 브러시 툴(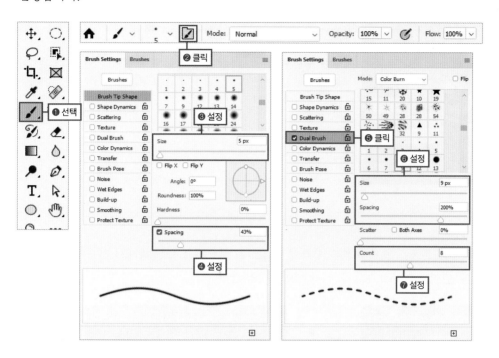)을 선택하고 옵션 바에서 Brush Settings 아이콘을 클릭해서 패널을 엽니다. Size 는 5px, Spacing은 43%로 조절하고 Dual Brush를 선택한 후 Size는 9px, Spacing은 200%, Count는 8로 설정합니다.

19 [Layers] 패널에서 새 레이어 를 추가하고 설정한 브러시로 점선을 그립니다.

20 텍스트 툴(T)로 텍스트를 입력해서 넣습니다.

21 왼쪽 상단에 텍스트들을 넣고 버튼은 사각형 툴(□)을 선택하고 옵션 바에서 라운딩을 30px로 설정한 후 그립니다. 원이나 다른 도형들을 몇 개 넣어 마무리합니다.

카툰 스타일 이미지 만들기

하프톤 패턴과 말풍선에 다채로운 색을 더해 카툰 스타일의 이미지를 만들어 봅니다.

◎ **완성 파일**: chapter9/catoon.psd

01 Ctrl + N 을 눌러 가로, 세로 모두 1200px, 해상도는 72Pixels/Inch로 설정해서 새 창을 만듭니다.

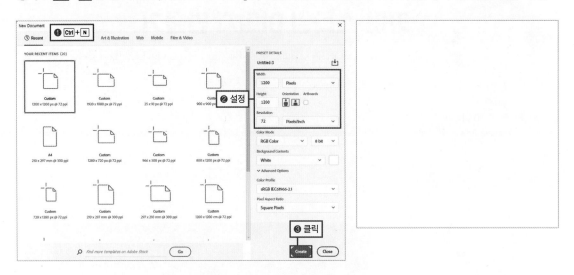

02 사각형 툴(□)을 선택하고 상단의 옵션 바에서 Shape로 설정하고 사각형을 그립니다. [Layers] 패널에서 *fx*를 클릭해서 [Gradient Overlay]를 선택합니다. [Layer Style] 대화상자에서 그레이디언트 색 은 #58009d, #ae2ffe로 설정합니다.

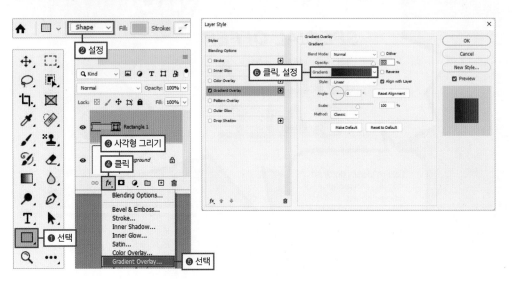

03 Stroke 항목을 체크하고 Size는 10, Position은 Outside, Fill Type은 Color로 설정하고 #231c64 색을 선택하고 [OK]를 클릭합니다.

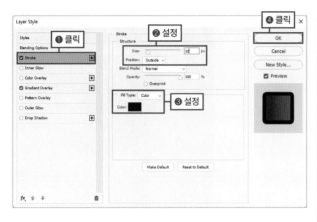

04 같은 방법으로 원하는 색을 사용해서 만듭니다.

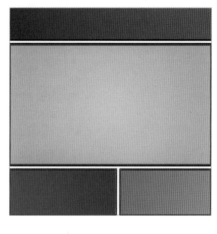
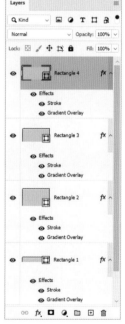

05 브러시 툴(✐)을 선택하고 전경색은 #6b0bb0, 브러시 크기는 800으로 설정하고 가운데 부분을
클릭합니다.

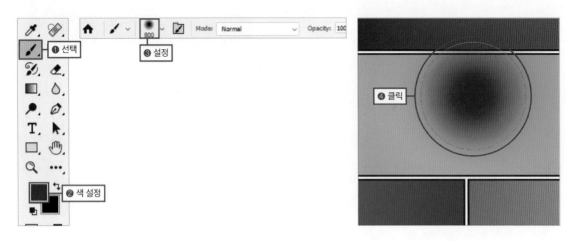

06 [Ctrl]을 누른 채 [Layer 1] 레이어의 섬네
일을 클릭해서 선택 영역으로 만들고 [Q]를 눌
러 마스크 모드로 들어갑니다. 툴 패널의 마스
크 모드 아이콘을 클릭해도 됩니다.

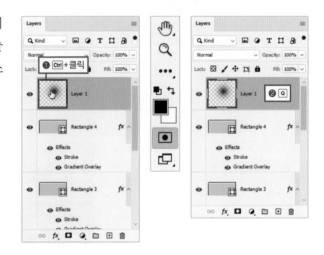

07 [Filter]-[Pixelate]-[Color Halftone] 메뉴를 선택하고 [OK]를 클릭합니다.

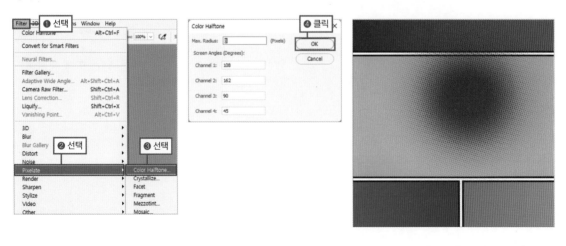

08 Q를 누르거나 마스크 모드 아이콘을 클릭해서 일반 모드로 만들고 Ctrl + Shift + I 를 눌러 선택 영역을 뒤집습니다. Delete 를 눌러 뒤집어진 선택 영역을 지우고 Ctrl + D 를 눌러 선택 영역을 해제합니다.

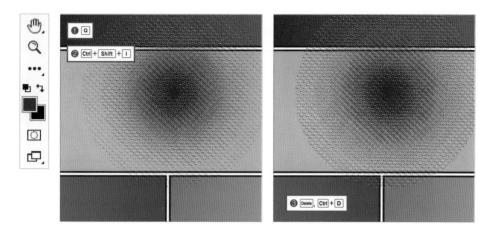

09 레이어 모드를 Linear Dodge, 레이어 이름을 Halftone으로 변경하고 이동 툴(⊕)로 오른쪽 상단으로 옮겨 놓습니다.

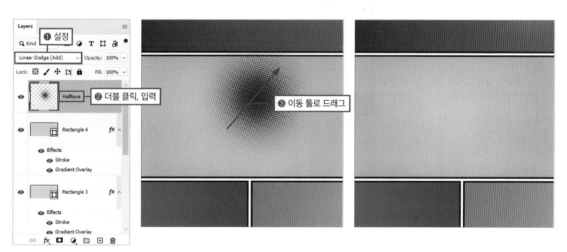

10 Ctrl+J를 눌러 레이어를 복제하고 하단으로 옮깁니다. [Image]-[Adjustments]-[Hue/Saturation] 메뉴를 선택하고 Hue를 -36으로 조절하고 [OK]를 클릭합니다.

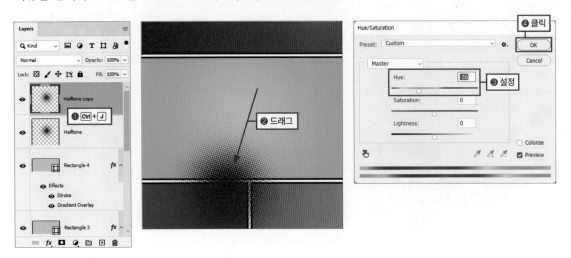

11 하단 사각형의 레이어 섬네일을 Ctrl을 누른 채 클릭해서 선택 영역으로 만들고 [Halftone copy] 레이어를 선택한 후 레이어 마스크를 클릭합니다.

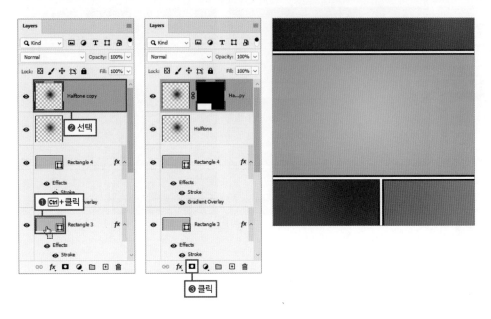

12 [Halftone] 레이어를 복제하고 Hue를 +34로 변경해서 오른쪽에 놓습니다.

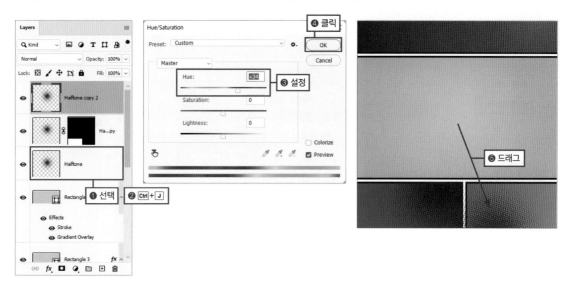

13 하단 오른쪽 사각형의 레이어 섬네일을 Ctrl을 누른 채 클릭해서 선택 영역으로 만듭니다.
[Halftone copy 2] 레이어를 선택하고 레이어 마스크 아이콘을 클릭해서 레이어 마스크를 적용합니다.

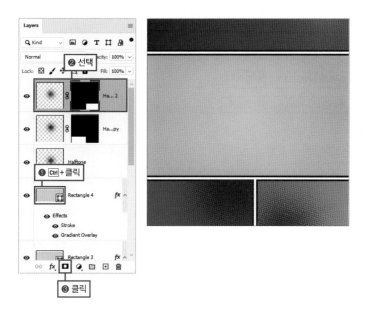

14 방사형 배경을 만들기 위해 1200*1200 크기의 새 창을 만듭니다. 새 레이어를 추가하고 사각 선택 툴(⬚)로 가로폭은 9px로 선택 영역을 잡고 #f6a62c 색을 입힙니다. Ctrl+J 를 19번 눌러 레이어를 복제합니다

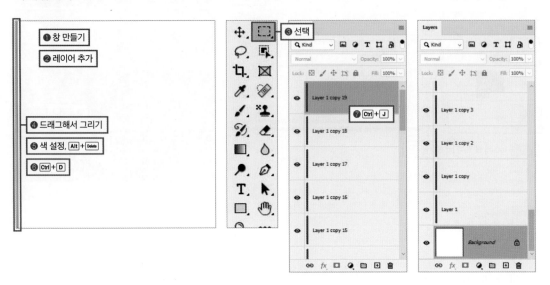

15 맨 위의 레이어와 [Background] 레이어를 선택하고 오른쪽 정렬을 합니다.

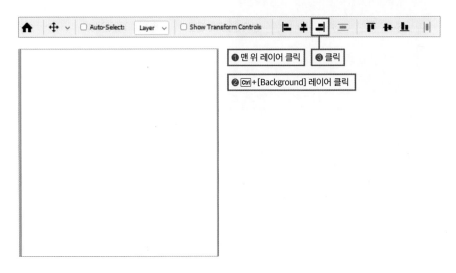

16 [Shift]를 누른 채 모든 레이어를 선택하고 균등 분배(Distribute Horizontally) 아이콘을 클릭해서 등간격으로 배치합니다. 그런 다음 [Ctrl]+[E]를 눌러 하나의 레이어로 합칩니다.

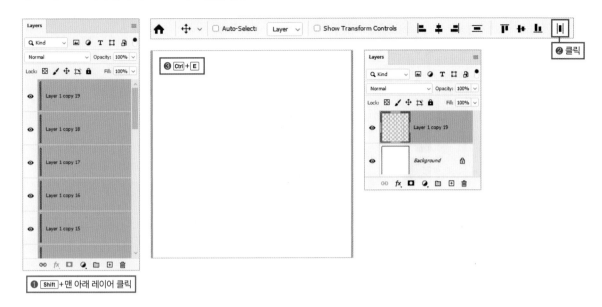

17 [Filter]-[Distort]-[Polar Coordinates] 메뉴를 선택하고 [Polar Coordinates] 대화상자에서 Rectangular to Polar를 체크하고 [OK]를 클릭합니다.

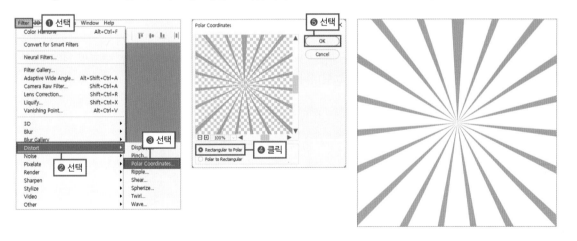

18 Ctrl을 누른 채 가운데 사각형 레이어의 섬네일을 클릭
해서 선택 영역으로 만들고 레이어 마스크를 추가합니다.

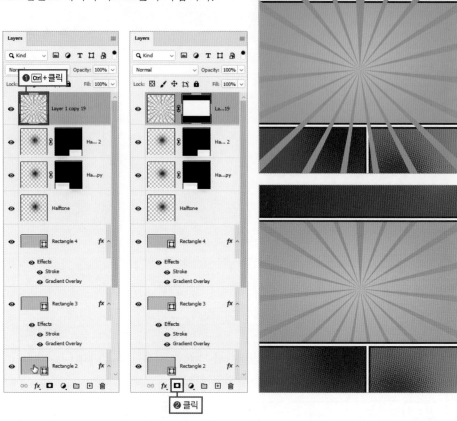

19 커스텀 셰이프 툴(⭐)을 선택하고 Legacy Shapes and More→All Legacy Default Shapes→
Talk Bubbles에 있는 셰이프를 선택하고 그립니다.

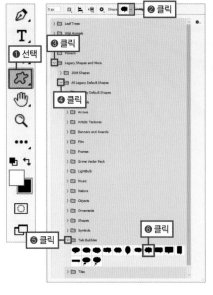

20 텍스트 툴(**T**)을 선택하고 원하는 내용을 입력합니다.

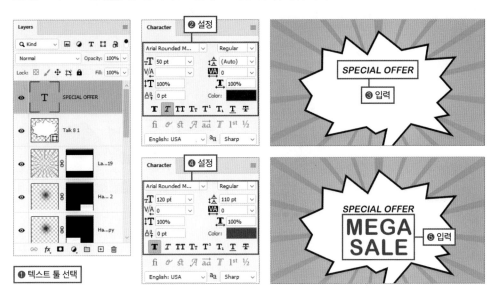

21 Drop Shadow를 선택하고 Opacity는 25%, Angle은 90도, Distance는 10을 설정하고 [OK]를 클릭합니다. 그런 다음 Stroke 항목을 선택하고 Size는 2, Position은 Outside, Color는 흰색으로 설정하고 [OK]를 클릭합니다.

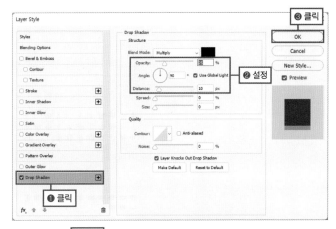

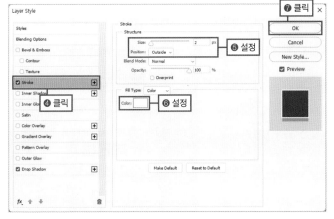

22 Talk Bubbles에 있는 셰이프를 선택하고 말풍선을 하나 더 그리고 텍스트를 입력합니다.

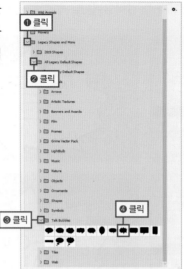

23 Nature 폴더에 있는 구름을 선택하고 그려 넣습니다.

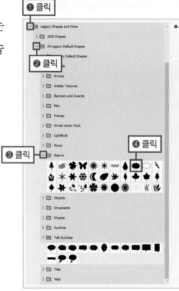

24 다른 셰이프 툴들을 사용해서 꾸며 봅니다. 마지막으로 원을 그리고 70%를 입력해서 마무리합니다. %는 [Character] 패널의 Superscript를 선택해서 작성합니다.

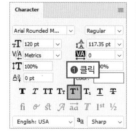

이미지에 역동감 연출하기

필터를 활용해서 역동감 넘치는 이미지를 연출해 봅니다. 간단하지만 효과적으로 사용할 수 있습니다.

◎ **준비 파일**: chapter9/Football.jpg
◎ **완성 파일**: chapter9/Football.psd

LESSON

01 Ctrl+O를 눌러 'Football.jpg' 파일을 불러옵니다.

02 [Image]-[Adjustments]-[Levels] 메뉴를 선택하고 [Levels] 대화상자에서 Input Levels를 0, 0.8, 239로 수정하고 [OK]를 클릭합니다.

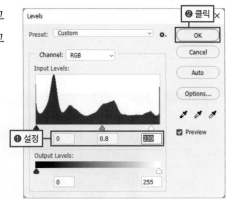

03 개체 선택 툴(📷)을 선택하고 오른쪽 남자부터 선택합니다. 선택이 안 된 부분이 있다면 올가미로 드래그해서 추가해 선택합니다. Ctrl+C를 눌러 복제하고 Ctrl+V를 눌러 붙여 넣습니다. 레이어 이름을 Man_1로 변경합니다.

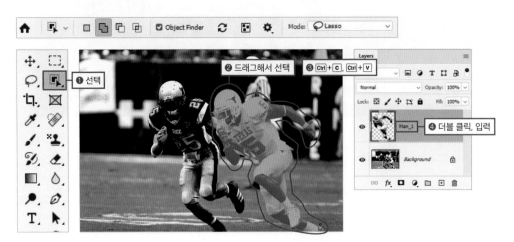

04 　왼쪽의 남자도 같은 방법으로 선택하고 선택 영역을 더하거나 빼서 선택합니다. Ctrl+C를 눌러 복제하고 Ctrl+V를 눌러 붙여 넣습니다. 레이어 이름을 Man_2로 변경합니다.

05 　[Filter]-[Stylize]-[Wind] 메뉴를 선택하고 Method는 Wind, Direction은 From the Left를 선택하고 [OK]를 클릭합니다. Alt+Ctrl+F를 눌러 한 번 더 적용합니다.

06 레이어 마스크를 추가하고 검은색 브러시로 효과가 과한 부분을 칠해서 줄입니다. Opacity를 낮춰서 조절하는 것이 효과적입니다.

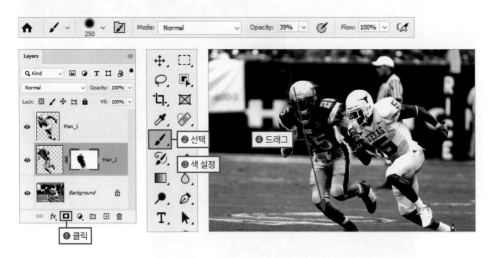

07 같은 방법으로 Man_1 레이어에도 적용합니다.

08 [Background] 레이어를 Ctrl+J를 눌러 복제하고 맨 위로 올려 놓습니다. [Filter]-[Other]-[High Pass] 메뉴를 선택하고 Radius를 4Pixels로 조절하고 [OK]를 클릭합니다.

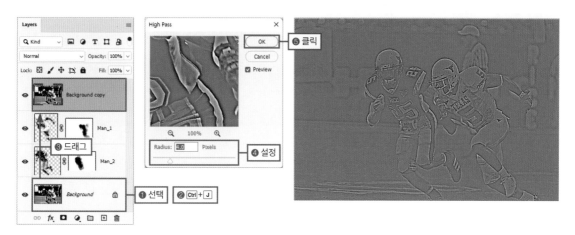

09 레이어 모드를 Overlay로 변경해서 마무리합니다.

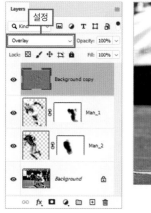

유동적인 이미지 만들기

유동적인 형태가 주는 자유로움에 생동감 있는 그레이디언트를 더해 상상력을 자극하는 이미지를 만들어 봅니다.

◎ **준비 파일**: chapter9/Dancer.jpg
◎ **완성 파일**: chapter9/Dancer.psd

L E S S O N

Lorem Ipsum
dolor sit amet, consectetur adipiscing elit

01 Ctrl + N 을 눌러 가로, 세로 모두
1200px, 해상도는 72Pixels/Inch로 설정해서
새 창을 만듭니다.

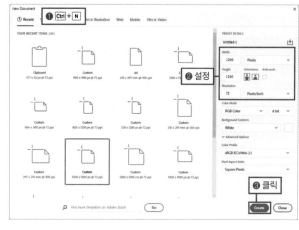

02 펜 툴(◈)을 선택하고 옵션 바에서 Path로 설정합니다.

03 인물의 형태를 따라 패스로 그리고 Ctrl + Enter 를 눌러 선택 영역으로 만듭니다.

04 이동 툴(⊕)로 클릭&드래그해서 작업 창으로 옮깁니다. 레이어 이름을 Dancer로 변경합니다.

 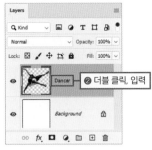

05 인물에 어울리는 배경을 만들어 보겠습니다. 펜 툴
(⌀)을 선택하고 옵션을 Shape로 해서 자유롭게 그립니다.

06 Shape로 자유롭게 그리고 그레이디언트를 적용합니다.

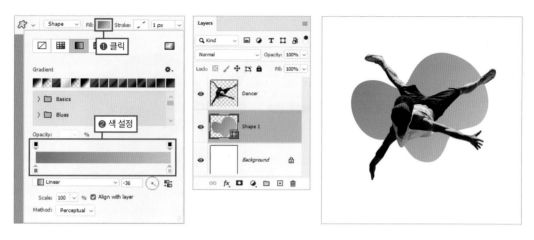

07 펜 툴(⬗)을 선택하고 옵션 바에서 모드를 Shape로 변경합니다. #4c4c4c 색을 설정해서 그린 후 레이어 모드를 Color Burn으로 변경합니다.

08 Ctrl+J를 눌러 [Shape 2] 레이어를 복제한 후 [Shape 1] 밑에 놓고 레이어 모드를 Normal로 변경합니다. 옵션 바에서 그레이디언트를 적용하고 각도를 0도로 설정합니다.

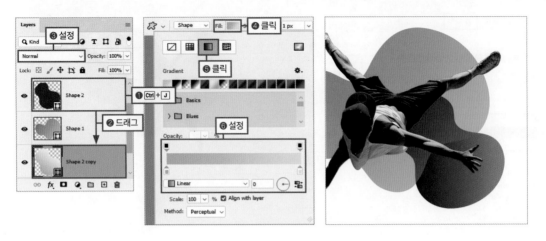

09 펜 툴(✐)을 선택하고 오른쪽 발 아래에 Shape 모드로 그린 후 그레이디언트를 적용합니다. 레이어 모드를 Linear Burn으로 변경합니다.

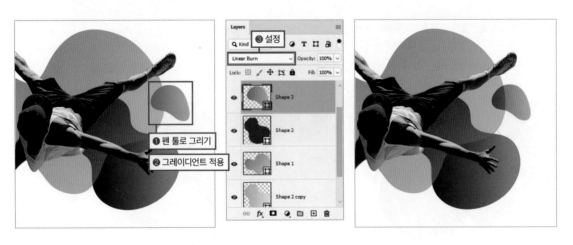

10 다른 형태를 하나 그리고 Ctrl+J를 눌러 레이어를 복제한 후 Ctrl+T를 눌러 크기와 방향을 변경해 놓습니다. 필요한 부분을 자유롭게 추가해 봅니다.

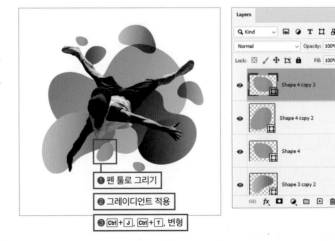

11 펜 툴()로 그림을 그린 후 옵션 바에서 그레이디언트를 적용하고 각도를 90도로 설정합니다.

❶ 펜 툴로 그리기

❷ 클릭

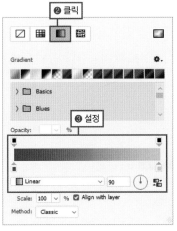

❸ 설정

12 Ctrl+J를 눌러 레이어를 복제하고 흰색으로 변경합니다. 직접 선택 툴()을 선택하고 윗부분 패스를 선택해서 폭을 줄입니다.

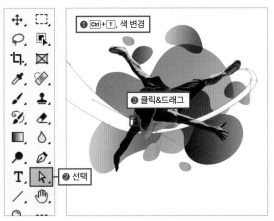

❶ Ctrl+T, 색 변경

❸ 클릭&드래그

❷ 선택

13 레이어 모드를 Overlay로 변경합니다.

14 커스텀 셰이프 툴()로 배경에 라인을 몇 개 그리고 그레이디언트를 적용합니다. 가운데 하단에 텍스트를 넣어서 마무리합니다.

 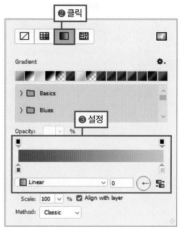

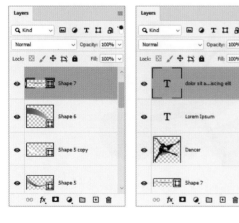 

타이포를 활용한 배경 만들기

텍스트는 직접적으로 정보를 전달하는 데도 사용하지만 디자인 요소로도 효과적으로 사용할 수 있습니다. 텍스트에 약간의 입체감을 넣어 배경으로 활용해 봅니다.

◎ **준비 파일**: chapter9/Man.jpg, Displace_1.psd, Displace_2.psd,
◎ **완성 파일**: chapter9/Man.psd

LESSON

01 Ctrl+O를 눌러 'Man.jpg' 파일을 불러옵니다. Ctrl+J를 눌러 레이어를 복제하고 이름을 Displace_1로 변경합니다.

02 [Filter]-[Distort]-[Displace] 메뉴를 선택하면 대화상자가 뜹니다. Horizontal Scale과 Vertical Scale을 각각 20으로 설정하고 [OK]를 클릭합니다. [Displace_1] 레이어를 선택하고 디스플레이스 필터를 적용합니다.

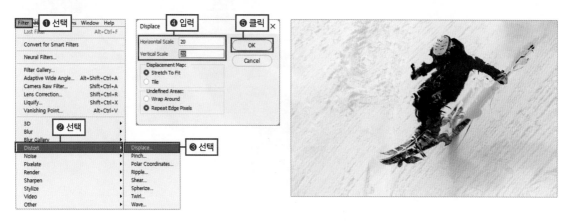

03 레이어 마스크를 추가하고 전경색은 검은색으로 설정하고 브러시 툴(🖌)을 선택합니다. 브러시 툴(🖌)의 옵션 바에서 Opacity를 줄이고 효과가 과한 부분을 칠해서 정리합니다. 이동 툴(✛)로 위치를 살짝 옮겨 밀린 위치를 맞춥니다.

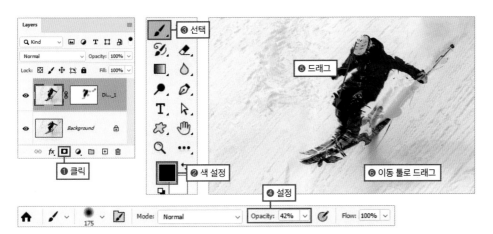

04 [Background] 레이어를 선택하고 Ctrl+J를 눌러 복제해서 맨 위에 놓습니다. 이름을 Displace_2로 변경합니다.

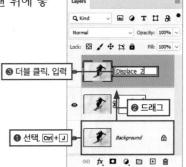

05 [Filter]-[Distort]-[Displace] 메뉴를 선택합니다. 이번에는 Horizontal Scale과 Vertical Scale을 각각 50으로 설정하고 [OK]를 클릭합니다. [Displace_2] 레이어를 선택하고 불러온 후 디스플레이스 필터를 적용합니다.

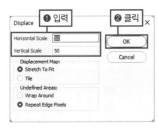

06 앞에서 작업한 것과 마찬가지로 레이어 마스크를 추가하고 브러시 툴(🖌)로 효과를 정리한 후 이동 툴(✛)로 옮겨 위치를 조절합니다.

07 텍스트 툴(T)을 선택하고 색상에 관계없이 원하는 폰트로 화면에 꽉 차게 텍스트를 입력합니다. [Layers] 패널에서 *fx*를 클릭해서 [Bevel & Emboss]를 선택합니다.

08 Style은 Emboss, Technique는 Smooth, Depth는 126%, Direction은 Up, Size는 5px, Soften은 2px로 설정합니다. Angle은 120도, Gloss Contour의 모양은 Half Round로 설정합니다.

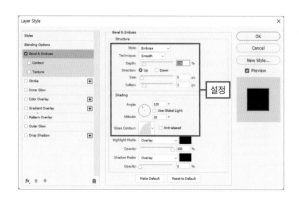

09 오른쪽 목록의 Drop Shadow를 클릭하고 Blend Mode는 Divide, Opacity는 23%, Angle은 135도, Distance는 3px, Size는 3px로 설정하고 [OK]를 클릭합니다.

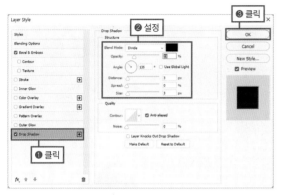

10 [Layers] 패널에서 Fill을 0%로 줄입니다.

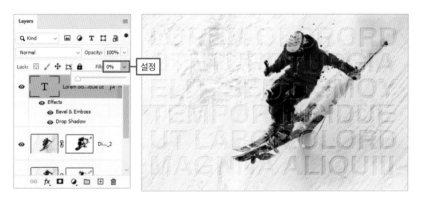

11 레이어 마스크를 추가하고 인물 부분을 검은색 브러시로 칠합니다.

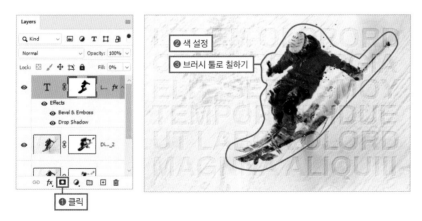

12 마지막으로 Adjustment Layer의 [Levels]를 선택합니다. [Properties] 패널에서 12, 1.07, 245로 조절합니다.

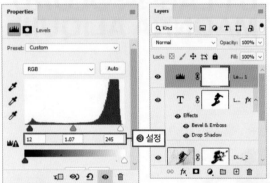

점선 텍스트로 타이틀 강조하기

시선을 잡는 방법 중의 하나로 점선을 활용해 보겠습니다. 점선으로 된 도형과 점선 텍스트의
사용으로 통일성을 부여합니다.

◎ **준비 파일**: chapter9/Woman_Flower. jpg
◎ **완성 파일**: chapter9/Dot_text.psd

01 Ctrl + N 을 눌러 가로, 세로 모두 1200px, 해상도는 72Pixels/Inch로 설정해서 새 창을 만듭니다.

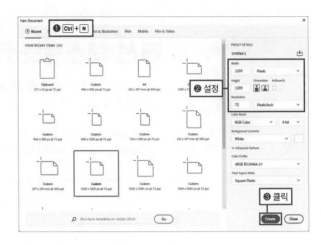

02 [Layers] 패널 하단의 조정 레이어를 클릭하면 나타나는 팝업 메뉴에서 [Gradient]를 선택해서 그 레이디언트를 #021731, #096bba로 설정하고 [OK]를 클릭합니다.

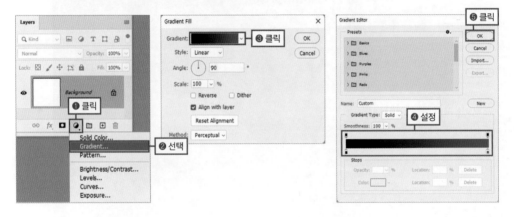

03 타원 툴(◯)을 선택하고 옵션 바에서 Shape 모드, Fill은 #ffffff, Stroke는 None으로 하고 Shift 를 누른 채 드래그해서 정원을 그립니다.

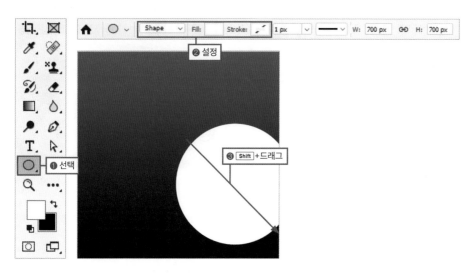

04 윈도 탐색기에서 이미지를 바로 드래그해서 스마트 오브젝트로 불러옵니다. 만약 Ctrl+O로 불러와서 일반 레이어로 이미지를 가져왔다면 레이어에서 마우스 오른쪽 버튼을 클릭해서 나오는 메뉴에서 Convert to Smart Object로 변경합니다.

05 레이어와 레이어 사이를 Alt 를 누른 채 클릭해서 클리핑 마스크 를 적용합니다.

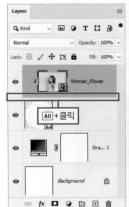

06 [Image]-[Adjustments]-[Hue/Saturation] 메뉴를 선택하고 Colorize를 체크하고 Hue는 48, Saturation은 93, Lightness는 -31로 조절하고 [OK]를 클릭합니다.

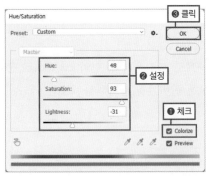

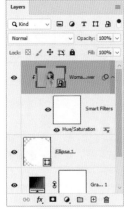

07 텍스트 툴(T)을 선택하고 흰색으로 텍스트를 입력합니다.

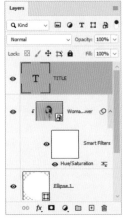

08 [Alt]를 누른 채 텍스트 레이어의 섬네일을 클릭해서 선택 영역으로 활성화하고 [Paths] 패널에서 패스 만들기 아이콘을 클릭해서 패스로 등록합니다. [Paths] 패널이 열려 있지 않다면 메뉴 바에서 [Window]-[Paths]를 선택하면 됩니다.

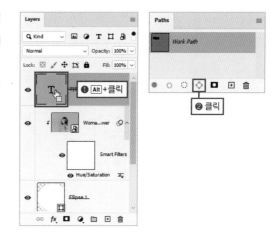

09 브러시 툴(✐)을 선택하고 전경색은 흰색을 선택합니다. [Brush Settings] 패널을 열고 Size는 3px, Hardness는 100%, Spacing은 1%로 합니다. 왼쪽 목록의 Dual Brush를 체크하고 클릭해서 세부 메뉴로 들어가서 Size는 8px, Spacing은 200%, Count는 14로 설정합니다.

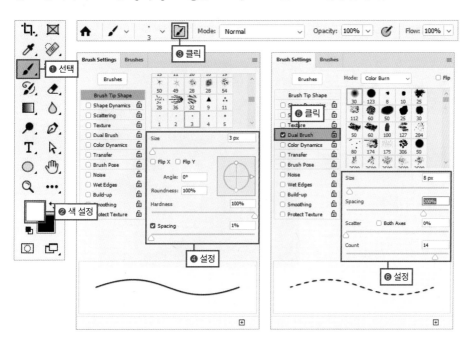

10 [Layers] 패널에서 텍스트 레이어는 눈 아이콘을 꺼서 안보이게 하고 새 레이어를 추가합니다. [Paths] 패널에서 'Stroke path with brush' 아이콘을 클릭하고 [Paths] 패널의 빈 곳을 클릭합니다.

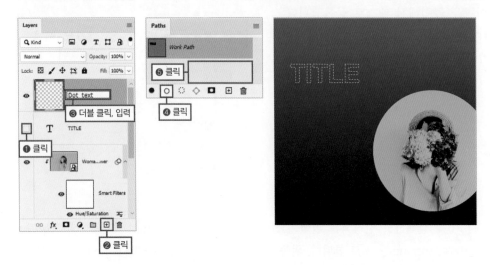

11 텍스트가 좀 더 잘 보이게 하기 위해 꺼놓은 텍스트 레이어의 눈 아이콘을 클릭해서 다시 보이게 하고 불투명도를 낮춰서 살짝만 보이게 합니다.

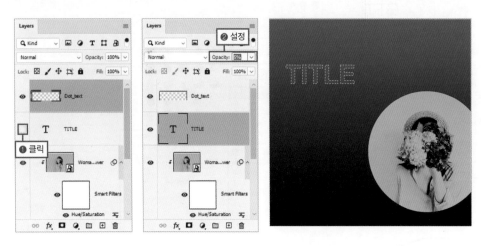

12 텍스트 툴(T)로 아래에
텍스트를 입력합니다.

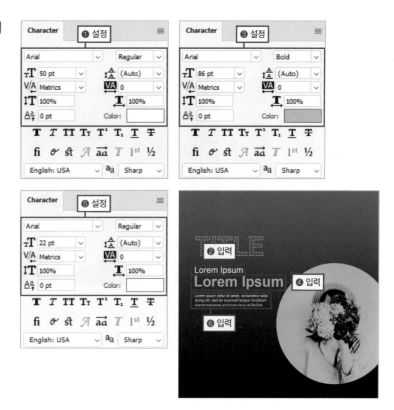

13 사각형 툴(□)을 선택하고 옵션 바에서 둥근 모서리는 200px, Fill은 #ffffff, Stroke는 None으로
설정해서 그립니다.

14 옵션 바에서와 마찬가지로 [Properties] 패널에서도 색을 변경할 수 있습니다. Appearance의 Fill 을 선택하고 그레이디언트 색을 설정합니다.

15 Ctrl+J를 눌러 레이어를 복제합니다. [Properties] 패널에서 Fill은 None, Stroke는 #ffffff, 선은 점선으로 변경하고 Dashed Line의 Dash, Gap을 각각 4로 설정합니다. Ctrl+T를 누르고 Alt를 누른 채 드래그해서 크기를 줄입니다.

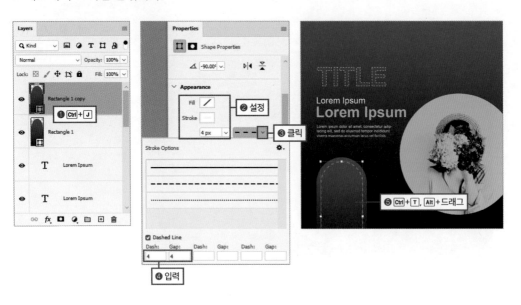

16
두 개의 레이어를 선택하고 Ctrl + J 를 눌러 복제합니다. Ctrl + T 를 눌러 회전시킨 후 왼쪽 위에 놓습니다.

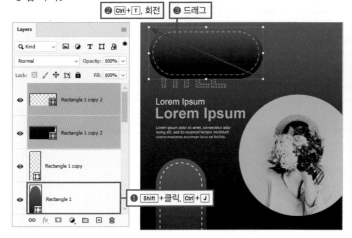

❷ Ctrl + T , 회전   ❸ 드래그

❶ Shift + 클릭, Ctrl + J

17
자유롭게 요소들을 추가해서 마무리합니다.

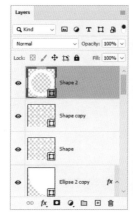

니트로 짠 듯한 이미지 만들기

이미지에 질감을 부여해서 마치 실로 짠 듯한 이미지를 만들어 보겠습니다. 따뜻한 감성이 느껴지는 이미지를 만날 수 있습니다.

⊙ **준비 파일**: chapter9/Dogs.jpg
⊙ **완성 파일**: chapter9/knit.psd

LESSON

01 Ctrl+N을 눌러 가로, 세로 모두 600px, 해상도는 72Pixels/Inch로 설정해서 새 창을 만듭니다. 전경색과 배경색을 기본색인 검정, 흰색으로 설정합니다. [Filter]-[Render]-[Fibers] 메뉴를 선택하고 Variance는 30, Strength는 4로 설정하고 [OK]를 클릭합니다.

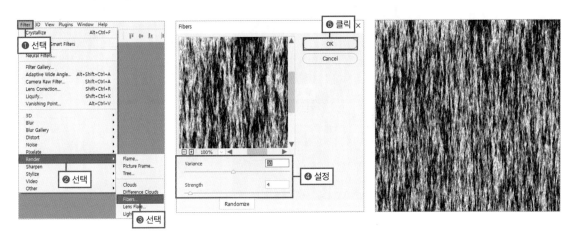

02 [Filter]-[Distort]-[Spherize] 메뉴를 선택하고 Amount를 100%로 하고 [OK]를 클릭합니다.

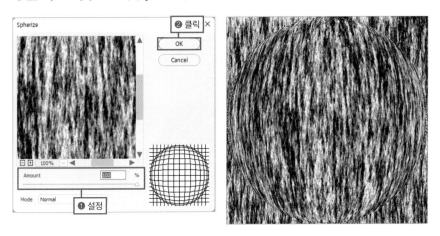

03 [Background] 레이어의 자물쇠 아이콘을 클릭해서 일반 레이어로 만들고 원형 선택 툴(◯)로 필터를 적용한 원 형태를 선택합니다. Ctrl + Shift + I 를 눌러 선택 영역을 뒤집고 Delete 를 눌러 지웁니다.

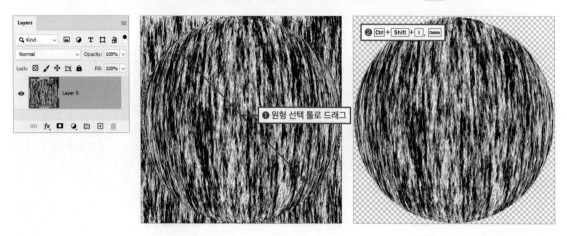

❶ 원형 선택 툴로 드래그

❷ Ctrl + Shift + I , Delete

04 Ctrl + T 를 눌러 좌우로 드래그해서 기다란 형태를 만들고 커서를 밖에 놓고 회전시켜 놓은 후 [Layers] 패널에서 fx를 클릭해서 [Bevel & Emboss]를 선택합니다.

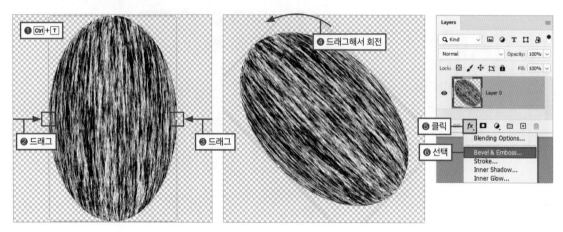

❶ Ctrl + T

❷ 드래그

❸ 드래그

❹ 드래그해서 회전

❺ 클릭

❻ 선택

Blending Options...
Bevel & Emboss...
Stroke...
Inner Shadow...
Inner Glow...

05 Bevel & Emboss의 옵션을 Depth는 1000%, Direction은 Up, Size는 92px, Soften은 5px, Angle은 120로 설정합니다.

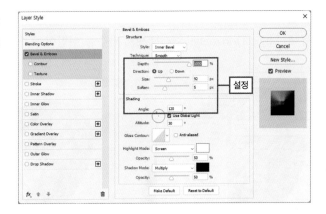

06 Inner Shadow 항목을 체크하고 Opacity는 42%, Angle은 120도, Distance는 8px, Choke는 3%, Size는 18px로 설정하고 Contour는 Half Round로 설정합니다.

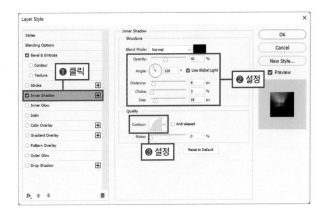

07 Inner Glow 항목을 체크하고 Opacity는 45%, Choke는 0%, Size는 35px로 설정하고 [OK]를 클릭합니다.

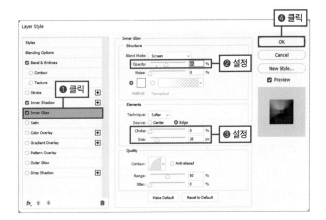

08 Ctrl + J 를 눌러 레이어를 복제하고 Ctrl + T 를 누른 후 마우스 오른쪽 버튼을 클릭해서 나오는 메뉴에서 [Flip Horizontal]을 선택해서 좌우를 뒤집어 오른쪽에 놓습니다.

09 [Image]-[Canvas Size] 메뉴를 선택하고 Height를 900px로 변경하고 [OK]를 클릭합니다.

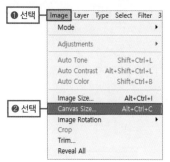

10 레이어 두 개를 모두 선택하고 Ctrl + J 를 눌러 복제한 후 패턴이 될 수 있도록 위치를 맞춰서 위아래에 배치합니다. [Edit]-[Define Pattern]을 선택하여 패턴으로 등록합니다.

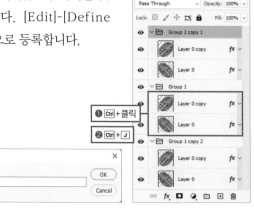

11 Ctrl + O 를 눌러 'Dogs.jpg' 파일을 불러옵니다. [Layers] 패널에서 하단의 조정 레이어를 클릭하면
나타나는 팝업 메뉴에서 [Pattern]을 선택합니다. 등록한 패턴을 선택하고 Scale을 5%로 설정하고 [OK]
를 클릭합니다.

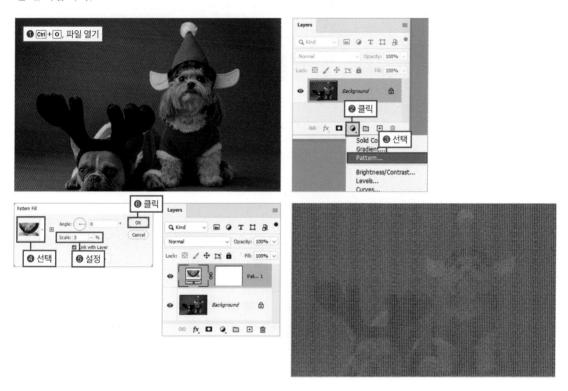

12 마우스 오른쪽 버튼을 클릭해서 나오는 메뉴에서 [Rasterize Layer]를 선택해서 일반 레이어로 만들
고 fx를 클릭해서 나오는 메뉴에서 [Drop Shadow]를 선택합니다.

13 Opacity는 50%, Distance는 3px, Spread는 1%, Size는 2px로 조절하고 [OK]를 클릭합니다.

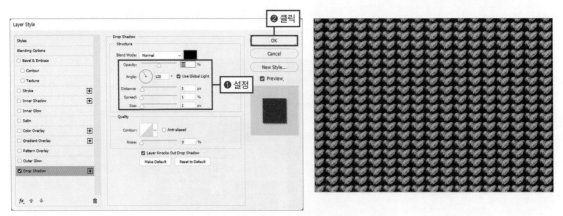

14 Ctrl+J를 눌러 [Background] 레이어를 복제해서 맨 위에 놓습니다. [Filter]-[Filter Gallery]-[Dry Brush] 메뉴를 선택하고 Brush Size는 4, Brush Detail은 0, Texture는 1로 설정하고 [OK]를 클릭합니다.

15 [Filter]-[Pixelate]-[Crystallize] 메뉴를 선택하고 Cell Size는 36으로 설정하고 [OK]를 클릭합니다.

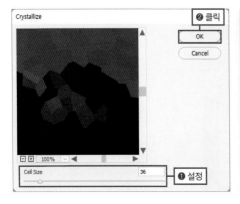

16

$\boxed{\text{Alt}}$를 누른 채 레이어와 레이어 사이를 클릭해서 클리핑 마스크를 적용합니다. 레이어 모드를 Hard Light로 변경해서 마무리합니다.

Grunge 텍스트 만들기

정서적 공감을 불러 일으키는 그런지 스타일은 편안하고 자유분방한 느낌을 줍니다. 자연스러운 질감을 살린 텍스트를 연출하는 방법을 살펴봅니다.

◎ **준비 파일**: chapter9/Back.jpg
◎ **완성 파일**: chapter9/Grunge.psd

01 [Ctrl]+[N]을 눌러 크기는 1920*1280, 해상도는 72Pixels/Inch로 설정해서 새 창을 만듭니다. 텍스트 툴([T])을 선택하고 글씨를 입력합니다.

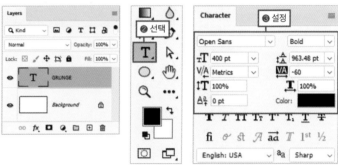

02 새 레이어를 추가합니다. [Filter]-[Render]-[Clouds] 메뉴를 선택합니다.

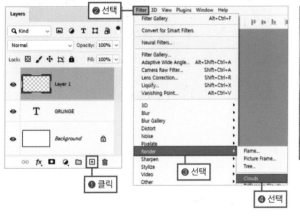

03 [Filter]-[Render]-[Different Clouds] 메뉴를 선택합니다.

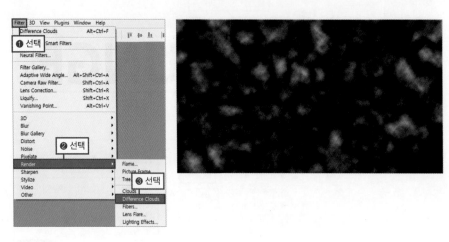

04 [Image]-[Adjustments]-[Curves] 메뉴를 선택합니다. 클릭해서 기준점을 추가해 왼쪽 상단으로 드래그합니다. 레이어 모드를 Screen으로 변경합니다.

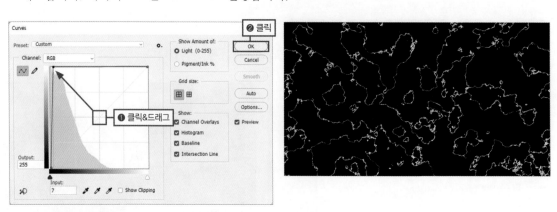

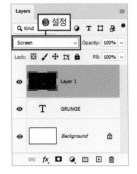

05 [Shift]를 누른 채 레이어를 모두 선택하고 [Ctrl]+
[E]를 눌러 레이어를 모두 합칩니다.

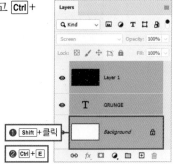

06 새 레이어를 추가합니다. [Filter]-[Render]-[Clouds] 메뉴를 선택해서 구름 필터를 적용합니다.

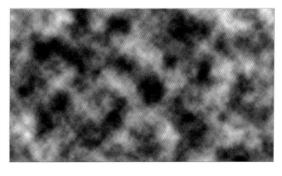

07 [Filter]-[Filter Gallery]-
[Reticulation] 메뉴를 선택하고
Density는 12, Foreground Level
은 5, Background Level은 10으
로 조절합니다.

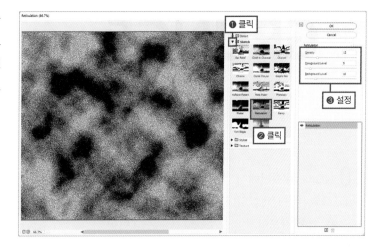

08 새로운 필터를 추가하고 Stamp를 적용합니다. Light/Dark Balance를 20, Smoothness를 3으로 조절하고 [OK]를 클릭합니다.

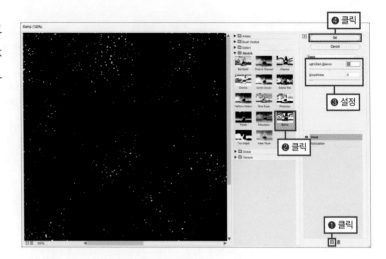

09 레이어 모드를 Screen으로 변경합니다. 레이어를 모두 선택하고 Ctrl+E를 눌러 레이어를 합칩니다.

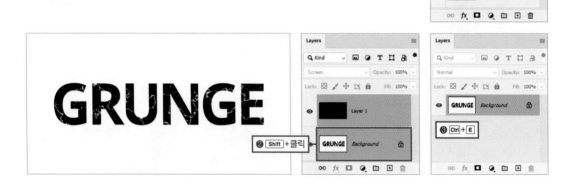

10 [Layers] 패널에서 조정 레이어를 클릭해서 [Solid Color]를 선택합니다. [Background] 레이어는 눈을 꺼서 안보이게 하고 [Solid Color] 레이어의 마스크 레이어를 선택합니다.

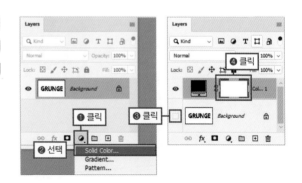

11 [Image]-[Apply Image] 메뉴를 선택해서 Layer는 Background를 선택하고 Invert를 체크한 후
[OK]를 클릭합니다.

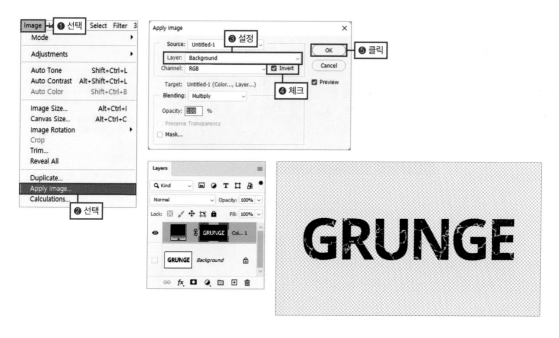

12 Ctrl+O를 눌러 'Back.jpg' 파일을 불러와서 작업 창으로 옮깁니다.

13 Ctrl을 누른 채 레이어 마스크를 클릭해서 선택 영역으로 만들고 새 레이어를 추가한 후 검은색으로 채웁니다. Ctrl+D를 눌러 선택 영역을 해제하고 레이어 이름을 Shadow로 합니다.

14 Ctrl+T를 눌러 조절점이 나타나면 마우스 오른쪽 버튼을 클릭해서 나오는 메뉴에서 [Flip Vertical]을 선택해서 위아래로 이미지를 뒤집고 아래에 놓습니다.

15 레이어 마스크를 추가합니다. 검은색에서 흰색으로 변하는 그레이디언트를 설정하고 아래에서 위로 드래그해서 그림자를 만듭니다.